全国"八五"普法统编系列教材

"八五"普法

干部法律知识

一本通

侯淑雯◎主编

以法
释案

中国出版集团

中国民主法制出版社
出版单位

全国百佳图书

图书在版编目（CIP）数据

干部法律知识一本通 / 侯淑雯主编. —北京：
中国民主法制出版社，2023.4
ISBN 978-7-5162-3191-3

Ⅰ. ①干… Ⅱ. ①侯… Ⅲ. ①法律－中国－干部教育
－学习参考资料 Ⅳ. ①D920.4

中国国家版本馆 CIP 数据核字（2023）第 070330 号

图书出品人：刘海涛
出版统筹：石　松
图书策划：张佳彬
责任编辑：姜　华

书　　名／干部法律知识一本通
作　　者／侯淑雯　主编

出版·发行／中国民主法制出版社
地址／北京市丰台区右安门外玉林里 7 号（100069）
电话／（010）63055259（总编室）　63058068　63057714（营销中心）
传真／（010）63055259
http：//www. npcpub. com
E-mail：mzfz@npcpub. com
经销／新华书店
开本／16 开　710 毫米×1000 毫米
印张／14　字数／200 千字
版本／2023 年 6 月第 1 版　2023 年 6 月第 1 次印刷
印刷／三河市腾飞印务有限公司

书号／ISBN 978-7-5162-3191-3
定价／49.00 元
出版声明／版权所有，侵权必究。

前　言

　　全民守法是法治社会的基础工程,全民普法是全面依法治国的长期基础性工作。党的二十大报告指出:"我们要坚持走中国特色社会主义法治道路,建设中国特色社会主义法治体系、建设社会主义法治国家,围绕保障和促进社会公平正义,坚持依法治国、依法执政、依法行政共同推进,坚持法治国家、法治政府、法治社会一体建设,全面推进科学立法、严格执法、公正司法、全民守法,全面推进国家各方面工作法治化。"进入新发展阶段,迫切要求进一步提升公民法治素养,推动全社会尊法学法守法用法。

　　为深入学习宣传贯彻习近平法治思想,做好第八个五年法治宣传教育工作,进一步加大全民普法力度,中共中央、国务院转发了《中央宣传部、司法部关于开展法治宣传教育的第八个五年规划(2021—2025年)》(以下简称《"八五"普法规划》),并发出通知,要求各地区各部门结合实际认真贯彻落实。

　　《"八五"普法规划》强调,实行公民终身法治教育制度,把法治教育纳入干部教育体系、国民教育体系、社会教育体系。落实国家工作人员学法用法制度,引导国家工作人员牢固树立宪法法律至上、法律面前人人平等、权由法定、权依法使等基本法治观念。重点抓好"关键少数",提高各级领导干部运用法治思维和法治方式深化改革、推动发展、化解矛盾、维护稳定、应对风险能力。建立领导干部应知应会法律法规清单制度,分级分类明确领导干部履职应当学习掌握的法律法规和党内法规,完善配套制度,促使知行合一。把法治素养和依法履职情况纳入考核评价干部的重要内容,让尊法学法守法用法成为领导干部自觉行为和必备素质。

　　深入推进"八五"普法宣传教育工作,必须坚持法治宣传教育与法治实践深度融合,认真落实"谁执法谁普法"普法责任制。为帮助各地各部门做到部署及时、措施有效、指导有力、督促到位，我们根据《"八五"普法规划》要求，特别组织法律界权威专家编撰了《干部法律知识一本通》。全书分四个部分，具体内容包括：（一）干部应知应会基本法律知识，包括深入学习贯彻习近平法治思想、宪法知识、民法典知识、行政法律知识；（二）干部应知应会高质量发展法律知识，包括知识产权保护法律知识和营商环境法律知识；（三）干部应知应会社会治理法律知识，包括国家安全法律知识、依法惩治和预防犯罪法律知识、依法治理法律知识、劳动关系法律知识；（四）干部应知应会党内法规知识，包括认真学习贯彻党章、认真学习两个准则、重点学习纪律处分条例和问责条例。

本书根据干部学习法律知识的要求，精选出最为相关的 30 多个法律法规，进行简要介绍；同时还收录了相关典型案例突出以案释法。全书结构科学严谨，内容权威丰富，语言通俗易懂，从理论和实践两个方面对干部应知应会法律知识进行了准确解读，重点突出，实用性、指导性强，可作为广大干部"八五"普法法律知识培训的重要辅导教材，也可作为其日常工作生活的常备法律手册。

目　录

第一部分　干部应知应会基本法律知识

第二部分　干部应知应会高质量发展法律知识

第三部分　干部应知应会社会治理法律知识

第四部分　干部应知应会党内法规知识

附　录

第一部分
干部应知应会基本法律知识

★★★★★★★★★★★★★★★★★★★★★★★★★★★

第一章　深入学习贯彻习近平法治思想

　　党的二十大报告强调:"全面依法治国是国家治理的一场深刻革命,关系党执政兴国,关系人民幸福安康,关系党和国家长治久安。"在2020年11月召开的中央全面依法治国工作会议上,党中央顺应党心民心和时代要求,确立了习近平法治思想在全面依法治国工作中的指导地位。习近平法治思想是马克思主义法治理论中国化时代化最新成果,是习近平新时代中国特色社会主义思想的重要组成部分,是全面依法治国的根本遵循和行动指南。

　　《"八五"普法规划》开篇强调,要"以习近平法治思想引领全民普法工作",并且把"突出学习宣传习近平法治思想"作为"八五"普法的首要重点内容,明确提出以下要求:一是深入学习宣传习近平法治思想的重大意义、丰富内涵、精神实质和实践要求,引导全社会坚定不移走中国特色社会主义法治道路;二是把习近平法治思想作为党委(党组)理论学习中心组学习重点内容,列入党校(行政学院)和干部学院重点课程,推动领导干部带头学习、模范践行;三是把习近平法治思想融入学校教育,纳入高校法治理论教学体系,做好进教材、进课堂、进头脑工作;四是通过多种形式,运用各类媒体和平台,发挥好各类基层普法阵地作用,推动习近平法治思想入脑入心、走深走实。

第一节　提出习近平法治思想的科学依据

2020 年 11 月,党中央首次召开的中央全面依法治国工作会议提出习近平法治思想,认为其理由根据充分、时机条件成熟、顺乎党心民意,是全面贯彻习近平新时代中国特色社会主义思想、巩固马克思主义在意识形态领域指导地位的应有之义,是加快建设中国特色社会主义法治体系、建设社会主义法治国家的必然要求。

一、习近平法治思想是经过长期发展而形成的内涵丰富、论述深刻、逻辑严密、系统完备的法治理论体系

我们党在长期的革命、建设、改革实践中,坚持将马克思主义基本原理与中国具体实际相结合,持续推进马克思主义法治理论中国化进程。党的十八大以来,以习近平同志为核心的党中央,坚持立足全局观法治、着眼整体谋法治、胸怀天下论法治,从历史和现实相贯通、国际和国内相关联、理论和实际相结合上深刻回答了新时代为什么实行全面依法治国、怎样实行全面依法治国等一系列重大问题,形成了习近平法治思想。

习近平法治思想的主要内容,集中体现为习近平总书记在中央全面依法治国工作会议上提出的"十一个坚持",即坚持党对全面依法治国的领导,坚持以人民为中心,坚持中国特色社会主义法治道路,坚持依宪治国、依宪执政,坚持在法治轨道上推进国家治理体系和治理能力现代化,坚持建设中国特色社会主义法治体系,坚持依法治国、依法执政、依法行政共同推进,法治国家、法治政府、法治社会一体建设,坚持全面推进科学立法、严格执法、公正司法、全民守法,坚持统筹推进国内法治和涉外法治,坚持建设德才兼备的高素质法治工作队伍,坚持抓住领导干部这个"关键少数"。

二、习近平法治思想是习近平总书记以非凡理论勇气、卓越政治智慧、强烈使命担当创立和发展的法治理论体系

伟大时代呼唤伟大理论,伟大理论引领伟大时代。习近平总书记是新时代中国特色社会主义的开创者,是实现中华民族伟大复兴中国梦的领航者,一

以贯之地高度重视并亲自谋划推进法治建设。在长期的领导实践中,习近平总书记积累了依法治县、依法治市、依法治省、依法治国的丰富经验,提出了许多法治新思想新论断,展现出深邃思考力、敏锐判断力、卓越领导力。特别是党的十八大以来,习近平总书记以厉行法治的坚定意志、奉法强国的雄才大略、依规治党的远见卓识,创造性提出了一系列新思想新理念新战略,形成了习近平法治思想。习近平总书记是这一思想的主要创立者,对这一思想的形成和发展发挥了决定性作用、作出了决定性贡献。

三、习近平法治思想是在实践进步中彰显强大感召力、创新力、引领力的法治理论体系

习近平法治思想是经过实践证明、富有实践伟力的强大思想武器,是指引全党全国人民在复杂形势中守正创新、在矛盾风险中胜利前进、在法治轨道上治理国家的科学行动指南。党的十八大以来,以习近平同志为核心的党中央把全面依法治国提升为新时代坚持和发展中国特色社会主义的基本方略,作出了一系列重大决策部署,解决了许多长期想解决而没有解决的难题,办成了许多过去想办而没有办成的大事,有力促进了中国特色社会主义制度更加完善,有力推进了国家治理体系和治理能力现代化,有力保障了中国经济快速发展奇迹和社会长期稳定奇迹,有力提升了中国法治在全球治理中的影响力。这些重大成就的取得,根本在于习近平法治思想的正确指引,也有力证明了习近平法治思想的科学真理性。

第二节　习近平法治思想的重大意义

伟大时代诞生伟大理论,伟大理论引领伟大征程。2020 年 11 月,中共中央召开的中央全面依法治国工作会议最重要的成果,就是确立了习近平法治思想在全面依法治国中的指导地位,这在马克思主义法治理论发展史和中国社会主义法治建设史上具有里程碑意义。广大干部深入学习贯彻习近平法治思想,必须深刻把握其政治意义、理论意义、实践意义、世界意义,切实增强学习贯彻的思想自觉、政治自觉和行动自觉,做到学思用贯通、知信行统一。

一、习近平法治思想揭示了社会主义法治的生命力和优越性

习近平法治思想是对我们党领导法治建设丰富实践和宝贵经验的科学总结,揭示了社会主义法治的生命力和优越性。习近平法治思想,立足于党的十八大以来以习近平同志为核心的党中央带领人民开展的波澜壮阔的法治国家建设实践,以新的视野、新的认识赋予我国社会主义法治建设新的时代内涵,为中国特色社会主义法治体系和社会主义法治国家建设提供了强大思想武器,必将增强广大干部群众走中国特色社会主义法治道路的信心。习近平法治思想是从源远流长的中华法律文明传统和蓬勃发展的社会主义法治实践中形成的伟大理论成果,充分揭示了中国特色社会主义法治道路、理论、制度、文化的生命力和优越性,是习近平新时代中国特色社会主义思想的"法治篇"。深入学习宣传贯彻习近平法治思想,有利于统一广大干部群众的思想认识,增强"四个意识",坚定"四个自信",做到"两个维护",坚定不移走中国特色社会主义法治道路,进一步巩固全党全国各族人民团结奋斗的共同思想道德基础。

二、习近平法治思想开辟了马克思主义法治理论新境界

习近平法治思想是马克思主义法治理论中国化时代化的最新成果,开辟了马克思主义法治理论新境界,为中国特色社会主义法治理论和实践提供了根本遵循,必将引领中国特色社会主义法治理论创新发展。这一思想既坚持了马克思主义法治理论的基本立场、观点和方法,又在法治理论上有许多重大突破、重大创新、重大发展,为马克思主义法治理论发展作出了原创性贡献。可以说,习近平法治思想植根于中华优秀传统法律文化,体现了继承性、创新性的有机统一,是21世纪马克思主义法治理论,是习近平新时代中国特色社会主义思想的重要组成部分。广大干部深入学习宣传贯彻习近平法治思想,有利于拓展和创新中国特色社会主义法治理论,增强新时代全面依法治国的政治定力、前进动力。

三、习近平法治思想擘画了新时代全面依法治国的宏伟蓝图

习近平法治思想擘画了新时代全面依法治国的宏伟蓝图,必将引领法治中国建设迈向良法善治新境界。党的十八大以来,以习近平同志为核心的党中央在继承和发扬优良传统的基础上,紧密结合新的时代条件和实践要求,不

断强化党对全面依法治国的集中统一领导,将全面依法治国纳入"四个全面"战略布局,将法治建设贯穿"五位一体"总体布局。党的二十大报告在总结新时代十年的伟大变革时指出:"社会主义法治国家建设深入推进,全面依法治国总体格局基本形成,中国特色社会主义法治体系加快建设,司法体制改革取得重大进展,社会公平正义保障更为坚实,法治中国建设开创新局面。"这些变革和成就的取得,根本在于有习近平新时代中国特色社会主义思想特别是习近平法治思想的科学指引。

习近平法治思想深刻总结了古今中外治国理政经验特别是党领导人民依法治国的成功经验,体现出深远的战略思维、鲜明的政治导向、强烈的历史担当、真挚的为民情怀,是引领法治中国建设迈向良法善治新境界的强大思想武器。在全面建设社会主义现代化国家新征程中,深入学习宣传贯彻习近平法治思想,有利于激发全党全国人民投身法治中国建设的巨大热情,加快建设中国特色社会主义法治体系、建设社会主义法治国家。

四、习近平法治思想凝聚了法治建设的中国经验和中国智慧

习近平法治思想是引领全球治理变革的中国方案。习近平总书记站在人类历史发展进程的高度,以宏大的全球视野、强烈的时代意识,统筹推进国内法治和涉外法治,协调推进国内治理和国际治理,提出构建人类命运共同体、运用法治和制度规则协调各国关系和利益、坚定维护国际法基本原则和国际关系基本准则、推动全球治理体系朝着更加公正合理的方向发展等一系列重大理论观点。这既是对世界面临的重大问题的科学回答,也是对历史发展规律的深度把握,既有鲜明的实践合理性,又有巨大的理论创造性。这些重大思想,得到了大多数国家的广泛认同。习近平法治思想凝聚了法治建设的中国经验和中国智慧,为应对各种全球性挑战、推进世界法治文明进步贡献了中国方案,必将有力提升中国法治的国际话语权和影响力。随着我国日益走近世界舞台的中央,世界上越来越多的国家和人民对"中国奇迹"背后的中国法治故事感兴趣,希望深入了解"中国之治"背后的中国法治经验。习近平法治思想对中国特色社会主义法治作出了权威、精准的阐释,加强对中国特色社会主义法治思想的对外宣传阐释工作,可以让国际社会更深入地了解中国特色社会主义法治,更充分地学习借鉴法治建设的中国经验、中国智慧,扩大中国法治在全球法治舞台上的话语权和影响力。

第三节　习近平法治思想的丰富内涵与精神实质

习近平法治思想系统阐释了新时代全面依法治国的战略思想和工作部署,明确了全面依法治国方向道路、目标要求、工作布局、重要保障。深入学习宣传贯彻习近平法治思想,必须吃透基本精神、把握核心要义、明确工作要求,做到知其言更知其义,知其然更知其所以然,不断提高马克思主义理论水平和运用能力。

一、学深悟透关于全面依法治国政治方向的重要观点

习近平法治思想深刻回答了全面依法治国由谁领导、依靠谁、走什么道路等大是大非问题,科学指明了中国特色社会主义法治的前进方向。我们要深刻认识到党的领导是中国特色社会主义法治之魂,自觉坚持党对全面依法治国的领导,健全党领导全面依法治国的制度和工作机制,推进党的领导制度化、法治化,通过法治保障党的路线方针政策有效实施。要深刻认识到全面依法治国最广泛、最深厚的基础是人民,自觉坚持以人民为中心,积极回应人民群众新要求新期待,系统研究谋划和解决法治领域人民群众反映强烈的突出问题,不断增强人民群众获得感、幸福感、安全感,用法治保障人民安居乐业。要深刻认识到中国特色社会主义法治道路是建设社会主义法治国家的唯一正确道路,自觉坚持从中国国情和实际出发,走适合自己的法治道路,决不能照搬别国模式和做法,决不能走西方"宪政""三权鼎立""司法独立"的路子。

二、学深悟透关于全面依法治国战略地位的重要观点

习近平法治思想从坚持和发展中国特色社会主义、实现中华民族伟大复兴的长远考虑出发,深刻回答了为什么要全面依法治国的问题,科学指明了全面依法治国的战略定位。我们要充分认识到全面依法治国是新时代坚持和发展中国特色社会主义的基本方略,努力在全面建设社会主义现代化国家新征程上更好发挥法治固根本、稳预期、利长远的保障作用。要充分认识到全面依法治国是党领导人民治理国家的基本方式,善于运用法治思维和法治手段巩固执政地位、改善执政方式、提高执政能力,保证党和国家长治久安。要充分

认识到全面依法治国是国家治理的一场深刻革命,坚持在法治轨道上推进国家治理体系和治理能力现代化,有效保障国家治理体系的系统性、规范性、协调性。

三、学深悟透关于全面依法治国工作布局的重要观点

习近平法治思想深刻回答了全面依法治国如何谋篇布局的问题,科学指明了中国特色社会主义法治的战略布局。我们要坚持把建设中国特色社会主义法治体系作为总抓手,加快形成完备的法律规范体系、高效的法治实施体系、严密的法治监督体系、有力的法治保障体系、完善的党内法规体系。要深刻认识全面依法治国是一项系统工程,坚持依法治国、依法执政、依法行政共同推进,法治国家、法治政府、法治社会一体建设,增强法治的系统性、整体性、协同性。

四、学深悟透关于全面依法治国主要任务的重要观点

习近平法治思想深刻回答了全面依法治国如何重点突破的问题,科学指明了中国特色社会主义法治的战略安排。要坚持依宪治国、依宪执政,以宪法为根本活动准则,维护宪法尊严,保证宪法实施,确保宪法确定的中国共产党领导地位不动摇,宪法确定的人民民主专政的国体和人民代表大会制度的政体不动摇。要坚持全面推进科学立法、严格执法、公正司法、全民守法,深入推进法治领域改革,提高立法质量和效率,深化行政执法体制改革,深化司法体制综合配套改革,建设社会主义法治文化,全面提升法治的权威性和公信力。要坚持统筹推进国内法治和涉外法治,加快涉外法治工作战略布局,加快我国法域外适用法律体系建设,善于综合利用立法、执法、司法等手段开展斗争,占领法治制高点,坚决维护国家主权、尊严和核心利益。

五、学深悟透关于全面依法治国重大关系的重要观点

习近平法治思想从马克思主义立场、观点和方法出发,深刻回答了如何正确处理全面依法治国重大关系问题,科学指明了法治中国建设的认识论和方法论。要正确处理政治和法治的关系,社会主义法治必须坚持党的领导,党的领导必须依靠社会主义法治。要正确处理改革与法治的关系,坚持在法治下推进改革,在改革中完善法治。要正确处理法治和德治的关系,充分发挥法律的规范作用、道德的教化作用,实现法治和德治相辅相成、相得益彰。要正确

处理依法治国和依规治党的关系,发挥依法治国和依规治党的互补性作用,确保党既依据宪法法律治国理政,又依据党内法规管党治党、从严治党。

六、学深悟透关于全面依法治国基础保障的重要观点

习近平法治思想深刻回答了全面依法治国需要什么保障的问题,科学指明了全面依法治国的人才支撑和"关键少数"。要加快推进法治专门队伍革命化、正规化、专业化、职业化建设,加强理想信念教育,深入开展社会主义核心价值观和社会主义法治理念教育,做到忠于党、忠于国家、忠于人民、忠于法律。要加强法律服务队伍建设,教育引导法律服务工作者坚持正确政治方向,依法依规诚信执业,认真履行社会责任,满腔热忱投身社会主义法治国家建设。要坚持抓住领导干部这个"关键少数",推动各级领导干部带头尊崇法治、敬畏法律,了解法律、掌握法律,不断提高运用法治思维和法治方式深化改革、推动发展、化解矛盾、维护稳定、应对风险的能力,做尊法学法守法用法的模范。

深入学习宣传贯彻习近平法治思想,是当前和今后一个时期的重大政治任务。《"八五"普法规划》要求,把习近平法治思想作为党委(党组)理论学习中心组学习重点内容,列入党校(行政学院)和干部学院重点课程,推动领导干部带头学习、模范践行。广大干部要在学习宣传贯彻习近平法治思想上作表率,坚持用习近平法治思想武装头脑、指导实践、推动工作,自觉做习近平法治思想的坚定信仰者、积极传播者、模范践行者,推动开创法治中国建设新局面,谱写新时代全面依法治国新篇章。

思 考 题

1. 习近平法治思想是什么时间提出来的?提出的科学依据是什么?

2. 习近平法治思想的重大意义体现在哪些方面?

3. 广大干部如何才能学深悟透习近平法治思想,自觉做习近平法治思想的坚定信仰者、积极传播者、模范实践者?

第二章　宪法知识

宪法是国家的根本法,是全面依法治国的根本依据。宪法集中体现了党和人民的统一意志和共同愿望,是国家意志的最高表现形式,具有根本性、全局性、稳定性、长期性。只有坚持宪法的国家根本法地位,坚决维护和贯彻宪法规定、原则、精神,才能保证国家统一、法制统一、政令统一。党的二十大报告对做好宪法工作提出明确要求,强调更好发挥宪法在治国理政中的重要作用。习近平总书记在《谱写新时代中国宪法实践新篇章——纪念现行宪法公布施行40周年》文章中指出:"要完善宪法宣传教育工作格局,深化宪法宣誓、宪法纪念、国家象征和标志等制度的教育功能,推动宪法宣传教育常态化长效化。要抓住领导干部这个关键少数,抓住青少年、网民等重点群体,抓宪法纪念、宪法宣誓、宪法教材建设等重点载体,抓学校、社区、媒体等重点阵地,持续深入开展宪法宣传教育。"

《"八五"普法规划》要求"突出宣传宪法",在全社会深入持久开展宪法宣传教育活动,阐释好"中国之治"的制度基础,阐释好新时代依宪治国、依宪执政的内涵和意义,阐释好宪法精神。加强国旗法、国歌法等宪法相关法的学习宣传,强化国家认同。全面落实宪法宣誓制度。加强宪法实施案例宣传。结合"12·4"国家宪法日,开展"宪法宣传周"集中宣传活动。广大干部要全面贯彻实施宪法,推进全面依法治国,推进法治中国建设,为全面建成社会主义现代化强国,实现第二个百年奋斗目标,以中国式现代化全面推进中华民族伟大复兴而不懈奋斗。

第一节　宪法概述

一、宪法的本质

宪法是国家的根本法,是治国安邦的总章程,适用于国家全体公民,是特定社会政治经济和思想文化条件综合作用的产物。宪法规定的是国家的重大制度和重大事项,在国家和社会生活中具有总括性、原则性、纲领性、方向性。宪法在国家的整个法律体系中居于主导地位,是国家一切法律法规的总依据、总源头,具有最高的法律地位、法律权威、法律效力。

习近平总书记在纪念现行宪法公布施行40周年之际发表文章指出:"我们党领导人民制定的宪法,集中了人民智慧,体现了全体人民共同意志,实现了党的主张和人民意志高度统一,克服了一切旧宪法只代表少数人意志、为少数人利益服务的弊端,因而得到最广大人民拥护和遵行,具有显著优势、坚实基础、强大生命力。"党的二十大报告强调,"坚持依法治国首先要坚持依宪治国,坚持依法执政首先要坚持依宪执政"。

二、宪法的基本特征

宪法具有以下三个基本特征:

第一,内容的根本性。作为根本法的宪法,规定的是国家政治生活和社会生活中最根本、最重要的问题,如国家的社会性质、政权的组织形式、经济制度、公民的权利和义务、国家机构体系及组织活动原则等国家和社会的根本制度。

第二,法律效力的最高性。宪法是国家的根本法,拥有至高无上的权威和最高的法律效力,具体表现为:(1)宪法是其他法律、法规赖以产生、存在、发展和变更的基础和前提条件,它处于一个国家独立、完整和系统的法律体系的核心,是一个国家法律制度的基石。(2)任何法律法规都不得与宪法的精神原则相违背。(3)宪法是一切国家机关、社会团体和全体公民的最高行为准则。

第三,制定和修改程序的严格性。宪法是国家的根本法,规定的是国家生活中最根本、最重要的问题,所以,必须保持宪法的相对稳定。宪法的制定和修改都要经过区别于普通法律的特别程序。

三、我国宪法的基本原则

宪法的基本原则是指在制定和实施宪法过程中必须遵循的最基本的准则,是贯穿立宪和行宪的基本精神。我国宪法的基本原则为党的领导原则、人民主权原则、尊重和保障人权原则、民主集中制原则、权力监督和制约原则、法治原则。

一是党的领导原则。宪法第1条中规定,"中国共产党领导是中国特色社会主义最本质的特征"。中国共产党是中国特色社会主义事业的领导核心,党的领导是人民当家作主的根本保证。同时,党的领导也是中国特色社会主义法治之魂。

二是人民主权原则。党的二十大报告指出:"我国是工人阶级领导的、以工农联盟为基础的人民民主专政的社会主义国家,国家一切权力属于人民。"宪法第2条明确规定:"中华人民共和国的一切权力属于人民。人民行使国家权力的机关是全国人民代表大会和地方各级人民代表大会。人民依照法律规定,通过各种途径和形式,管理国家事务,管理经济和文化事业,管理社会事务。"

三是尊重和保障人权原则。我国政权的本质特征就是人民当家作主,公民的基本权利和自由则是人民当家作主最直接的表现。宪法第33条第3款规定了"国家尊重和保障人权",体现了对公民的宪法保护,也体现了对人民当家作主的保护。

四是民主集中制原则。民主集中制原则是社会主义国家制度的一项基本原则。民主集中制是民主基础上的集中和集中指导下的民主相结合。它既是党的根本组织原则,也是群众路线在党的生活中的运用。宪法第3条第1款规定:"中华人民共和国的国家机构实行民主集中制的原则。"民主集中制是集中全党全国人民集体智慧,实现科学决策、民主决策的基本原则和主要途径。广大人民的共同意志通过民主形式集中起来,并通过法定程序上升为国家意志。

五是权力监督和制约原则。权力监督和制约原则是指国家权力的各部分之间相互监督、彼此牵制,以保障公民权利的原则。权力监督和制约原则在我国宪法中具体体现为:宪法规定了人民对国家权力活动进行监督的制度;宪法规定了公民对国家机关及其公务员的监督权;宪法规定了国家机关之间、国家机关内部不同的监督形式。

六是法治原则。法治的核心思想在于依法治理国家,法律面前人人平等,反对任何组织和个人享有法律之外的特权。制定和实施宪法本身就是国家实行法治的标志。宪法第 5 条第 1 款明确规定:"中华人民共和国实行依法治国,建设社会主义法治国家。"

四、我国现行宪法的产生和不断完善

新中国成立以来,我国共制定了四部宪法,分别是 1954 年宪法、1975 年宪法、1978 年宪法和 1982 年宪法。1982 年 12 月 4 日,第五届全国人民代表大会第五次会议通过了现行宪法。现行宪法是对 1954 年制定的新中国第一部宪法的继承和发展,是在 1982 年 12 月 4 日第五届全国人民代表大会第五次会议通过并公布施行的。

1982 年宪法公布施行后,根据我国改革开放和社会主义现代化建设的实践和发展,分别于 1988 年、1993 年、1999 年、2004 年、2018 年经过了 5 次修订。

以案释法

法律面前一律平等 科学家犯罪也不例外

【案情回放】

2014 年 10 月 10 日,中央纪委监察部巡视发现 5 所大学 7 名教授弄虚作假套取国家科技重大专项资金问题,其中涉及中国某大学教授李某等人承担的某重大专项科研课题,故李某等人被依法逮捕。2014 年 10 月 31 日,最高人民检察院反贪污贿赂总局初步查明,李某利用职务便利,以虚假发票和事项套取科研经费转入本人控制公司方式,先后涉嫌贪污公款 2000 余万元。

2019 年 12 月 30 日,在吉林省某市中级人民法院一审过程中,李某以自己多次获得国家科技大奖,为国家创造超过数百亿元经济效益的贡献为由为自己辩解,坚称无罪。最终,一审法院判决被告人李某犯贪污罪,判处有期徒刑 12 年,并处罚金人民币 300 万元;扣押的赃款依法予以没收,上缴国库,不足部分继续追缴。一审宣判后,李某提出上诉。

2020年12月8日,该案二审于吉林省高级人民法院开庭。二审庭审中,李某当庭表示认罪、悔罪,请求二审法院根据其认罪态度,依法从轻处罚,并愿意接受法院的判罚。鉴于李某二审期间认罪并悔罪,合议庭认为对上诉人李某的量刑应予改判。根据检察机关提出量刑建议,法庭作出二审判决:李某改判有期徒刑10年,并处罚金人民币250万元。

【案例评析】

对有突出贡献的人是否可以法外开恩、准其戴罪立功呢?有人认为,让科学家坐牢属于浪费科研资源,应当法外开恩,让他们不脱离工作岗位戴罪立功。但也有人认为,李某的身份不会左右法律的公正,法律面前人人平等,没人能够抹煞李某曾经作出的突出贡献,但是成绩不能成为对无罪的担保,更不能构成对罪行的冲抵。

宪法第33条第2款规定:"中华人民共和国公民在法律面前一律平等。"第5条第4款、第5款规定:"一切国家机关和武装力量、各政党和各社会团体、各企业事业组织都必须遵守宪法和法律。一切违反宪法和法律的行为,必须予以追究。任何组织或者个人都不得有超越宪法和法律的特权。"这些规定体现了我国公民在法律面前一律平等的原则。法律面前一律平等主要表现在:(1)公民合法权益一律平等地受法律保护;(2)违法或者犯罪行为一律平等地依法予以追究;(3)任何组织和个人都不得有超越宪法和法律的特权。本案中李某作为中国工程院院士,对他因犯罪行为而被判处刑罚,我们也深感惋惜。但无论什么人,如果触犯法律,都应依法追究刑事责任。任何身份都不能成为凌驾于法律之上或者法外开恩的借口。法院决定刑罚的时候,会根据犯罪的事实、性质、情节和对社会的危害程度,依照法律的规定,综合考虑对其判处刑罚。

【法条链接】

《中华人民共和国宪法》

第五条　中华人民共和国实行依法治国,建设社会主义法治国家。

国家维护社会主义法制的统一和尊严。

一切法律、行政法规和地方性法规都不得同宪法相抵触。

一切国家机关和武装力量、各政党和各社会团体、各企业事业组织都必须遵守宪法和法律。一切违反宪法和法律的行为,必须予以追究。

任何组织或者个人都不得有超越宪法和法律的特权。

第三十三条　凡具有中华人民共和国国籍的人都是中华人民共和国公民。

中华人民共和国公民在法律面前一律平等。

国家尊重和保障人权。

任何公民享有宪法和法律规定的权利,同时必须履行宪法和法律规定的义务。

第二节　国家的基本制度

一、我国的国体

国体即国家的阶级本质,它是由社会各阶级、阶层在国家中的地位所反映出来的国家的根本属性。宪法第1条第1款规定:"中华人民共和国是工人阶级领导的、以工农联盟为基础的人民民主专政的社会主义国家。"这是宪法对我国的国家阶级性质的规定,亦即对我国国体的明确规定。人民民主专政制度作为我国的国体,是我国最根本的政治制度,决定和制约着其他一切政治制度。它体现在国家基本政治制度和其他具体政治制度之中,并且贯穿这些制度的全过程。

二、我国的政体

政体又称政权组织形式,是指统治阶级按照一定的原则组成的,代表国家行使权力以实现统治阶级任务的国家政权机关的组织体制。我国的政体是人民代表大会制度。宪法第2条明确规定:"中华人民共和国的一切权力属于人民。人民行使国家权力的机关是全国人民代表大会和地方各级人民代表大会。人民依照法律规定,通过各种途径和形式,管理国家事务,管理经济和文化事业,管理社会事务。"人民代表大会制度直接地、全面地表现了我国的阶级本质,是我国国家机构得以建立、健全和国家政治生活得以全面开展的基础,是其他政治制度的核心,而且反映了我国政治生活的全貌。

三、我国的基本经济制度

宪法第6条规定:"中华人民共和国的社会主义经济制度的基础是生产资料的社会主义公有制,即全民所有制和劳动群众集体所有制。社会主义公有制消灭人剥削人的制度,实行各尽所能、按劳分配的原则。国家在社会主义初级阶段,坚持公有制为主体、多种所有制经济共同发展的基本经济制度,坚持按劳分配为主体、多种分配方式并存的分配制度。"该制度既体现了社会主义制度优越性,又同我国社会主义初级阶段社会生产力发展水平相适应;既有利于激发各类市场主体活力、解放和发展社会生产力,又有利于促进效率和公平有机统一、不断实现共同富裕,具有不断解放和发展社会生产力的显著优势。

四、选举制度

我国的选举制度是人民代表大会制度的重要组成部分。它是选举全国人民代表大会和地方各级人民代表大会代表的原则、程序以及方式、方法的总称。其内容由选举法和其他有关选举的规范性文件作出规定。

根据宪法和选举法的规定,我国的选举制度有以下基本原则:

第一,选举权的普遍性原则。在我国,凡是年满18周岁的中华人民共和国公民,没有被剥夺政治权利的,都享有选举权和被选举权。

第二,平等选举原则。我国宪法平等选举原则主要表现在三个方面:一是参选权的平等。宪法第34条明确规定:"中华人民共和国年满十八周岁的公民,不分民族、种族、性别、职业、家庭出身、宗教信仰、教育程度、财产状况、居住期限,都有选举权和被选举权;但是依照法律被剥夺政治权利的人除外。"二是投票权上的平等。即每一选民在一次选举中只有一个投票权,所有有效选票都具有相等的法律效力。三是代表名额上的平等。根据选举法的规定,我国地方各级人大代表名额是按照基数加人口数来计算,并使各民族、各地区、各方面都能有适当数量代表的原则统一确定的,这便体现了被选举权上的平等和重视实际上的平等。

第三,直接选举和间接选举并用的原则。在我国,不设区的市、市辖区、县、自治县、乡、民族乡、镇的人民代表大会的代表,由选民直接选举产生;全国人民代表大会代表,省、自治区、直辖市、设区的市、自治州的人民代表大会的代表,均由下一级人民代表大会选举产生。

第四,秘密选举原则。秘密选举亦称无记名投票选举,是我国现行选举制度的一项基本原则。实行秘密选举,有助于选民或代表在不受外界干预和影响的情况下,更加自由地表达自己的意志,选举自己信任的人。

五、民族区域自治制度

民族区域自治制度就是在统一的祖国大家庭里,在国家的统一领导下,以少数民族聚居的地区为基础,建立相应的民族自治地方,设立自治机关,行使自治权,自主地管理本民族、本地区的内部事务,行使当家作主的权利。宪法第 4 条第 3 款明确规定:"各少数民族聚居的地方实行区域自治,设立自治机关,行使自治权。各民族自治地方都是中华人民共和国不可分离的部分。"民族区域自治制度是我国的基本政治制度之一,是建设中国特色社会主义政治的重要内容。民族区域自治制度实现了民族因素与区域因素、经济因素与政治因素的结合,既符合历史的发展,又符合现实情况,有很大的优越性。

六、特别行政区制度

特别行政区制度是指在我国版图内,根据我国宪法和法律的规定专门设立的具有特殊法律地位、实行特别社会政治经济制度的行政区域,并规定特区政府对所辖区域社会的政治、经济、财政、金融、贸易、工商业、土地、教育、文化等方面享有高度自治权的制度,是"一国两制"的具体实践。这些自治权包括:行政管理权、立法权、独立的司法权和终审权、自行处理有关对外事务的权力。特别行政区与其他行政区域的根本区别在于它所实行的基本社会制度不同。我国内地实行社会主义制度和政策,而特别行政区不实行社会主义制度和政策,保持原有的资本主义制度和生活方式 50 年不变。党的二十大报告指出:"'一国两制'是中国特色社会主义的伟大创举,是香港、澳门回归后保持长期繁荣稳定的最佳制度安排,必须长期坚持。"

七、基层群众自治制度

基层群众自治制度,是依照宪法和法律,由居民(村民)选举的成员组成居民(村民)委员会,实行自我管理、自我教育、自我服务、自我监督的制度。宪法第 111 条规定:"城市和农村按居民居住地区设立的居民委员会或者村民委员会是基层群众性自治组织。居民委员会、村民委员会的主任、副主任和委员由居民选举。居民委员会、村民委员会同基层政权的相互关系由法律规定。居民委员会、村民委员会设人民调解、治安保卫、公共卫生等委员会,办理本居住地区的公共事务和公益事业,调解民间纠纷,协助维护社会治安,并且向人民政府反映群众的意见、要求和提出建议。"

基层群众自治制度能够确保人民依法直接行使民主权利,管理基层公共事务和公益事业,具有全体人民广泛和直接参与的特点。

第三节 公民的基本权利和义务

一、公民的含义

公民指具有某一国国籍,并根据该国法律规定享有权利和承担义务的人。宪法第 33 条规定:"凡具有中华人民共和国国籍的人都是中华人民共和国公民。中华人民共和国公民在法律面前一律平等。国家尊重和保障人权。任何公民享有宪法和法律规定的权利,同时必须履行宪法和法律规定的义务。"国籍法第 7 条规定,外国人或无国籍人,愿意遵守中国宪法和法律,并具有下列条件之一的,可以经申请批准加入中国国籍:(1)中国人的近亲属;(2)定居在中国的;(3)有其它正当理由。中华人民共和国不承认中国公民具有双重国籍。

二、我国公民的基本权利

公民的基本权利,是指国家宪法确认的公民在政治、经济、文化、人身等方面所享有的基本权利。根据宪法规定,我国公民享有以下基本权利:(1)平等权。中华人民共和国公民在法律面前一律平等;(2)政治权利和自由,包括选举权和被选举权(依照法律被剥夺政治权利的除外)、言论、出版、集会、结社、游行、示威的自由;(3)宗教信仰自由;(4)人身与人格权,包括人身自由不受侵犯,人格尊严不受侵犯,住宅不受侵犯,通信自由和通信秘密受法律保护;(5)监督权,包括对国家机关及其工作人员有提出批评、建议、申诉、控告、检举并依法取得赔偿的权利;(6)社会经济权利,包括劳动权利,劳动者休息权利,退休人员生活保障权利,因年老、疾病、残疾或丧失劳动能力时从国家和社会获得社会保障与物质帮助的权利;(7)社会文化权利和自由,包括受教育权利,进行科研、文艺创作和其他文化活动的自由;(8)妇女保护权,包括妇女在政治、经济、文化、社会和家庭生活等方面享有同男子同等的权利;(9)婚姻、家庭、母亲和儿童受国家保护;(10)华侨、归侨和侨眷的正当权利和利益受国家保护。

三、我国公民的基本义务

公民的基本义务也称宪法义务,基本义务是指宪法和法律规定的公民应该履行的对国家、社会和他人的某种责任。依据宪法规定,我国公民有以下基本义务:(1)维护国家统一和全国各民族团结的义务;(2)遵守宪法和法律,保守国家秘密,爱护公共财产,遵守劳动纪律,遵守公共秩序,尊重社会公德的义务;(3)维护祖国的安全、荣誉和利益的义务,不得有危害祖国的安全、荣誉和利益的行为;(4)保卫祖国,抵抗侵略,依照法律服兵役和参加民兵组织的义务;(5)依照法律纳税的义务;(6)其他义务。如劳动的义务,受教育的义务,夫妻双方有实行计划生育的义务,父母有抚养教育未成年子女的义务,成年子女有赡养扶助父母的义务。

第四节　国家机构

一、国家机构的含义

国家机构是国家为实现国家职能而建立起来的一整套国家机关体系的总称。以行使权力的属性来看,我国的国家机构分为国家权力机关、国家元首、国家行政机关、国家军事机关、国家审判机关和国家检察机关。

二、我国国家机构的设置

我国的国家机构包括:全国人民代表大会;中华人民共和国主席;中华人民共和国国务院;中华人民共和国中央军事委员会;地方各级人民代表大会和地方各级人民政府;民族自治地方的自治机关;监察委员会;人民法院和人民检察院。

全国人民代表大会是我国最高国家权力机关。它的常设机关是全国人民代表大会常务委员会。全国人民代表大会和全国人民代表大会常务委员会行使国家立法权。

中华人民共和国主席、副主席由全国人民代表大会选举。有选举权和被选举权的年满45周岁的中华人民共和国公民可以被选为中华人民共和国主席、副主席。

中华人民共和国国务院,即中央人民政府,是最高国家权力机关的执行机关,是最高国家行政机关,由总理、副总理若干人、国务委员若干人、各部部长、各委员会主任、审计长、秘书长组成。

中华人民共和国中央军事委员会领导全国武装力量。

省、直辖市、县、市、市辖区、乡、民族乡、镇设立人民代表大会和人民政府。地方各级人民代表大会和地方各级人民政府的组织由法律规定。自治区、自治州、自治县设立自治机关。

民族自治地方的自治机关是自治区、自治州、自治县的人民代表大会和人民政府。

中华人民共和国各级监察委员会是国家的监察机关。中华人民共和国设立国家监察委员会和地方各级监察委员会。国家监察委员会是最高监察机关。国家监察委员会领导地方各级监察委员会的工作,上级监察委员会领导下级监察委员会的工作。

中华人民共和国人民法院是国家的审判机关。最高人民法院是最高审判机关。最高人民法院监督地方各级人民法院和专门人民法院的审判工作,上级人民法院监督下级人民法院的审判工作。

中华人民共和国人民检察院是国家的法律监督机关。人民检察院依照法律规定独立行使检察权,不受行政机关、社会团体和个人的干涉。最高人民检察院是最高检察机关。最高人民检察院领导地方各级人民检察院和专门人民检察院的工作,上级人民检察院领导下级人民检察院的工作。

第五节　国旗、国歌、国徽、首都

国家象征是一个主权国家的代表和标志,主要包括国旗、国徽、国歌、首都等。它代表了一个国家的主权、独立和尊严,反映了一个国家的历史传统、民族精神,甚至国体和政体等,有利于增强国民的民族自豪感和爱国主义感情。

中华人民共和国国旗是五星红旗,五星红旗是中华人民共和国的象征和标志。国旗旗面为红色,象征革命。旗上的五颗五角星及其相互关系象征共产党领导下的革命人民大团结。为了维护国旗的尊严,增强公民的国家观念,发扬爱国主义精神,1990 年 6 月 28 日第七届全国人民代表大会常务委员会第十四次会议通过了《中华人民共和国国旗法》,共 20 条,自 1990 年 10 月 1 日起施行。并根据 2009 年 8 月 27 日第十一届全国人民代表大会常务委员会第十次会议《关于修改部分法律的决定》第一次修正,根据 2020 年 10 月 17 日第十三届全国人民代表大会常务委员会第二十二次会议《关于修改〈中华人民共和国国旗法〉的决定》第二次修正。

中华人民共和国国歌是《义勇军进行曲》，由田汉作词，聂耳作曲，是中华人民共和国的象征和标志。2004年3月14日，第十届全国人民代表大会第二次会议正式将《义勇军进行曲》作为国歌写入宪法。为了规范国歌的奏唱场合、奏唱礼仪和宣传教育，2017年9月1日第十二届全国人民代表大会常务委员会第二十九次会议表决通过了《中华人民共和国国歌法》，于2017年10月1日起施行。

中华人民共和国国徽，中间是五星照耀下的天安门，周围是谷穗和齿轮。国徽上的图案均有其象征意义。四颗小五角星环绕一个大五角星，象征着中国共产党领导下的全国人民的大团结，齿轮和麦稻穗象征着工人阶级领导下的工农联盟。天安门则体现了中国人民的革命传统和民族精神，同时也是我们伟大祖国首都北京的象征。国徽在颜色上用正红色和金黄色互为衬托对比，体现了中华民族特有的吉寿喜庆的民族色彩和传统，既庄严又富丽。中华人民共和国国徽是中华人民共和国主权的象征和标志。为了维护国徽的尊严，增强公民的国家观念，明确规定国徽的制作、国徽的规格和对侮辱国徽者的处罚等许多重要内容，1991年3月2日第七届全国人民代表大会常务委员会第十八次会议通过了《中华人民共和国国徽法》，自1991年10月1日起施行。并根据2009年8月27日第十一届全国人民代表大会常务委员会第十次会议《关于修改部分法律的决定》第一次修正，根据2020年10月17日第十三届全国人民代表大会常务委员会第二十二次会议《关于修改〈中华人民共和国国徽法〉的决定》第二次修正。

中华人民共和国首都是北京。北京简称"京"，古称燕京、北平。北京是中华人民共和国的首都、直辖市、国家中心城市、超大城市，国务院批复确定的中国政治中心、文化中心、国际交往中心、科技创新中心。北京既是世界著名古都和现代化国际城市，也是中国共产党中央委员会、中华人民共和国中央人民政府和全国人民代表大会常务委员会的办公所在地。

以案释法

戏唱国歌辱尊严终被拘

【案情回放】

某直播平台主播杨某莉在直播过程中，公然戏唱国歌，有辱国歌尊严，引发网民反感。经警方调查,2018 年 10 月 7 日晚,涉事人杨某莉(女,20 岁)在其住宅内进行网络直播时,违反了《中华人民共和国国歌法》有关规定,上海市公安局静安分局依法对杨某莉处以行政拘留 5 日。

【案例评析】

国歌是国家的象征和标志,所有公民和组织都应当尊重国歌,维护国歌尊严。国歌法第 15 条规定,在公共场合,故意篡改国歌歌词、曲谱,以歪曲、贬损方式奏唱国歌,或者以其他方式侮辱国歌的,由公安机关处以警告或者 15 日以下拘留;构成犯罪的,依法追究刑事责任。网络直播空间不是法外之地,同样要守法律、讲道德。对于此等挑战法律底线、违反公序良俗的行为,公安机关一定会坚决依法打击,切实净化网络环境。

【法条链接】

《中华人民共和国国歌法》

第十五条　在公共场合,故意篡改国歌歌词、曲谱,以歪曲、贬损方式奏唱国歌,或者以其他方式侮辱国歌的,由公安机关处以警告或者十五日以下拘留;构成犯罪的,依法追究刑事责任。

第六节　国家宪法日和宪法宣誓制度

一、国家宪法日

2014 年 11 月 1 日,第十二届全国人民代表大会常务委员会第十一次会议通过了《全国人民代表大会常务委员会关于设立国家宪法日的决定》,将 12 月 4 日设立为国家宪法日。

设立国家宪法日,传递的是依宪治国、依宪执政的理念。其根本目的是为了增强全社会的宪法意识,弘扬宪法精神,加强宪法实施,全面推进依法治国。设立国家宪法日,不仅是增加一个纪念日,更要使这一天成为全民的宪法"教育日、普及日、深化日",形成举国上下尊重宪法、宪法至上、用宪法维护人民权益的社会氛围。具体说来,设立国家宪法日的法治意义主要体现在以下几个方面:一是唤醒法治政府、依法行政的意识;二是唤醒广大公众善于监督、敢于监督的法治意识;三是可以给广大公众上一堂生动而必要的宪法课。通过国家宪法日,我们可以知道"宪法的根本性和最高权威",应该体现在它能为公民权利提供最后的保护手段,成为审判机关维护正义的最后依据。

二、宪法宣誓制度

(一)宪法宣誓制度的确立

2015 年 7 月 1 日,第十二届全国人民代表大会常务委员会第十五次会议通过了《全国人大常委会关于实行宪法宣誓制度的决定》(以下简称《决定》),本《决定》自 2016 年 1 月 1 日起施行,这标志着中国以立法形式正式规定实行宪法宣誓制度。

2018 年 3 月 11 日,第十三届全国人民代表大会第一次会议通过宪法修正案,将宪法第 27 条增加一款,作为第 3 款,即"国家工作人员就职时应当依照法律规定公开进行宪法宣誓"。

(二)宪法宣誓制度的适用范围

关于宪法宣誓制度的适用范围,第十二届全国人民代表大会常务委员会第三十三次会议修订的《全国人民代表大会常务委员会关于实行宪法宣誓制度的决定》指出,各级人民代表大会及县级以上各级人民代表大会常务委员会选举或者决定任命的国家工作人员,以及各级人民政府、监察委员会、人民法院、人民检察院任命的国家工作人员,在就职时应当公开进行宪法宣誓。

(三)宪法宣誓誓词

2018 年 2 月 24 日,全国人大常委会对宪法宣誓制度作出修订,确定宪法宣誓誓词为:"我宣誓:忠于中华人民共和国宪法,维护宪法权威,履行法定职责,忠于祖国、忠于人民,恪尽职守、廉洁奉公,接受人民监督,为建设富强民主文明和谐美丽的社会主义现代化强国努力奋斗!"

思 考 题

1.为什么说宪法是我国的根本法?

2.为什么说人民代表大会制度是我国实现社会主义民主的基本形式?

3.我国公民的基本权利和义务分别有哪些?

4.设立国家宪法日的意义是什么?

5.宪法宣誓誓词是什么?

第三章　民法典知识

　　2020年5月28日,第十三届全国人民代表大会第三次会议审议通过了《中华人民共和国民法典》,这是新中国成立以来第一部以"法典"命名的法律,是新时代我国社会主义法治建设的重大成果。民法典共7编1260条、10万多字,是我国法律体系中条文最多、体量最大、编章结构最复杂的一部法律,在中国特色社会主义法律体系中具有重要地位,是一部固根本、稳预期、利长远的基础性法律,是一部具有中国特色、体现时代特点、反映人民意愿的好法典。它的颁布实施,对推进全面依法治国、加快建设社会主义法治国家,对发展社会主义市场经济、巩固社会主义基本经济制度,对坚持以人民为中心的发展思想、依法维护人民权益、推动我国人权事业发展,对推进国家治理体系和治理能力现代化,都具有重大意义。

　　《"八五"普法规划》要求"突出宣传民法典",广泛开展民法典普法工作,阐释好民法典中国特色社会主义的特质,阐释好民法典关于民事活动平等、自愿、公平、诚信等基本原则,阐释好民法典关于坚持主体平等、保护财产权利、便利交易流转、维护人格尊严、促进家庭和谐、追究侵权责任等基本要求,阐释好民法典一系列新规定新概念新精神。推动各级党和国家机关带头学习宣传民法典,推动领导干部做学习、遵守、维护民法典的表率,提高运用民法典维护人民权益、化解矛盾纠纷、促进社会和谐稳定的能力和水平。把民法典纳入国民教育体系,加强对青少年民法典教育。以"美好生活·民法典相伴"为主题,组织开展民法典主题宣传,让民法典走到群众身边、走进群众心里。

第一节　总　则

一、民法和民法典的关系

民法是法律体系中的一个独立的法律部门。在法律体系中,它居于基本法的地位。"民法"一词有广义和狭义之分。广义的民法是指调整民事活动的所有法律规范的总称。狭义的民法是指形式上的民法。

民法典是经过整理的比较完备、系统的民事法律规范的总称。新中国成立以来,我国曾经先后四次启动制定和编纂民法典的相关工作。2020 年 5 月,全国人大通过的民法典是新中国第一部以"法典"命名的法律,在法律体系中居于基础性地位。民法典各编依次为总则、物权、合同、人格权、婚姻家庭、继承、侵权责任,以及附则。民法典自 2021 年 1 月 1 日起施行,现行婚姻法、继承法、民法通则、收养法、担保法、合同法、物权法、侵权责任法、民法总则同时废止。

从民法和民法典的关系上看,广义上的民法不仅包括形式上的民法或民法典,也包括单行的民事法规和其他法规中的民事法律规范。因此,民法的范围要大于民法典。

二、民法典的立法目的和立法依据

民法典第 1 条明确规定:"为了保护民事主体的合法权益,调整民事关系,维护社会和经济秩序,适应中国特色社会主义发展要求,弘扬社会主义核心价值观,根据宪法,制定本法。"

三、民法典的调整对象和基本原则

民法典第 2 条规定:"民法调整平等主体的自然人、法人和非法人组织之间的人身关系和财产关系。"第 3 条规定:"民事主体的人身权利、财产权利以及其他合法权益受法律保护,任何组织或者个人不得侵犯。"

民法典在总则中明确规定了调整民事法律关系时需要遵循的基本原则:(1)平等原则,民事主体在民事活动中的法律地位一律平等;(2)自愿原则,民事主体从事民事活动,应当遵循自愿原则,按照自己的意思设立、变更、终止民事法律关系;(3)公平原则,民事主体从事民事活动,应当遵循公平原则,合理确定各方的权利和义务;(4)诚信原则,民事主体从事民事活动,应当遵循诚信原则,秉持诚实,恪守承诺;(5)守法与公序良俗原则,民事主体从事民事活动,不得违反法律,不得违背公序良俗;(6)绿色原则,民事主体从事民事活动,应当有利于节约资源、保护生态环境。

四、民事法律关系

民事法律关系,是由民事法律规范调整而形成的以民事权利和民事义务为核心内容的社会关系,是民法所调整的平等主体之间的人身关系和财产关系在法律上的表现。它包括主体、内容和客体三个要素。

(一)民事法律关系主体

民事主体,是指参加民事法律关系,享有民事权利和承担民事义务的人。在我国,民事主体一般包括自然人、法人和非法人组织。

1. 自然人

自然人是基于出生而取得民事主体资格的人,包括本国公民、外国公民和无国籍人。自然人的民事权利能力,是指法律赋予公民享有民事权利、承担民事义务的资格。自然人的民事权利能力始于出生,止于死亡。自然人的民事行为能力,是通过自己的行为取得民事权利和负担民事义务的资格。民法典根据年龄和智力状况的不同,将公民的民事行为能力分为完全民事行为能力、限制民事行为能力和无民事行为能力三类。根据民法典的规定,18周岁以上的自然人为成年人。不满18周岁的自然人为未成年人。成年人为完全民事行为能力人,可以独立实施民事法律行为。16周岁以上的未成年人,以自己的劳动收入为主要生活来源的,视为完全民事行为能力人。8周岁以上的未成年人和不能完全辨认自己行为的成年人是限制民事行为能力人,其民事活动的范围受到一定的限制。不满8周岁和不能辨认自己行为的成年人为无民事行为能力人。无民事行为能力人的权益的实现由其监护人代理。

2. 法人

法人是相对于自然人而言的另一类民事主体,是具有民事权利能力和民事行为能力,依法独立享有民事权利和承担民事义务的组织。法人的民事权利能力和民事行为能力,从法人成立时产生,到法人终止时消灭。法人应当依法成立,且有自己的名称、组织机构、住所、财产或者经费。法人以其全部财产独立承担民事责任。民法典将法人分为营利法人、非营利法人和特别法人。

3. 非法人组织

非法人组织是不具有法人资格,但是能够依法以自己的名义从事民事活动的组织。非法人组织包括个人独资企业、合伙企业、不具有法人资格的专业服务机构等。

(二)民事法律关系的内容

民事法律关系的内容,是指民事主体所享有的权利和承担的义务。民事权利,是指民事主体为实现某种利益而依法为某种行为和不为某种行为的自由。民事义务,是指义务人为满足权利人的利益而为一定行为或不为一定行为的必要性。民事主体行使权利时,应当履行法律规定的和当事人约定的义务。同时,民事主体不得滥用民事权利损害国家利益、社会公共利益或者他人合法权益。

(三)民事法律关系的客体

民事法律关系的客体,是指作为法律关系内容的民事权利和民事义务共同指向的对象。民事法律关系的客体包含:物,其中包括金钱与有价证券;行为,即一方当事人向另一方当事人提供的服务;智力成果,包括商标、专利、商业秘密、发现等;其他财产,即上述财产以外的其他财产,如债权、债务、信息;人身利益,即人格利益和身份利益。

五、民事法律行为

民事法律行为,是指民事主体通过意思表示设立、变更、终止民事法律关系的行为。民事法律行为可以基于双方或者多方的意思表示一致成立,也可以基于单方的意思表示成立。

(一)有效民事法律行为

根据民法典第143条的规定,有效的民事法律行为要具备以下几个条件:一是行为人具有相应的民事行为能力;二是意思表示真实;三是不违反法律、行政法规的强制性规定,不违背公序良俗。此外,限制民事行为能力人实施的纯获利益的民事法律行为或者与其年龄、智力、精神健康状况相适应的民事法律行为有效;实施的其他民事法律行为经法定代理人同意或者追认后有效。

(二)可变更、可撤销的民事法律行为

可变更、可撤销的民事行为,简称可撤销行为,亦称"相对无效的民事行为",是指依照法律规定,由于行为人的意思与表示不一致或者意思表示不自由,导致非真实的意思表示,可由当事人请求人民法院或者仲裁机构予以变更或者撤销的民事行为。根据民法典第147条至第151条的规定,基于重大误解实施的民事法律行为,行为人有权请求人民法院或者仲裁机构予以撤销。一方以欺诈手段,使对方在违背真实意思的情况下实施的民事法律行为,受欺诈方有权请求人民法院或者仲裁机构予以撤销。第三人实施欺诈行为,使一方在违背真实意思的情况下实施的民事法律行为,对方知道或者应当知道该欺诈行为的,受欺诈方有权请求人民法院或者仲裁机构予以撤销。一方或者第三人以胁迫手段,使对方在违背真实意思的情况下实施的民事法律行为,受胁迫方有权请求人民法院或者仲裁机构予以撤销。一方利用对方处于危困状态、缺乏判断能力等情形,致使民事法律行为成立时显失公平的,受损害方有权请求人民法院或者仲裁机构予以撤销。

(三)无效民事行为

无效民事行为,是指因欠缺民事法律行为的有效条件而不产生法律效力的民事行为。根据民法典的规定,以下几种民事行为是无效的:(1)无民事行为能力人实施的民事法律行为无效;(2)行为人与相对人以虚假的意思表示实施的民事法律行为无效;(3)违反法律、行政法规的强制性规定的民事法律行为无效,但是,该强制性规定不导致该民事法律行为无效的除外;(4)行为人与相对人恶意串通,损害他人合法权益的民事法律行为无效;(5)违背公序良俗的民事法律行为无效。

需要注意的是:无效的或者被撤销的民事法律行为自始没有法律约束力。民事法律行为部分无效,不影响其他部分效力的,其他部分仍然有效。

六、民事责任

(一)民事责任的概念与特征

民事责任,即民事法律责任,是指民事主体违反民事义务而依法应当承担的民事法律后果。民事责任具有以下法律特征:(1)民事责任以民事义务的存在为前提。没有民事义务,就不可能产生民事责任。民事义务包括法律规定的义务和民事主体之间约定的义务。(2)民事责任主要是一种财产责任,但也

包括一些非财产责任。(3)民事责任的目的是恢复被侵害的民事权益,民事责任的范围一般应当与违法行为所造成的损害相一致。(4)民事责任是一种独立的法律责任,不能为其他法律责任所取代,也不能取代其他法律责任。

(二)民事责任的方式

根据民法典第 179 条的规定,承担民事责任的方式主要有:(1)停止侵害;(2)排除妨碍;(3)消除危险;(4)返还财产;(5)恢复原状;(6)修理、重作、更换;(7)继续履行;(8)赔偿损失;(9)支付违约金;(10)消除影响、恢复名誉;(11)赔礼道歉。法律规定惩罚性赔偿的,依照其规定。本条规定的承担民事责任的方式,可以单独适用,也可以合并适用。

(三)民事责任的免除

民事责任的免除即不承担民事责任。根据民法典的规定,可以不承担民事责任的情形有:(1)因不可抗力不能履行民事义务的;(2)因正当防卫造成损害的(正当防卫超过必要的限度,造成不应有的损害的,正当防卫人应当承担适当的民事责任);(3)因紧急避险造成损害的。

此外,民法典还规定,因保护他人民事权益使自己受到损害的,由侵权人承担民事责任,受益人可以给予适当补偿。因自愿实施紧急救助行为造成受助人损害的,救助人不承担民事责任。侵害英雄烈士等的姓名、肖像、名誉、荣誉,损害社会公共利益的,应当承担民事责任。以上规定,充分体现了法律规则的指引作用,旨在鼓励人们乐于助人、见义勇为,对构建和谐社会有很大益处。

七、诉讼时效

诉讼时效,是指民事权利受到侵害的权利人在法定的时效期间内不行使权利,当时效期间届满时,权利人将失去胜诉权利,即胜诉权利归于消灭。

民法典第 188 条规定,向人民法院请求保护民事权利的诉讼时效期间为 3 年。法律另有规定的,依照其规定。诉讼时效期间自权利人知道或者应当知道权利受到损害以及义务人之日起计算。法律另有规定的,依照其规定。但是,自权利受到损害之日起超过 20 年的,人民法院不予保护,有特殊情况的,人民法院可以根据权利人的申请决定延长。民法典第 190 条规定,无民事行为能力人或者限制民事行为能力人对其法定代理人的请求权的诉讼时效期间,自该法定代理终止之日起计算。民法典第 191 条规定,未成年人遭受性侵害的损害赔偿请求权的诉讼时效期间,自受害人年满 18 周岁之日起计算。

第二节　物　权

一、一般规定

(一)物和物权

民法典第二编为物权编,它调整因物的归属和利用产生的民事关系。物,在这里包括不动产和动产。不动产是指土地以及房屋、林木等土地定着物;动产是指不动产以外的物,如汽车、电视机等。物权,是指权利人依法对特定的物享有直接支配和排他的权利,包括所有权、用益物权和担保物权。

(二)社会主义基本经济制度

民法典第206条规定:"国家坚持和完善公有制为主体、多种所有制经济共同发展,按劳分配为主体、多种分配方式并存,社会主义市场经济体制等社会主义基本经济制度。国家巩固和发展公有制经济,鼓励、支持和引导非公有制经济的发展。国家实行社会主义市场经济,保障一切市场主体的平等法律地位和发展权利。"

二、所有权

(一)国家所有权

国家所有权,是指中华人民共和国对全民所有的财产享有占有、使用、收益和处分的权利。国家所有权本质上是社会主义全民所有制在法律上的表现。

法律规定属于国家所有的财产,属于国家所有即全民所有。民法典第247条至第254条对国有财产的范围作出列举性规定:(1)矿藏、水流、海域属于国家所有。(2)无居民海岛属于国家所有,国务院代表国家行使无居民海岛所有权。(3)城市的土地,属于国家所有。法律规定属于国家所有的农村和城市郊区的土地,属于国家所有。(4)森林、山岭、草原、荒地、滩涂等自然资源,属于国家所有,但是法律规定属于集体所有的除外。(5)法律规定属于国家所有的野生动植物资源,属于国家所有。(6)无线电频谱资源属于国家所有。(7)法律规定属于国家所有的文物,属于国家所有。(8)国防资产属于国家所有。铁路、公路、电力设施、电信设施和油气管道等基础设施,依照法律规定为国家所有的,属于国家所有。

(二)集体所有权

集体所有权是指劳动群众集体对集体财产享有的占有、使用、收益、处分的权利。民法典第 260 条对集体所有的不动产和动产的范围作出了规定:(1)法律规定属于集体所有的土地和森林、山岭、草原、荒地、滩涂;(2)集体所有的建筑物、生产设施、农田水利设施;(3)集体所有的教育、科学、文化、卫生、体育等设施;(4)集体所有的其他不动产和动产。第 265 条规定,集体所有的财产受法律保护,禁止任何组织或者个人侵占、哄抢、私分、破坏。

(三)私人所有权

私人对其合法的收入、房屋、生活用品、生产工具、原材料等不动产和动产享有所有权。私人的合法财产受法律保护,禁止任何组织或者个人侵占、哄抢、破坏。

三、用益物权

(一)土地承包经营权

土地承包经营权,是指农户或者经济组织在集体所有的或者国家所有由集体使用的土地上依据承包合同的约定进行农业经营活动的权利。根据民法典第 332 条的规定,耕地的承包期为 30 年。草地的承包期为 30 年至 50 年。林地的承包期为 30 年至 70 年。前款规定的承包期限届满,由土地承包经营权人依照农村土地承包的法律规定继续承包。民法典第 339 条规定:"土地承包经营权人可以自主决定依法采取出租、入股或者其他方式向他人流转土地经营权。"民法典允许土地经营权自由转让,使农村土地全面进入市场,村民可以将其抵押,进行贷款融资,激发了市场活力。

(二)宅基地使用权

民法典第 362 条规定了宅基地使用权的权利内容。这条规定中包含三个关键点:第一,宅基地归集体所有。这是宅基地使用权能够成为用益物权的前提。第二,宅基地的用途是建造住宅及其附属设施。第三,宅基地使用权人依法享有占有和使用的权利。民法典第 363 条规定,宅基地使用权的取得、行使和转让,适用土地管理的法律和国家有关规定。此外,农村居民建住宅要严格按照所在的省、自治区、直辖市规定的标准,依法取得宅基地。农村居民每户只能有一处不超过标准的宅基地,多出的宅基地,要依法收归集体所有。同时禁止城镇居民在农村购置宅基地。农民的宅基地使用权可以依法由城镇户籍的子女继承并办理不动产登记,但并不能交易。

(三)居住权

居住权,指居住权人对他人所有的住房的全部或者部分及其从属设施,所享有的占有、使用的用益物权。民法典第366条规定:"居住权人有权按照合同约定,对他人的住宅享有占有、使用的用益物权,以满足生活居住的需要。"设立居住权,当事人应当采用书面形式订立居住权合同。设立居住权的,应当向登记机构申请居住权登记。居住权自登记时设立。居住权不得转让、继承。设立居住权的住宅不得出租,但是当事人另有约定的除外。居住权期限届满或者居住权人死亡的,居住权消灭。居住权消灭的,应当及时办理注销登记。

四、担保物权

根据民法典第四分编的规定,担保物权包括抵押权、质权和留置权。债权人在借贷、买卖等民事活动中,为保障实现其债权,需要担保的,可以依法设立其担保物权。第三人为债务人向债权人提供担保的,可以要求债务人提供反担保。设立担保物权,应当依法订立担保合同,担保合同包括抵押合同、质押合同和其他具有担保功能的合同。担保物权的担保范围包括主债权及其利息、违约金、损害赔偿金、保管担保财产和实现担保物权的费用。

以案释法

远亲不如近邻　别让围墙变心墙

【案情回放】

小刘和王大爷住在同一村子,两家的房子比邻而建,相距不远。最近两年,小刘在自己家中办起了农家乐,顾客盈门,生意很好。然而,浓烈呛鼻的油烟时常飘到王大爷家中。王大爷上了年纪,心肺方面本来就有毛病,确实经不住油烟刺激,为此,王大爷多次上门请小刘想办法减少油烟。最终,在村委会的协调下,小刘同意在两家住宅间修建围墙用于阻挡油烟。虽然答应修墙,可小刘心里满是不痛快,他总认为王大爷小题大做,看他农家乐赚钱眼红,才故意习难他。于是,小刘总想着要些花样,让王大爷不能遂意。修墙的施工队就要开始干活了,工头向小刘询问墙体高度,小刘心生一计,告诉工头修 6 米高,这下,不光油烟,连光线也挡得严严实实了。围墙修好了,王大爷总感觉不对劲,的确,油烟是没有了,可家中的采光也没有了。于是,王大爷找小刘讨要说法,要求降低墙体高度别影响家中采光,小刘予以回绝。

王大爷无奈,向法院提起诉讼,请求判决小刘拆除墙体超高部分,法院审理后判决,支持王大爷的诉讼请求。

【案例评析】

千里修书只为墙,让他三尺又何妨。万里长城今犹在,不见当年秦始皇。六尺巷的故事脍炙人口,成了古今推崇的邻里典范,彰显了中华民族和睦谦让的道德风尚。这个案例也和邻里关系有关,不过,其中这堵围墙却堵了心,变成了心墙。民法典第 288 条规定,不动产的相邻权利人应当按照有利生产、方便生活、团结互助、公平合理的原则,正确处理相邻关系。第 293 条规定,建造建筑物,不得违反国家有关工程建设标准,不得妨碍相邻建筑物的通风、采光和日照。本案中,小刘修建的围墙影响了王大爷家里的采光,围墙过高也存有一定安全隐患,小刘为泄私怨,故意修建过高围墙的行为是一种损人不利己的"添堵"行为,与"和谐、友善"的社会主义核心价值观不符,有悖公序良俗。

【法条链接】

《中华人民共和国民法典》

第二百八十八条 不动产的相邻权利人应当按照有利生产、方便生活、团结互助、公平合理的原则,正确处理相邻关系。

第二百八十九条 法律、法规对处理相邻关系有规定的,依照其规定;法律、法规没有规定的,可以按照当地习惯。

第二百九十三条 建造建筑物,不得违反国家有关工程建设标准,不得妨碍相邻建筑物的通风、采光和日照。

第三节　合　同

一、合同的订立

合同是民事主体之间设立、变更、终止民事法律关系的协议。当事人订立合同,可以采取要约、承诺方式或者其他方式。要约是希望与他人订立合同的意思表示。要约邀请是希望他人向自己发出要约的表示。拍卖公告、招标公告、招股说明书等为要约邀请。商业广告和宣传的内容符合要约条件的,构成要约。承诺是受要约人同意要约的意思表示。承诺生效时合同成立。

二、合同的变更和解除

(一)合同的变更

当事人协商一致,可以变更合同。合同的变更,是指在合同有效成立后,合同当事人不变,仅改变合同的权利和义务。合同变更的条件有:(1)原来存在有效的合同关系;(2)合同内容发生变化,如标的物数量变化,履行期限变更等;(3)当事人协商一致。

(二)合同的解除

当事人协商一致,可以解除合同。合同的解除,是指在合同有效成立以后,当解除的条件具备时,因当事人一方或双方的意思表示,使合同关系消灭的行为。民法典第563条规定,有下列情形之一的,当事人可以解除合同:(1)因不可抗力致使不能实现合同目的;(2)在履行期限届满前,当事人一方明确表示或者以自己的行为表明不履行主要债务;(3)当事人一方迟延履行主要债务,经催告后在合理期限内仍未履行;(4)当事人一方迟延履行债务或者有其他违约行为致使不能实现合同目的;(5)法律规定的其他情形。以持续履行的债务为内容的不定期合同,当事人可以随时解除合同,但是应当在合理期限之前通知对方。

合同解除后,尚未履行的,终止履行;已经履行的,根据履行情况和合同性质,当事人可以请求恢复原状或者采取其他补救措施,并有权请求赔偿损失。

三、合同的效力

合同的效力,是指法律赋予依法成立的合同具有约束当事人各方乃至第三人的强制力。依法成立的合同,自成立时生效,但是法律另有规定或者当事人另有约定的除外;合同不生效、无效、被撤销或者终止的,不影响合同中有关解决争议方法的条款的效力。民法典第506条规定,合同中的下列免责条款无效:(1)造成对方人身损害的;(2)因故意或者重大过失造成对方财产损失的。

四、合同责任

合同责任主要包括缔约过失责任和违约责任。

(一)缔约过失责任

缔约过失责任,是指在合同缔结过程中,一方当事人假借订立合同的名义实施损害对方利益的行为或者实施了违反诚实信用原则的其他行为,造成对方损失而应承担的赔偿责任。损害赔偿的范围,是相对人因缔约过失而遭受的信赖利益损失,包括直接损失和间接损失。

民法典第500条规定,当事人在订立合同过程中有下列情形之一,造成对方损失的,应当承担赔偿责任:(1)假借订立合同,恶意进行磋商;(2)故意隐瞒与订立合同有关的重要事实或者提供虚假情况;(3)有其他违背诚信原则的行为。

(二)违约责任

违约责任,是指当事人不履行合同义务或者履行合同义务不符合约定应承担的民事责任。当事人一方不履行合同义务或者履行合同义务不符合约定的,应当承担继续履行、采取补救措施或者赔偿损失等违约责任。

违约行为的形态大致可以归纳为:预期违约和实际违约两种。其中预期违约又包括明示毁约和默示毁约;实际违约包括不履行、迟延履行、不完全履行。

承担违约责任的方式有继续履行、赔偿损失、支付违约金、定金责任、采取补救措施。

民法典第590条规定:"当事人一方因不可抗力不能履行合同的,根据不可抗力的影响,部分或者全部免除责任,但是法律另有规定的除外。因不可抗力不能履行合同的,应当及时通知对方,以减轻可能给对方造成的损失,并应当在合理期限内提供证明。当事人迟延履行后发生不可抗力的,不免除其违约责任。"

以案释法

假卖房借名申贷款合同被判无效

【案情回放】

周某曾向张某借过5万元,因资金周转不灵便想用自己的房产抵押向银行贷款。但是,信用不合格的他并不符合银行放贷条件。2012年3月,周某与张某签订了房屋"买卖合同",约定将其在海口某小区的房屋"卖"给张某,房屋成交价为20万元,并于同年4月办理了过户。

随后,两人签订了"承诺书",约定周某一年内归还5万元给张某。张某取得房屋所有权后,以自己的名义向银行申请 15 万元贷款由周某使用并负责每月按揭;如有逾期不还,该房屋由张某处理,贷款还清后由张某配合过户。

2019 年 3 月,周某还清了房款,便要求张某归还房屋。但张某却拒绝归还房屋,认为该房屋登记在其名下,应归其所有,周某只可向其主张 20 万元的房屋价款。为此,双方闹至法院。

法院经审理后,认定双方买卖合同无效,判决张某应协助周某办理该房屋的过户手续。

【案例评析】

民法典第 508 条规定:"本编对合同的效力没有规定的,适用本法第一编第六章的有关规定。"民事法律行为若要有效,就要不违反法律、行政法规的强制性规定,不违背公序良俗。本案中,双方订立买卖合同的目的是由于周某资金紧缺且信用不合格,故以买卖形式假借张某的名义向银行申请贷款,据此可以认定双方实质是借助"买卖"房产来规避国家正常的金融监管秩序,达到骗取银行贷款的目的,属于"以合法形式掩盖非法目的"的合同,是无效合同。以假卖房的方式骗取银行贷款,除了可能要承担民事方面的风险,如果情节严重,可能还会构成"贷款诈骗罪",需要承担相应刑事责任。

【法条链接】

《中华人民共和国民法典》

第一百四十三条　具备下列条件的民事法律行为有效:

(一)行为人具有相应的民事行为能力;

(二)意思表示真实;

(三)不违反法律、行政法规的强制性规定,不违背公序良俗。

第五百零八条　本编对合同的效力没有规定的,适用本法第一编第六章的有关规定。

第四节　人格权

一、人格权概述

人格权独立成编是民法典对旧法的重大改革之一。人格权是民事主体享有的生命权、身体权、健康权、姓名权、名称权、肖像权、名誉权、荣誉权、隐私权等权利。除此以外,自然人还享有基于人身自由、人格尊严产生的其他人格权益。民事主体的人格权受法律保护,任何组织或者个人不得侵害。人格权属于专属权利,不得放弃、转让或者继承。人格权因权利人出生而享有,因权利人死亡而消灭,不能继承。人格权受到侵害的,受害人有权依照民法典和其他法律的规定请求行为人承担民事责任。受害人的停止侵害、排除妨碍、消除危险、消除影响、恢复名誉、赔礼道歉请求权,不适用诉讼时效的规定。

二、生命权、身体权和健康权

自然人享有生命权。自然人的生命安全和生命尊严受法律保护。任何组织或者个人不得侵害他人的生命权。自然人享有身体权。自然人的身体完整和行动自由受法律保护。任何组织或者个人不得侵害他人的身体权。自然人享有健康权。自然人的身心健康受法律保护。任何组织或者个人不得侵害他人的健康权。

为了促进医疗卫生事业发展,鼓励遗体捐献的善举,民法典第 1006 条中规定,完全民事行为能力人有权依法自主决定无偿捐献其人体细胞、人体组织、人体器官、遗体。任何组织或者个人不得强迫、欺骗、利诱其捐献。完全民事行为能力人依据前款规定同意捐献的,应当采用书面形式,也可以订立遗嘱。自然人生前未表示不同意捐献的,该自然人死亡后,其配偶、成年子女、父母可以共同决定捐献,决定捐献应当采用书面形式。

三、姓名权和名称权

自然人享有姓名权,有权依法决定、使用、变更或者许可他人使用自己的姓名,但是不得违背公序良俗。法人、非法人组织享有名称权,有权依法决定、使用、变更、转让或者许可他人使用自己的名称。任何组织或者个人不得以干涉、盗用、假冒等方式侵害他人的姓名权或者名称权。笔名、艺名同样受到保护。具有一定社会知名度,被他人使用足以造成公众混淆的笔名、艺名、网名、译名、字号、姓名和名称的简称等,参照适用姓名权和名称权保护的有关规定。

四、肖像权

肖像是通过影像、雕塑、绘画等方式在一定载体上所反映的特定自然人可以被识别的外部形象。自然人享有肖像权,有权依法制作、使用、公开或者许可他人使用自己的肖像。任何组织或者个人不得以丑化、污损，或者利用信息技术手段伪造等方式侵害他人的肖像权。未经肖像权人同意，不得制作、使用、公开肖像权人的肖像，但是法律另有规定的除外。

同时，民法典第1020条规定，合理实施下列行为的，可以不经肖像权人同意：(1)为个人学习、艺术欣赏、课堂教学或者科学研究，在必要范围内使用肖像权人已经公开的肖像；(2)为实施新闻报道，不可避免地制作、使用、公开肖像权人的肖像；(3)为依法履行职责，国家机关在必要范围内制作、使用、公开肖像权人的肖像；(4)为展示特定公共环境，不可避免地制作、使用、公开肖像权人的肖像；(5)为维护公共利益或者肖像权人合法权益，制作、使用、公开肖像权人的肖像的其他行为。

在民法典颁布之前，声音权都只能作为一般人格权来进行保护，没有专门适用于声音权利的明文规定，但民法典第1023条第2款明确规定："对自然人声音的保护，参照适用肖像权保护的有关规定。"

五、名誉权和荣誉权

名誉是对民事主体的品德、声望、才能、信用等的社会评价。民事主体享有名誉权。任何组织或者个人不得以侮辱、诽谤等方式侵害他人的名誉权。行为人发表的文学、艺术作品以真人真事或者特定人为描述对象，含有侮辱、诽谤内容，侵害他人名誉权的，受害人有权依法请求该行为人承担民事责任。行为人发表的文学、艺术作品不以特定人为描述对象，仅其中的情节与该特定人的情况相似的，不承担民事责任。

民事主体享有荣誉权。任何组织或者个人不得非法剥夺他人的荣誉称号，不得诋毁、贬损他人的荣誉。获得的荣誉称号应当记载而没有记载的，民事主体可以请求记载；获得的荣誉称号记载错误的，民事主体可以请求更正。

六、隐私权和个人信息保护

隐私是自然人的私人生活安宁和不愿为他人知晓的私密空间、私密活动、私密信息。自然人享有隐私权。任何组织或者个人不得以刺探、侵扰、泄露、公开等方式侵害他人的隐私权。

民法典第1033条对侵害隐私权的行为作出了列举式的规定，同时列明了兜底条款，有利于隐私权侵害行为的认定。除法律另有规定或者权利人明确同意外,任何组织或者个人不得实施下列行为:(1)以电话、短信、即时通讯工具、电子邮件、传单等方式侵扰他人的私人生活安宁;(2)进入、拍摄、窥视他人的住宅、宾馆房间等私密空间;(3)拍摄、窥视、窃听、公开他人的私密活动;(4)拍摄、窥视他人身体的私密部位;(5)处理他人的私密信息;(6)以其他方式侵害他人的隐私权。

个人信息是以电子或者其他方式记录的能够单独或者与其他信息结合识别特定自然人的各种信息,包括自然人的姓名、出生日期、身份证件号码、生物识别信息、住址、电话号码、电子邮箱、健康信息、行踪信息等。个人信息中的私密信息,适用有关隐私权的规定;没有规定的,适用有关个人信息保护的规定。自然人的个人信息受法律保护。

个人信息的处理包括个人信息的收集、存储、使用、加工、传输、提供、公开等。民法典第1035条规定,处理个人信息的,应当遵循合法、正当、必要原则,不得过度处理,并符合下列条件:(1)征得该自然人或者其监护人同意,但是法律、行政法规另有规定的除外;(2)公开处理信息的规则;(3)明示处理信息的目的、方式和范围;(4)不违反法律、行政法规的规定和双方的约定。

民法典还明确了国家机关、承担行政职能的法定机构及其工作人员的保密义务,体现了对个人信息的充分尊重和保护。民法典第1039条规定,国家机关、承担行政职能的法定机构及其工作人员对于履行职责过程中知悉的自然人的隐私和个人信息,应当予以保密,不得泄露或者向他人非法提供。

以案释法

谁"窃取"了我的好友列表

【案情回放】

法学博士许先生在使用某APP时发现,用微信或QQ账号登录时,该APP在没有提示也未经许先生授权的情况下,获取了许先生的微信好友关系,并展示在好友页面上。不仅如此,该APP还同步了许先生微信账号中的性别、地区等个人信息。而许先生想删掉这些被违法收集的个人隐私信息,却发现这个APP竟然没有提供任何方式来取消个人信息的授权,也找不到任何能够删除个人隐私信息的地方。无奈之下,许先生在法院起诉了该APP运营方,并提起了行为保全申请(诉前禁令),要求运营方立即停止侵犯其隐私权的行为,并立即停止在这款 APP 上使用其微信/QQ 账号信息以及好友关系。

最终,根据许先生的申请,法院裁定运营方立即停止在 APP 中获取用户微信账号中的头像、性别、生日、地区等个人信息,以及微信好友信息的行为。

【案例评析】

本案中,在没有提示也未经许先生授权的情况下,某 APP 对许先生微信好友关系的获取,对许先生性别、地区等个人私密信息的同步、公开,显然违反了民法典第 1032 条中关于"任何组织或者个人不得以刺探、侵扰、泄露、公开等方式侵害他人的隐私权"的规定。

现实生活中,各种手机或者电脑 APP 自动服务功能,随意非法搜集、泄露、公开服务对象的隐私权的行为越来越多。互联网时代,大数据、人工智能等各种先进技术的应用,在方便了人们工作生活的同时,也加剧了个人信息暴露的风险。如何弥补算法漏洞、为个人信息安全筑起保护屏障,成为信息时代的一道法治必答题。为此,民法典规定了包括不得非法收集、使用、加工、传输他人个人信息,不得非法买卖、提供或者公开他人个人信息,不得处理他人的私密信息等处理隐私和个人信息的禁止性行为,为技术和与之相伴而生的商业行为"野蛮生长"划定了合规底线。需要强调的是,尽管民法典为保护公民个人信息筑起了"防火墙",但如今仍有不少企业和产品受利益驱使,非法过度收集公民的个人信息。要真正让法律落到实处,还需要公民行动起来,当发现自己的个人信息受到非法收集和处理时,要采取合法手段捍卫自己的权利,让非法侵害个人信息的行为无所遁形。

【法条链接】

《中华人民共和国民法典》

第一千零三十二条　自然人享有隐私权。任何组织或者个人不得以刺探、侵扰、泄露、公开等方式侵害他人的隐私权。

隐私是自然人的私人生活安宁和不愿为他人知晓的私密空间、私密活动、私密信息。

第一千零三十三条　除法律另有规定或者权利人明确同意外,任何组织或者个人不得实施下列行为:

(一)以电话、短信、即时通讯工具、电子邮件、传单等方式侵扰他人的私人生活安宁;

（二）进入、拍摄、窥视他人的住宅、宾馆房间等私密空间；

（三）拍摄、窥视、窃听、公开他人的私密活动；

（四）拍摄、窥视他人身体的私密部位；

（五）处理他人的私密信息；

（六）以其他方式侵害他人的隐私权。

第五节　婚姻家庭

一、婚姻家庭的一般规定

民法典将原婚姻法和收养法编纂成为民法典的第五编婚姻家庭，使得婚姻家庭法回归民法，以新的面貌出现在我国的社会生活中。根据民法典第1041条的规定，我国婚姻制度有四项原则：（1）实行婚姻自由；（2）一夫一妻制；（3）男女平等；（4）保护妇女、未成年人、老年人和残疾人的合法权益。关于婚姻家庭的禁止性规定，民法典第1042条明确，禁止包办、买卖婚姻和其他干涉婚姻自由的行为。禁止借婚姻索取财物。禁止重婚。禁止有配偶者与他人同居。禁止家庭暴力。禁止家庭成员间的虐待和遗弃。家庭应当树立优良家风，弘扬家庭美德，重视家庭文明建设。夫妻应当互相忠实，互相尊重，互相关爱；家庭成员应当敬老爱幼，互相帮助，维护平等、和睦、文明的婚姻家庭关系。

二、结婚

根据民法典第1046条至第1054条的规定，男女结婚必须双方完全自愿，且男女双方达到法定的婚龄，即男不得早于22周岁，女不得早于20周岁，直系血亲或者三代以内的旁系血亲禁止结婚。婚姻无效的情形有：（1）重婚；（2）有禁止结婚的亲属关系；（3）未到法定婚龄。可撤销婚姻的情形有：（1）因胁迫结婚的，受胁迫的一方可以向人民法院请求撤销婚姻。（2）一方患有重大疾病的，应当在结婚登记前如实告知另一方；不如实告知的，另一方可以向人民法院请求撤销婚姻。婚姻撤销的诉讼时效均为一年。无效的或者被撤销的婚姻自始没有法律约束力，当事人不具有夫妻的权利和义务。婚姻无效或者被撤销的，无过错方有权请求损害赔偿。

三、离婚

(一)离婚的概念和原则

离婚,是夫妻双方依法定程序,协议或诉讼解除夫妻关系的法律行为。离婚有两项基本原则:一是保障离婚自由;二是反对轻率离婚。民法典第 1077 条规定,自婚姻登记机关收到离婚登记申请之日起 30 日内,任何一方不愿意离婚的,可以向婚姻登记机关撤回离婚登记申请。前款规定期限届满后 30 日内,双方应当亲自到婚姻登记机关申请发给离婚证;未申请的,视为撤回离婚登记申请。

(二)离婚的种类

离婚的程序分登记离婚和诉讼离婚两种。夫妻双方自愿离婚的,应当签订书面离婚协议,并亲自到婚姻登记机关申请离婚登记。夫妻一方要求离婚的,可以由有关组织进行调解或者直接向人民法院提起离婚诉讼。人民法院审理离婚案件,应当进行调解;如果感情确已破裂,调解无效的,应当准予离婚。有下列情形之一,调解无效的,应当准予离婚:(1)重婚或者与他人同居;(2)实施家庭暴力或者虐待、遗弃家庭成员;(3)有赌博、吸毒等恶习屡教不改;(4)因感情不和分居满二年;(5)其他导致夫妻感情破裂的情形。一方被宣告失踪,另一方提起离婚诉讼的,应当准予离婚。经人民法院判决不准离婚后,双方又分居满一年,一方再次提起离婚诉讼的,应当准予离婚。

(三)离婚的其他规定

民法典关于离婚的限制性规定有:(1)现役军人的配偶要求离婚,应当征得军人同意,但是军人一方有重大过错的除外。(2)女方在怀孕期间、分娩后 1 年内或者终止妊娠后 6 个月内,男方不得提出离婚;但是,女方提出离婚或者人民法院认为确有必要受理男方离婚请求的除外。(3)父母与子女间的关系,不因父母离婚而消除。离婚后,子女无论由父或者母直接抚养,仍是父母双方的子女。离婚后,父母对于子女仍有抚养、教育、保护的权利和义务。

有下列情形之一,导致离婚的,无过错方有权请求损害赔偿:(1)重婚;(2)与他人同居;(3)实施家庭暴力;(4)虐待、遗弃家庭成员;(5)有其他重大过错。

夫妻一方隐藏、转移、变卖、毁损、挥霍夫妻共同财产,或者伪造夫妻共同债务企图侵占另一方财产的,在离婚分割夫妻共同财产时,对该方可以少分或者不分。离婚后,另一方发现有上述行为的,可以向人民法院提起诉讼,请求再次分割夫妻共同财产。

以案释法

确认亲子关系之诉保障非婚生子女合法权益

【案情回放】

王女士与李先生于 2018 年 4 月相识,半年后两人确认恋爱关系,后王女士怀孕并产下一女。王女士称:"孩子出生时,李先生没有任何表示,称因双方曾是朋友,可以给予一些帮助。"为此,王女士向法院提起诉讼,要求确认孩子与李先生存在亲子关系。

诉讼中,李先生称:"孩子出生时,我托人给王女士带了 5000 元,但我不确认和孩子是否存在亲子关系,因此我愿意配合进行司法鉴定。如果具有亲子关系,我也愿意承担大额医疗、教育费用。"

经司法鉴定机构鉴定后,认为依据现有资料和 DNA 分析结果,确认李先生为孩子生物学父亲,双方对于鉴定结论均无异议。

法院经审理认为,民法典第 1073 条第 1 款规定,对亲子关系有异议且有正当理由的,父或者母可以向人民法院提起诉讼,请求确认或者否认亲子关系。本案中,司法鉴定机构已对被告与孩子之间是否存在亲子关系进行了鉴定,被告亦予以认可,故原告请求确认孩子与被告之间存在亲子关系的诉讼请求应予支持。

【案例评析】

"亲子关系纠纷"是民法典生效后的新增案由之一。亲子关系是亲子法律制度的基础,对于个人的成长、家庭的和睦以及社会的安定团结具有无法估量的影响,其中在法律层面集中体现为父母与子女之间的权利和义务关系。亲子身份关系的安定,婚姻、家庭的和谐稳定和未成年子女利益最大化始终是人民法院处理涉及亲子关系案件所遵循的基本原则。民法典将诉讼主体由"夫妻一方"修改为"父或母"。这也是第一次正式在国家立法层面规定了亲子关系确认和否认之诉,明确了提起诉讼的主体身份要求及相应的诉讼请求范围,进而规范了亲子关系确认和否认之诉。民法典契合新时代变化的特点,对于亲子关系异议诉讼的规则作出了较大的调整和补充,而且明确了确认或者否认亲子关系的诉讼主体,提高了诉讼的门槛,这对维护家庭稳定和社会和谐具有重大意义。

【法条链接】

《中华人民共和国民法典》

第一千零七十三条 对亲子关系有异议且有正当理由的,父或者母可以向人民法院提起诉讼,请求确认或者否认亲子关系。

对亲子关系有异议且有正当理由的,成年子女可以向人民法院提起诉讼,请求确认亲子关系。

第六节 继 承

一、继承的一般规定

继承,是指按照法律或遵照遗嘱接受死者的财产、职务、头衔、地位等。民法典第六编继承编规定,本编调整因继承产生的民事关系。国家保护自然人的继承权。

遗产是自然人死亡时遗留的个人合法财产。本次民法典对遗产范围采取概括式规定,改变了继承法第3条采取的"列举＋概括"规定遗产范围的立法方式。这意味着只要是自然人合法取得的财产,都属于遗产,可以被继承,比如,网络财产、虚拟货币、游戏账号、微信号、抖音号、头条号,以及微博等可能带来财产利益的虚拟账号等都概括其中。这样规定,有效解决了各类新形式的虚拟财产的继承问题,最大限度地保障了私有财产继承的需要。

继承人有下列行为之一的,丧失继承权:(1)故意杀害被继承人;(2)为争夺遗产而杀害其他继承人;(3)遗弃被继承人,或者虐待被继承人情节严重;(4)伪造、篡改、隐匿或者销毁遗嘱,情节严重;(5)以欺诈、胁迫手段迫使或者妨碍被继承人设立、变更或者撤回遗嘱,情节严重。继承人有前款第三项至第五项行为,确有悔改表现,被继承人表示宽恕或者事后在遗嘱中将其列为继承人的,该继承人不丧失继承权。

二、法定继承

法定继承,是指在被继承人没有对其遗产的处理立有遗嘱的情况下,由法律直接规定继承人的范围、继承顺序、遗产分配的原则的一种继承形式。

民法典规定,继承权男女平等。遗产按照下列顺序继承:(1)第一顺序:配偶、子女、父母;(2)第二顺序:兄弟姐妹、祖父母、外祖父母。

继承开始后,由第一顺序继承人继承,第二顺序继承人不继承;没有第一顺序继承人继承的,由第二顺序继承人继承。

民法典第1128条第2款规定,被继承人的兄弟姐妹先于被继承人死亡的,由被继承人的兄弟姐妹的子女代位继承。此规定明确了兄弟姐妹子女的代位继承权,将第二顺位的继承人中的兄弟姐妹的子女规定为代位继承人,扩大了代位继承人的范围。

在法定继承中,同一顺序继承人继承遗产的份额,一般应当均等。对生活有特殊困难又缺乏劳动能力的继承人,分配遗产时,应当予以照顾。对被继承人尽了主要扶养义务或者与被继承人共同生活的继承人,分配遗产时,可以多分。有扶养能力和有扶养条件的继承人,不尽扶养义务的,分配遗产时,应当不分或者少分。此外,经继承人协商同意的,在继承遗产时也可以不均等。

三、遗嘱继承

遗嘱继承又称指定继承,是按照被继承人所立的合法有效的遗嘱而承受其遗产的继承方式。民法典第1133条第1款规定,自然人可以依照本法规定立遗嘱处分个人财产,并可以指定遗嘱执行人。民法典首次规定自然人可以依法设立遗嘱信托,可以利用遗嘱信托实现财产的多样化传承。民法典紧跟时代的发展,在原继承法规定的公证遗嘱、代书遗嘱、自书遗嘱、录音遗嘱、口头遗嘱的基础上,增加打印遗嘱和录像遗嘱为有效的遗嘱形式。民法典第1142条规定:"遗嘱人可以撤回、变更自己所立的遗嘱。立遗嘱后,遗嘱人实施与遗嘱内容相反的民事法律行为的,视为对遗嘱相关内容的撤回。立有数份遗嘱,内容相抵触的,以最后的遗嘱为准。"遗嘱必须表示遗嘱人的真实意思,受欺诈、胁迫所立的遗嘱无效。伪造的遗嘱无效。遗嘱被篡改的,篡改的内容无效。

第七节　侵权责任

一、侵权责任概述

侵权责任,是指侵犯他人的民事权益而应承担的民事责任。

　　根据民法典的规定,有关侵权责任构成的规则主要有以下几种情况:
(1)归责原则,是以侵权人从事侵权行为时的主观状态来确定侵权人承担侵权责任的原则,包括过错原则和无过错原则。(2)共同侵权行为,是指二人以上共同实施侵权行为造成他人损害的侵权行为。教唆、帮助他人实施侵权行为的,应当与行为人承担连带责任。(3)危险行为,是指二人以上不约而同实施危及他人人身、财产安全的侵权行为。(4)侵权结果重合,是指二人以上分别实施侵权行为造成被侵权人同一损害的侵权状态。(5)连带责任,二人以上共同实施侵权行为,造成他人损害的,应当承担连带责任。

二、不承担责任和减轻责任的情形

　　根据民法典的规定,免除或减轻侵权人责任的情形有:受害人过错、第三人侵权、自甘风险、自助行为。

　　受害人过错。侵权造成损害,受害人也有过错的,受害人应当承担适当的责任,法律可以减轻侵权人的责任。如果损害是因受害人故意造成的,行为人不承担责任。

　　第三人侵权。受害人的损害不是"侵权人"的行为造成的,而是"侵权人"之外的第三人造成的,由第三人承担造成受害人损害的侵权责任,"侵权人"不承担侵权责任。即谁侵权,谁担责。

　　自甘风险。自甘风险,是指行为人事先已了解某项行为可能伴随风险,仍愿为此行为,由此产生的责任自负。民法典第 1176 条第 1 款规定:"自愿参加具有一定风险的文体活动,因其他参加者的行为受到损害的,受害人不得请求其他参加者承担侵权责任;但是,其他参加者对损害的发生有故意或者重大过失的除外。"自甘风险规则的确立,主要是纠正实践中相关机构被课予过重责任,进而影响到体育运动充分开展的倾向。同时,为避免该规则被滥用,民法典将其限制在文体活动的范围内,且活动组织者仍需尽到安全保障义务,便于明确相关机构正常开展此类活动的责任界线。

　　自助行为。民法典第 1177 条明确规定:"合法权益受到侵害,情况紧迫且不能及时获得国家机关保护,不立即采取措施将使其合法权益受到难以弥补的损害的,受害人可以在保护自己合法权益的必要范围内采取扣留侵权人的财物等合理措施;但是,应当立即请求有关国家机关处理。受害人采取的措施不当造成他人损害的,应当承担侵权责任。"

另外,不可抗力、正当防卫和紧急避险等抗辩事由遵照民法典总则编第180条、第181条、第182条相关规定。

三、侵权责任的具体责任规定

(一)产品责任

产品缺陷,是指产品存在危及人身、他人财产安全的不合理的危险。产品责任,又称产品侵权损害赔偿责任,是指缺陷产品造成消费者人身或者除缺陷产品以外的其他财产损失后,缺陷产品的生产者、销售者应当承担的特殊的侵权法律责任。

(二)机动车交通事故责任

民法典第1208条规定,机动车发生交通事故造成损害的,依照道路交通安全法律和本法的有关规定承担赔偿责任。第1211条规定,以挂靠形式从事道路运输经营活动的机动车,发生交通事故造成损害,属于该机动车一方责任的,由挂靠人和被挂靠人承担连带责任。第1212条规定,未经允许驾驶他人机动车,发生交通事故造成损害的,属于该机动车一方责任的,由机动车使用人承担赔偿责任;机动车所有人、管理人对损害的发生有过错的,承担相应的赔偿责任,但是本章另有规定的除外。第1217条规定,非营运机动车发生交通事故造成无偿搭乘人损害,属于该机动车一方责任的,应当减轻其赔偿责任,但是机动车使用人有故意或者重大过失的除外。

(三)医疗损害责任

医疗损害责任,是指医疗机构及其从业人员在医疗活动中,未尽相关法律、法规、规章和诊疗技术规范所规定的注意义务,在医疗过程中发生过错,并因这种过错导致患者人身损害所形成的民事法律责任。民法典第1218条规定,患者在诊疗活动中受到损害,医疗机构或者其医务人员有过错的,由医疗机构承担赔偿责任。

此外,民法典在吸收对患者隐私的保密责任这一规定的同时,还增加了对于患者个人信息的保密责任。民法典第1226条规定,医疗机构及其医务人员应当对患者的隐私和个人信息保密。泄露患者的隐私和个人信息,或者未经患者同意公开其病历资料的,应当承担侵权责任。

(四)环境污染和生态破坏责任

民法典第1229条规定,因污染环境、破坏生态造成他人损害的,侵权人应当承担侵权责任。第 1230 条规定,因污染环境、破坏生态发生纠纷,行为人应当就法律规定的不承担责任或者减轻责任的情形及其行为与损害之间不存在因果关系承担举证责任。第 1233 条规定,因第三人的过错污染环境、破坏生态的,被侵权人可以向侵权人请求赔偿,也可以向第三人请求赔偿。侵权人赔偿后,有权向第三人追偿。

(五)高度危险责任

高度危险责任,是指因从事高度危险作业而造成的他人人身或财产的损害所应承担的侵权责任。高度危险作业包括高空、高压、易燃、易爆、剧毒、放射性、高速运输工具等,这些作业都对周围环境有高度危险性。民法典第 1236 条规定,从事高度危险作业造成他人损害的,应当承担侵权责任。

(六)饲养动物损害责任

饲养的动物造成他人损害的,动物饲养人或者管理人应当承担侵权责任;但是,能够证明损害是因被侵权人故意或者重大过失造成的,可以不承担或者减轻责任。违反管理规定,未对动物采取安全措施造成他人损害的,动物饲养人或者管理人应当承担侵权责任;但是,能够证明损害是因被侵权人故意造成的,可以减轻责任。禁止饲养的烈性犬等危险动物造成他人损害的,动物饲养人或者管理人应当承担侵权责任。遗弃、逃逸的动物在遗弃、逃逸期间造成他人损害的,由动物原饲养人或者管理人承担侵权责任。因第三人的过错致使动物造成他人损害的,被侵权人可以向动物饲养人或者管理人请求赔偿,也可以向第三人请求赔偿。动物饲养人或者管理人赔偿后,有权向第三人追偿。饲养动物应当遵守法律法规,尊重社会公德,不得妨碍他人生活。

(七)建筑物和物件损害责任

物件损害责任,是指由物特别是有危险性的物件致人损害而应承担的侵权责任。禁止从建筑物中抛掷物品。从建筑物中抛掷物品或者从建筑物上坠落的物品造成他人损害的,由侵权人依法承担侵权责任;经调查难以确定具体侵权人的,除能够证明自己不是侵权人的外,由可能加害的建筑物使用人给予补偿。可能加害的建筑物使用人补偿后,有权向侵权人追偿。物业服务企业等建筑物管理人应当采取必要的安全保障措施防止前款规定情形的发生;未采取必要的安全保障措施的,应当依法承担未履行安全保障义务的侵权责任。

以案释法

高空抛物造成损害谁来担责

【案情回放】

某日,原告苗某某经过某社区 27 号楼 2 单元楼下,被天台掉落的砖块砸伤,后送到济宁市第一人民医院住院治疗 24 天,被诊断为右肩胛骨骨折、右肩袖损伤。经司法鉴定评定苗某某右肩部损伤为十级伤残,右肩胛骨骨折内固定物后续需取出,手术费用约 10000 元。原告受伤后当即报警,经公安机关到当地调查,有多个在场人员反映当时楼顶有未成年人玩耍,在苗某某受伤后跑掉,楼顶地面有散落的砖块若干,但最终未能查明抛砖人的身份。于是,原告苗某某并没有起诉侵权人,而是将甲物业公司、乙物业公司作为被告诉至法院。请求依法判令二被告赔偿原告医疗费、伤残赔偿金、后续治疗费、营养费、住院伙食补助费、护理费、交通费等损失共计 224554.46 元;本案诉讼费由二被告承担。

法院经审理查明,两被告物业公司按照合同约定对小区负有安全保障义务,其未及时清理楼顶杂物,亦未设置风险提示,对原告被楼顶抛出的砖头砸伤负有一定责任,但与侵权人的责任相比,两物业公司的责任明显较轻,适当承担 20% 的赔偿责任。判决被告甲物业公司和乙物业公司各赔偿原告苗某某 10% 的损失。宣判后,三方当事人均未上诉,一审判决已生效。

【案例评析】

随着小区楼房越盖越高,楼上高空抛物、坠物致人损伤的风险增加,比比受伤的案例层出不穷,有些因为难以查清具体侵权人而无法得到赔偿。民法典及时规定了关于从建筑物中抛掷物品或从建筑物上坠落的物品造成他人损害的情况的处理,为处理此类案件提供了依据。在不能确定具体侵权人时,可以由可能加害的建筑物使用人给予赔偿,物业服务企业未采取必要的安全保障措施的,也应当依法承担未履行安全保障义务的侵权责任。

本案中,可以认定原告系被楼顶抛下的砖块砸伤。楼顶周围围墙、斜坡、雨水沟、女儿墙的设置,及当时没有大风等较大的自然动力,即使有砖头从围墙上滑落也会掉在雨水沟内,而不会翻越女儿墙并掉落到距楼体十余米的位置。据调查,有群众反映有未成年人在楼顶玩,在原告受伤后跑掉,从楼顶落下的砖块应是当时在楼顶的未成年人抛出,该"未成年人"为侵权人。原告不起诉有可能抛物的"侵权人",而要求先追究物业公司的责任,也有"熟人"的顾虑。

而甲物业公司根据《物业管理服务项目委托合同》约定,对小区负有管理义务,其将楼顶通道打开,未对楼顶上下人员及楼上物品进行管理,未采取设置警示标志等措施,未尽到应有的安全保障义务,对造成原告受伤负有一定责任。乙物业公司根据物业服务合同约定有对小区天台、上人屋面的保洁义务,而其未及时清扫楼顶砖块,亦负有一定责任。但与侵权人的责任相比,两物业公司的责任明显较轻,判决两被告对原告的损失各承担10%的赔偿责任。既维护了受害者的利益,也注意了小区邻里和谐关系。宣判后三方当事人均未上诉且已主动履行。

【法条链接】

《中华人民共和国民法典》

第一千二百五十四条　禁止从建筑物中抛掷物品。从建筑物中抛掷物品或者从建筑物上坠落的物品造成他人损害的,由侵权人依法承担侵权责任;经调查难以确定具体侵权人的,除能够证明自己不是侵权人的外,由可能加害的建筑物使用人给予补偿。可能加害的建筑物使用人补偿后,有权向侵权人追偿。

物业服务企业等建筑物管理人应当采取必要的安全保障措施防止前款规定情形的发生;未采取必要的安全保障措施的,应当依法承担未履行安全保障义务的侵权责任。

发生本条第一款规定的情形的,公安等机关应当依法及时调查,查清责任人。

思　考　题

1.为什么说民法典是我国"社会生活的百科全书"?

2.根据民法典的规定,民法的基本原则有哪些?

3.什么是物权?物权中的所有权包括哪些?

4.当事人订立合同的方式有哪些?合同的违约责任有哪些?

5.什么是人格权?民法典对隐私权和个人信息保护是如何规定的?

6.民法典关于婚姻家庭的禁止性规定有哪些?

7.什么是继承?民法典规定的继承方式有哪些?

8.什么是侵权责任?民法典对哪些侵权责任作了具体规定?

第四章　行政法律知识

　　法治政府建设是全面依法治国的重点任务和主体工程。党的二十大报告指出:"我们要坚持走中国特色社会主义法治道路,建设中国特色社会主义法治体系、建设社会主义法治国家,围绕保障和促进社会公平正义,坚持依法治国、依法执政、依法行政共同推进,坚持法治国家、法治政府、法治社会一体建设。"同时,明确要求"扎实推进依法行政"。《"八五"普法规划》指出,把普法融入执法、司法过程。制定执法、司法办案中开展普法的工作指引,加强行政许可、行政处罚、行政强制、行政复议、行政诉讼等相关法律规范的普法宣传,把向行政相对人、案件当事人和社会公众的普法融入执法、司法办案程序中,实现执法办案的全员普法、全程普法。在落实行政执法公示、执法全过程记录、重大执法决定法制审核制度中,加强普法宣传。在行政复议工作中,利用受理、审理、决定等各环节实时普法,引导教育申请人依法维权、表达诉求。充分运用公开开庭、巡回审判、庭审现场直播、生效法律文书统一上网和公开查询等生动直观的形式宣讲法律,释法说理。

　　"法令行则国治,法令弛则国乱。"各级政府作为国家权力机关的执行机关,是实施法律法规的重要主体。建设职责明确、依法行政的政府治理体系,必须把依法行政摆在更加重要、更加突出的位置,加快建设法治政府,积极推进机构、职能、权限、程序、责任的法定化,把全部政府活动都纳入法治轨道。广大干部要认真学习掌握行政法律知识,带头有法必依、严格执法,切实履行职责,不断提升依法行政能力,在全面建设社会主义现代化国家新征程中作出应有的贡献。

第一节 公务员法

一、公务员法的立法目的

公务员法是为了规范公务员的管理,保障公务员的合法权益,加强对公务员的监督,促进公务员正确履职尽责,建设信念坚定、为民服务、勤政务实、敢于担当、清正廉洁的高素质专业化公务员队伍,根据宪法制定的法律。公务员法是我国干部人事管理中的一部基础性法律,是公务员管理的基本依据。

二、公务员的概念及管理、任用原则

公务员法第 2 条规定:"本法所称公务员,是指依法履行公职、纳入国家行政编制、由国家财政负担工资福利的工作人员。公务员是干部队伍的重要组成部分,是社会主义事业的中坚力量,是人民的公仆。"根据这一规定,我国公务员的范围,包括在中国共产党各级机关、各级人民代表大会及其常务委员会机关、各级行政机关、中国人民政治协商会议各级委员会机关、各级监察机关、各级审判机关、各级检察机关、各民主党派和工商联的各级机关中任职的除工勤人员以外的工作人员。

我国对公务员的管理,坚持公开、平等、竞争、择优的原则,依照法定的权限、条件、标准和程序进行,实行监督约束与激励保障并重。对公务员的任用,坚持德才兼备、以德为先,坚持五湖四海、任人唯贤,坚持事业为上、公道正派,突出政治标准,注重工作实绩。

三、公务员的条件、义务与权利

(一)公务员的条件

公务员法第 13 条规定,公务员应当具备下列条件:(1)具有中华人民共和国国籍;(2)年满 18 周岁;(3)拥护中华人民共和国宪法,拥护中国共产党领导和社会主义制度;(4)具有良好的政治素质和道德品行;(5)具有正常履行职责的身体条件和心理素质;(6)具有符合职位要求的文化程度和工作能力;(7)法律规定的其他条件。

(二)公务员的义务与权利

1.公务员的义务

公务员法第 14 条规定,公务员应当履行下列义务:(1)忠于宪法,模范遵守、自觉维护宪法和法律,自觉接受中国共产党领导;(2)忠于国家,维护国家的安全、荣誉和利益;(3)忠于人民,全心全意为人民服务,接受人民监督;(4)忠于职守,勤勉尽责,服从和执行上级依法作出的决定和命令,按照规定的权限和程序履行职责,努力提高工作质量和效率;(5)保守国家秘密和工作秘密;(6)带头践行社会主义核心价值观,坚守法治,遵守纪律,恪守职业道德,模范遵守社会公德、家庭美德;(7)清正廉洁,公道正派;(8)法律规定的其他义务。

2.公务员的权利

公务员法第 15 条规定,公务员享有下列权利:(1)获得履行职责应当具有的工作条件;(2)非因法定事由、非经法定程序,不被免职、降职、辞退或者处分;(3)获得工资报酬,享受福利、保险待遇;(4)参加培训;(5)对机关工作和领导人员提出批评和建议;(6)提出申诉和控告;(7)申请辞职;(8)法律规定的其他权利。

四、公务员的职务、职级与级别

根据公务员法第 17 条至第 19 条的规定,国家实行公务员职务与职级并行制度,根据公务员职位类别和职责设置公务员领导职务、职级序列。(1)公务员领导职务根据宪法、有关法律和机构规格设置。领导职务层次分为:国家级正职、国家级副职、省部级正职、省部级副职、厅局级正职、厅局级副职、县处级正职、县处级副职、乡科级正职、乡科级副职。(2)公务员职级在厅局级以下设置。综合管理类公务员职级序列分为:一级巡视员、二级巡视员、一级调研员、二级调研员、三级调研员、四级调研员、一级主任科员、二级主任科员、三级主任科员、四级主任科员、一级科员、二级科员。综合管理类以外其他职位类别公务员的职级序列,根据本法由国家另行规定。

五、公务员的考核

公务员法第 35 条规定,公务员的考核应当按照管理权限,全面考核公务员的德、能、勤、绩、廉,重点考核政治素质和工作实绩。考核指标根据不同职位类别、不同层级机关分别设置。

公务员的考核分为平时考核、专项考核和定期考核等方式。定期考核以平时考核、专项考核为基础。定期考核的结果分为优秀、称职、基本称职和不称职四个等次。定期考核的结果应当以书面形式通知公务员本人。定期考核的结果作为调整公务员职位、职务、职级、级别、工资以及公务员奖励、培训、辞退的依据。

六、公务员的职务、职级升降

根据公务员法第 45 条、第 46 条的规定，公务员晋升领导职务，应当具备拟任职务所要求的政治素质、工作能力、文化程度和任职经历等方面的条件和资格。公务员领导职务应当逐级晋升。特别优秀的或者工作特殊需要的，可以按照规定破格或者越级晋升。公务员晋升领导职务，按照下列程序办理：（1）动议；（2）民主推荐；（3）确定考察对象，组织考察；（4）按照管理权限讨论决定；（5）履行任职手续。

公务员的职务、职级实行能上能下。对不适宜或者不胜任现任职务、职级的，应当进行调整。公务员在年度考核中被确定为不称职的，按照规定程序降低一个职务或者职级层次任职。公务员降职，按照下列程序办理：（1）所在单位提出降职安排意见；（2）对降职事由进行审核并听取降职公务员的意见；（3）按照管理权限由有关领导集体研究决定，并依法任免。

第二节　公职人员政务处分法

一、公职人员政务处分法概述

公职人员政务处分法由第十三届全国人民代表大会常务委员会第十九次会议于 2020 年 6 月 20 日通过，自 2020 年 7 月 1 日起施行。

公职人员政务处分法是为了规范政务处分，加强对所有行使公权力的公职人员的监督，促进公职人员依法履职、秉公用权、廉洁从政从业、坚持道德操守，根据《中华人民共和国监察法》制定的法律。公职人员政务处分法作为新中国成立以来第一部全面系统规范公职人员政务处分工作的国家法律，将监察全覆盖的要求进一步具体化，使政务处分匹配党纪处分、衔接刑事处罚，构筑起惩治职务违法的严密法网,对于健全反腐败国家立法,强化对权力运行的制约和监督,构建一体推进不敢腐、不能腐、不想腐体制机制具有重要意义。

二、公职人员的概念和范围

公职人员政务处分法第 2 条第 1 款规定,本法适用于监察机关对违法的公职人员给予政务处分的活动。第 3 款规定,本法所称公职人员,是指《中华人民共和国监察法》第 15 条规定的人员。即:中国共产党机关、人民代表大会及其常务委员会机关、人民政府、监察委员会、人民法院、人民检察院、中国人民政治协商会议各级委员会机关、民主党派机关和工商业联合会机关的公务员,以及参照公务员法管理的人员;法律、法规授权或者受国家机关依法委托管理公共事务的组织中从事公务的人员;国有企业管理人员;公办的教育、科研、文化、医疗卫生、体育等单位中从事管理的人员;基层群众性自治组织中从事管理的人员;其他依法履行公职的人员。

三、政务处分的种类

政务处分的种类为:(1)警告;(2)记过;(3)记大过;(4)降级;(5)撤职;(6)开除。

政务处分的期间为:(1)警告,6 个月;(2)记过,12 个月;(3)记大过,18 个月;(4)降级、撤职,24 个月。

政务处分决定自作出之日起生效,政务处分期自政务处分决定生效之日起计算。

四、政务处分从轻、从重的适用情形

公职人员有下列情形之一的,可以从轻或者减轻给予政务处分:(1)主动交代本人应当受到政务处分的违法行为的;(2)配合调查,如实说明本人违法事实的;(3)检举他人违纪违法行为,经查证属实的;(4)主动采取措施,有效避免、挽回损失或者消除不良影响的;(5)在共同违法行为中起次要或者辅助作用的;(6)主动上交或者退赔违法所得的;(7)法律、法规规定的其他从轻或者减轻情节。公职人员违法行为情节轻微,且具有本法第 11 条规定的情形之一的,可以对其进行谈话提醒、批评教育、责令检查或者予以诫勉,免予或者不予政务处分。公职人员因不明真相被裹挟或者被胁迫参与违法活动,经批评教育后确有悔改表现的,可以减轻、免予或者不予政务处分。

公职人员有下列情形之一的,应当从重给予政务处分:(1)在政务处分期内再次故意违法,应当受到政务处分的;(2)阻止他人检举、提供证据的;(3)串供或者伪造、隐匿、毁灭证据的;(4)包庇同案人员的;(5)胁迫、唆使他人实施违法行为的;(6)拒不上交或者退赔违法所得的;(7)法律、法规规定的其他从重情节。

公职人员犯罪,有下列情形之一的,予以开除:(1)因故意犯罪被判处管制、拘役或者有期徒刑以上刑罚(含宣告缓刑的);(2)因过失犯罪被判处有期徒刑,刑期超过3年的;(3)因犯罪被单处或者并处剥夺政治权利的。

以案释法

民警充当黑恶势力"保护伞"被"双开"

【案情回放】

2009年以来,广东省惠州市以严某亮、张某良为首的涉黑犯罪团伙,多次制毒贩毒、聚众斗殴、引发命案,并与该市以张某强、吴某明为首的另一涉黑犯罪团伙争夺地盘,严重影响社会治安。惠州市公安局部分民警失职渎职,有的民警甚至长期充当该犯罪团伙"保护伞",涉及刑侦、禁毒等警种共21人。其中,惠州市公安局刑警支队原支队长刘某发多次收受张某良涉黑犯罪团伙钱财,在侦办其涉黑犯罪线索过程中,多次意图以个案处理代替黑社会性质组织犯罪结案,为其开脱罪行。惠州市禁毒委员会办公室原副主任曾某收受张某强亲属钱款,违规安排会见,承诺帮助其减轻处罚;收受吴某明钱款,未采取有效抓捕措施,致其长期潜逃在外。其他民警存在索取、收受犯罪嫌疑人家属贿赂,违规干预执法活动,或不正确履行职责,帮助违法嫌疑人减轻、逃避处罚等问题。最终,刘某发、曾某受到开除党籍、开除公职处分,涉嫌犯罪问题被移送司法机关处理。其他违纪违法民警分别受到党纪政务处分和组织处理等。

【案例评析】

公职人员政务处分法第37条规定:"利用宗族或者黑恶势力等欺压群众,或者纵容、包庇黑恶势力活动的,予以撤职;情节严重的,予以开除。"从曝光的几起典型案例看,有的党员干部和公职人员直接组织、领导、参加涉黑涉恶违法犯罪,有的庇护、纵容涉黑涉恶活动,为黑恶势力充当"保护伞";有的地方党委政府和职能部门惩治不力、疏于监管、失职渎职,客观上助长了黑恶势力的蔓延坐大。这些问题严重破坏当地政治生态、经济秩序和社会安定,严重侵蚀人民群众对党和政府的信任,严重影响人民群众的获得感、幸福感、安全感。中央纪委国家监委有关负责人要求,各级纪检监察机关要坚决贯彻落实党中央部署,把打击涉黑涉恶腐败和"保护伞"同整治群众身边腐败问题紧密结合,做到有的放矢、精准惩治,不断扎紧制度的篱笆,把"不敢腐、不能腐、不想腐"一体推进,持续净化政治生态,切实维护群众切身利益,用专项斗争的扎实成效取信于民。

【法条链接】

《中华人民共和国公职人员政务处分法》

第三十七条　利用宗族或者黑恶势力等欺压群众,或者纵容、包庇黑恶势力活动的,予以撤职;情节严重的,予以开除。

第三节　行政许可法

一、行政许可法概述

行政许可,是指行政机关根据公民、法人或者其他组织的申请,经依法审查,准予其从事特定活动的行为。

行政许可法的立法根据是宪法,立法目的是为了规范行政许可的设定和实施,保护公民、法人和其他组织的合法权益,维护公共利益和社会秩序,保障和监督行政机关有效实施行政管理。我国现行行政许可法是 2003 年 8 月 27 日第十届全国人民代表大会常务委员会第四次会议通过的,并经 2019 年 4 月 23 日第十三届全国人民代表大会常务委员会第十次会议修正。

二、行政许可的原则

第一,合法性原则,也称为行政许可法定原则,是指设定和实施行政许可,应当依照法定的权限、范围、条件和程序。

第二,公开、公平、公正、非歧视的原则。有关行政许可的规定应当公布;

未经公布的,不得作为实施行政许可的依据。行政许可的实施和结果,除涉及国家秘密、商业秘密或者个人隐私的外,应当公开。未经申请人同意,行政机关及其工作人员、参与专家评审等的人员不得披露申请人提交的商业秘密、未披露信息或者保密商务信息,法律另有规定或者涉及国家安全、重大社会公共利益的除外;行政机关依法公开申请人前述信息的,允许申请人在合理期限内提出异议。符合法定条件、标准的,申请人有依法取得行政许可的平等权利,行政机关不得歧视任何人。

第三,便民的原则。实施行政许可,应当遵循便民的原则,提高办事效率,提供优质服务。行政机关履行行政许可职能时,应当由一个机构统一受理申请,统一送达行政许可决定,并为公民、法人或者其他组织申请行政许可尽量提供方便。不仅应当按照法定程序在规定的时间内及时办理许可事项,不得无故拖延,而且必须以最小的许可管制成本实现既定的行政目标。

第四,权益保障原则。行政许可法第 7 条规定,公民、法人或者其他组织对行政机关实施行政许可,享有陈述权、申辩权;有权依法申请行政复议或者提起行政诉讼;其合法权益因行政机关违法实施行政许可受到损害的,有权依法要求赔偿。

第五,信赖保护原则。行政许可法第 8 条规定,公民、法人或者其他组织依法取得的行政许可受法律保护,行政机关不得擅自改变已经生效的行政许可。行政许可所依据的法律、法规、规章修改或者废止,或者准予行政许可所依据的客观情况发生重大变化的,为了公共利益的需要,行政机关可以依法变更或者撤回已经生效的行政许可。由此给公民、法人或者其他组织造成财产损失的,行政机关应当依法给予补偿。

第六,不得转让原则。行政许可法第 9 条规定,依法取得的行政许可,除法律、法规规定依照法定条件和程序可以转让的外,不得转让。

第七,监督原则。行政许可的监督包括两个方面内容:一是对行政机关实施行政许可行为的监督;二是对公民、法人和其他组织从事许可活动的监督。行政许可法第 10 条规定,县级以上人民政府应当建立健全对行政机关实施行政许可的监督制度,加强对行政机关实施行政许可的监督检查。行政机关应当对公民、法人或者其他组织从事行政许可事项的活动实施有效监督。

三、行政许可的范围

行政许可法第 12 条规定,下列事项可以设定行政许可:(1)直接涉及国家安全、公共安全、经济宏观调控、生态环境保护以及直接关系人身健康、生命财产安全等特定活动,需要按照法定条件予以批准的事项;(2)有限自然资源开发利用、公共资源配置以及直接关系公共利益的特定行业的市场准入等,需要赋予特定权利的事项;(3)提供公众服务并且直接关系公共利益的职业、行业,需要确定具备特殊信誉、特殊条件或者特殊技能等资格、资质的事项;(4)直接关系公共安全、人身健康、生命财产安全的重要设备、设施、产品、物品,需要按照技术标准、技术规范,通过检验、检测、检疫等方式进行审定的事项;(5)企业或者其他组织的设立等,需要确定主体资格的事项;(6)法律、行政法规规定可以设定行政许可的其他事项。

上述事项,通过下列方式能够予以规范的,可以不设行政许可:(1)公民、法人或者其他组织能够自主决定的;(2)市场竞争机制能够有效调节的;(3)行业组织或者中介机构能够自律管理的;(4)行政机关采用事后监督等其他行政管理方式能够解决的。

四、行政许可的实施主体

(一)行政机关

行政许可法第 22 条规定,行政许可由具有行政许可权的行政机关在其法定职权范围内实施。这是对行政许可实施主体的一般规定,也是对行政机关实施行政许可的基本要求,即行政许可的实施主体主要是行政机关。

(二)授权实施行政许可的机关

行政许可法第 23 条中规定,法律、法规授权的具有管理公共事务职能的组织,在法定授权范围内,以自己的名义实施行政许可。也就是说,被授权的组织既可以以自己的名义独立地行使这些权力,也可以以自己的名义独立地承担因行使这些权力引起的法律后果。

(三)委托实施行政许可的行政机关

行政许可法第 24 条规定,行政机关在其法定职权范围内,依照法律、法规、规章的规定,可以委托其他行政机关实施行政许可。委托机关应当将受委托行政机关和受委托实施行政许可的内容予以公告。委托行政机关对受委托行政机关实施行政许可的行为应当负责监督,并对该行为的后果承担法律责任。受委托行政机关在委托范围内,以委托行政机关名义实施行政许可;不得再委托其他组织或者个人实施行政许可。

五、行政许可的费用

行政机关实施行政许可和对许可事项进行监督检查,禁止收取任何费用。但是,法律、行政法规另有规定的,依照其规定。行政机关提供行政许可申请书格式文本,不得收费。

行政机关实施行政许可,依照法律、行政法规收取费用的,应当遵守以下规则:(1)应当按照公布的法定项目和标准收费;(2)所收取的费用必须全部上缴国库,任何机关或者个人不得以任何形式截留、挪用、私分或者变相私分;(3)财政部门不得以任何形式向行政机关返还或者变相返还实施行政许可所收取的费用。

六、行政许可的撤销与注销

(一)行政许可的撤销

有下列情形之一的,作出行政许可决定的行政机关或者其上级行政机关,根据利害关系人的请求或者依据职权,可以撤销行政许可:(1)行政机关工作人员滥用职权、玩忽职守作出准予行政许可决定的;(2)超越法定职权作出准予行政许可决定的;(3)违反法定程序作出准予行政许可决定的;(4)对不具备申请资格或者不符合法定条件的申请人准予行政许可的;(5)依法可以撤销行政许可的其他情形。被许可人以欺骗、贿赂等不正当手段取得行政许可的,应当予以撤销。

(二)行政许可的注销

有下列情形之一的,行政机关应当依法办理有关行政许可的注销手续:(1)行政许可有效期届满未延续的;(2)赋予公民特定资格的行政许可,该公民死亡或者丧失行为能力的;(3)法人或者其他组织依法终止的;(4)行政许可依法被撤销、撤回,或者行政许可证件依法被吊销的;(5)因不可抗力导致行政许可事项无法实施的;(6)法律、法规规定的应当注销行政许可的其他情形。

以案释法

对已有法律约束 地方不得再设置限制条件

【案情回放】

某省甲、乙、丙三人决定出资合伙成立"新华夏律师事务所",于是向所在地司法部门提出口头申请并提供了律师事务所章程、发起人名单、身份证明、律师资格证书、能够专职从事律师业务的保证书、资金证明、办公场所的使用证明、合伙协议等资料。但被告知根据该省地方政府规章相关规定,设立合伙制律师事务所必须有一人具有博士学位并且需要填写省司法厅专门设计的申请书格式文本。由于三人都是硕士学位,因此律师事务所没有注册成功。三人大为不解,遂申请复议。

【案例评析】

根据行政许可法第14条、第15条的规定,行政许可的设定应该用法律设定;尚未制定法律的,行政法规才可以设定行政许可。尚未制定法律、行政法规的,地方性法规可以设定行政许可。而对律师事务所的成立,已经有国家法律约束,地方法规是不能再加限制条件的。因为行政许可法中明确规定,地方性法规和省、自治区、直辖市人民政府规章,不得设定应当由国家统一确定的公民、法人或者其他组织的资格、资质的行政许可;不得设定企业或者其他组织的设立登记及其前置性行政许可。故案件中省政府关于成立合伙制律师事务所必须有一人具有博士学位的规定是不合法的。

【法条链接】

《中华人民共和国行政许可法》

第十四条 本法第十二条所列事项,法律可以设定行政许可。尚未制定法律的,行政法规可以设定行政许可。

必要时,国务院可以采用发布决定的方式设定行政许可。实施后,除临时性行政许可事项外,国务院应当及时提请全国人民代表大会及其常务委员会制定法律,或者自行制定行政法规。

第十五条 本法第十二条所列事项,尚未制定法律、行政法规的,地方性法规可以设定行政许可;尚未制定法律、行政法规和地方性法规的,因行政管理的需要,确需立即实施行政许可的,省、自治区、直辖市人民政府规章可以设定临时性的行政许可。临时性的行政许可实施满一年需要继续实施的,应当提请本级人民代表大会及其常务委员会制定地方性法规。

地方性法规和省、自治区、直辖市人民政府规章,不得设定应当由国家统一确定的公民、法人或者其他组织的资格、资质的行政许可;不得设定企业或者其他组织的设立登记及其前置性行政许可。其设定的行政许可,不得限制其他地区的个人或者企业到本地区从事生产经营和提供服务,不得限制其他地区的商品进入本地区市场。

第四节 行政处罚法

一、行政处罚法概述

行政处罚,是指行政机关依法对违反行政管理秩序的公民、法人或者其他组织,以减损权益或者增加义务的方式予以惩戒的行为。制定行政处罚法是为了规范行政处罚的设定和实施,保障和监督行政机关有效实施行政管理,维护公共利益和社会秩序,保护公民、法人或者其他组织的合法权益。

行政处罚法于 1996 年 3 月 17 日第八届全国人民代表大会第四次会议通过,2009 年、2017 年进行了两次修正,2021 年进行了修订。修订后的行政处罚法自 2021 年 7 月 15 日起实施。

二、行政处罚的原则

根据行政处罚法的规定,行政处罚的原则具体包括以下方面。

一是处罚法定原则。行政处罚法第 4 条规定,公民、法人或者其他组织违反行政管理秩序的行为,应当给予行政处罚的,依照本法由法律、法规、规章规定,并由行政机关依照本法规定的程序实施。

二是公正、公开原则。行政处罚法第 5 条规定,行政处罚遵循公正、公开的原则。设定和实施行政处罚必须以事实为依据,与违法行为的事实、性质、情节以及社会危害程度相当。对违法行为给予行政处罚的规定必须公布;未经公布的,不得作为行政处罚的依据。

三是处罚与教育相结合原则。行政处罚法第 6 条规定,实施行政处罚,纠正违法行为,应当坚持处罚与教育相结合,教育公民、法人或者其他组织自觉守法。

四是申诉和赔偿原则。行政处罚法第 7 条规定,公民、法人或者其他组织对行政机关所给予的行政处罚,享有陈述权、申辩权;对行政处罚不服的,有权依法申请行政复议或者提起行政诉讼。公民、法人或者其他组织因行政机关违法给予行政处罚受到损害的,有权依法提出赔偿要求。

五是不免除民事责任、不取代刑事责任原则。行政处罚法第 8 条规定,公民、法人或者其他组织因违法行为受到行政处罚,其违法行为对他人造成损害的,应当依法承担民事责任。违法行为构成犯罪,应当依法追究刑事责任的,不得以行政处罚代替刑事处罚。

六是一事不再罚原则。行政处罚法第29条规定,对当事人的同一个违法行为,不得给予两次以上罚款的行政处罚。同一个违法行为违反多个法律规范应当给予罚款处罚的,按照罚款数额高的规定处罚。

三、行政处罚的种类

行政处罚法第9条规定,行政处罚的种类包括:(1)警告、通报批评;(2)罚款、没收违法所得、没收非法财物;(3)暂扣许可证件、降低资质等级、吊销许可证件;(4)限制开展生产经营活动、责令停产停业、责令关闭、限制从业;(5)行政拘留;(6)法律、行政法规规定的其他行政处罚。

四、行政处罚的实施机关

根据行政处罚法第三章的规定,行政处罚由具有行政处罚权的行政机关在法定职权范围内实施。(1)国家在城市管理、市场监管、生态环境、文化市场、交通运输、应急管理、农业等领域推行建立综合行政执法制度,相对集中行政处罚权;(2)国务院或者省、自治区、直辖市人民政府可以决定一个行政机关行使有关行政机关的行政处罚权;(3)限制人身自由的行政处罚权只能由公安机关和法律规定的其他机关行使;(4)法律、法规授权的具有管理公共事务职能的组织可以在法定授权范围内实施行政处罚;(5)行政机关依照法律、法规、规章的规定,可以在其法定权限内书面委托符合本法第21条规定条件的组织实施行政处罚。行政机关不得委托其他组织或者个人实施行政处罚。

五、行政处罚的证据

行政处罚法第46条规定,行政处罚的证据包括:(1)书证;(2)物证;(3)视听资料;(4)电子数据;(5)证人证言;(6)当事人的陈述;(7)鉴定意见;(8)勘验笔录、现场笔录。证据必须经查证属实,方可作为认定案件事实的根据。以非法手段取得的证据,不得作为认定案件事实的根据。

六、行政处罚的简易程序

简易程序,又称当场处罚程序。设置简易程序的目的是提高行政效率,但适用简易程序必须同时具备下列条件:一是违法事实清楚,证据充分确凿;二是处罚有法定依据。行政处罚法第 51 条规定,违法事实确凿并有法定依据,对公民处以 200 元以下、对法人或者其他组织处以 3000 元以下罚款或者警告的行政处罚的,可以当场作出行政处罚决定。法律另有规定的,从其规定。

适用简易程序的具体步骤包括:(1)表明身份。即执法人员应当向当事人出示执法身份证件。(2)说明理由和告知权利。执法人员应当向当事人说明处罚的事实、理由及有关依据,并告知当事人享有陈述和申辩的权利。(3)给予当事人陈述与申辩的机会。执法人员应当允许当事人陈述和申辩,听取当事人的意见。(4)填写预定格式、编有号码的行政处罚决定书并当场交付当事人,当事人拒绝签收的,应当在行政处罚决定书上注明。(5)备案。执法人员当场作出的行政处罚决定,必须报所属行政机关备案。

七、行政处罚的执行

行政处罚决定依法作出后,当事人应当在行政处罚决定书载明的期限内,予以履行。当事人确有经济困难,需要延期或者分期缴纳罚款的,经当事人申请和行政机关批准,可以暂缓或者分期缴纳。作出罚款决定的行政机关应当与收缴罚款的机构分离。当事人应当自收到行政处罚决定书之日起 15 日内,到指定的银行或者通过电子支付系统缴纳罚款。银行应当收受罚款,并将罚款直接上缴国库。

行政处罚法第 68 条规定,依照本法第 51 条的规定当场作出行政处罚决定,有下列情形之一,执法人员可以当场收缴罚款:(1)依法给予 100 元以下罚款的;(2)不当场收缴事后难以执行的。

行政处罚法第 69 条规定,在边远、水上、交通不便地区,行政机关及其执法人员依照行政处罚法第 51 条、第 57 条的规定作出罚款决定后,当事人到指定的银行或者通过电子支付系统缴纳罚款确有困难,经当事人提出,行政机关及其执法人员可以当场收缴罚款。

执法人员当场收缴的罚款,应当自收缴罚款之日起 2 日内,交至行政机关;在水上当场收缴的罚款,应当自抵岸之日起 2 日内交至行政机关;行政机关应当在 2 日内将罚款缴付指定的银行。

罚款、没收的违法所得或者没收非法财物拍卖的款项,必须全部上缴国库,任何行政机关或者个人不得以任何形式截留、私分或者变相私分。罚款、没收的违法所得或者没收非法财物拍卖的款项,不得同作出行政处罚决定的行政机关及其工作人员的考核、考评直接或者变相挂钩。

以案释法

行政处罚程序要合法

【案情回放】

2020 年 8 月 12 日,某市食药监的执法人员到张某的食品厂进行食品卫生检查时,发现其工厂加工用具及食品容器有油垢、室内放有变质食品、工作人员操作时未穿戴工作衣帽等违法事实。对此,食药监的执法人员当场作出暂扣卫生许可证、罚款 3000 元的行政处罚。张某当时就认为处罚太重,问道:"凭什么处罚这么重?"执法人员指着张某工厂车间说:"凭什么?你看你的这个车间,脏兮兮的!"执法人员在处罚决定书上签了字,并当场交给张某。

【案例评析】

本案中,食药监的执法人员作出行政处罚时,违反了行政处罚法的有关程序规定,主要体现在以下两个方面。

第一,行政处罚法规定,行政机关在作出行政处罚决定前,应当告知当事人作出行政处罚决定的事实、理由及依据,并告知当事人依法享有的权利。本案中,执法人员未主动告知,在被处罚人张某询问时,仍未说明处罚的事实、理由及依据,违反了法律规定。

第二,从处罚决定上来看,该案不适用当场处罚程序。根据原行政处罚法的规定,当场处罚必须同时具备下列条件:一是违法事实确凿;二是对该违法行为处以行政处罚有明确、具体的法定依据;三是处罚较为轻微,即对个人处以 50 元以下的罚款或者警告,对法人或者其他组织处以 1000 元以下的罚款或者警告。自 2021 年 7 月 15 日起施行新修订的行政处罚法第 51 条规定,违法事实确凿并有法定依据,对公民处以 200 元以下、对法人或者其他组织处以 3000 元以下罚款或者警告的行政处罚的,可以当场作出行政处罚决定。法律另有规定的,从其规定。而本案发生的时间在新法实施前,执法人员作出的处罚是暂扣卫生许可证、罚款 3000 元,并不适用当场处罚程序。

【法条链接】

《中华人民共和国行政处罚法》

第四十四条 行政机关在作出行政处罚决定之前,应当告知当事人拟作出的行政处罚内容及事实、理由、依据,并告知当事人依法享有的陈述、申辩、要求听证等权利。

第五节 行政强制法

一、行政强制概述

行政强制包括行政强制措施和行政强制执行两大类。行政强制措施,是指行政机关在行政管理过程中,为制止违法行为、防止证据损毁、避免危害发生、控制危险扩大等情形,依法对公民的人身自由实施暂时性限制,或者对公民、法人或者其他组织的财物实施暂时性控制的行为。行政强制执行,是指行政机关或者行政机关申请人民法院,对不履行行政决定的公民、法人或者其他组织,依法强制履行义务的行为。

行政强制措施的种类主要有:(1)限制公民人身自由;(2)查封场所、设施或者财物;(3)扣押财物;(4)冻结存款、汇款;(5)其他行政强制措施。

二、行政强制措施的实施

(一)行政强制措施实施的一般规定

对于违法行为情节显著轻微或者没有明显社会危害的情况,行政机关可以不采取行政强制措施。行政强制措施由法律、法规规定的行政机关在法定职权范围内实施,不得委托。

采取行政强制措施的法律依据是行政强制法。依据行政强制法的规定行使相对集中行政处罚权的行政机关,可以实施法律、法规规定的与行政处罚权有关的行政强制措施。

(二)查封、扣押

查封、扣押应当由法律、法规(行政法规、地方性法规)规定的行政机关实施,其他任何行政机关或者组织不得实施。行政强制法第 23 条规定,查封、扣押限于涉案的场所、设施或者财物,不得查封、扣押与违法行为无关的场所、设施或者财物;不得查封、扣押公民个人及其所扶养家属的生活必需品。当事人的场所、设施或者财物已被其他国家机关依法查封的,不得重复查封。

(三)冻结

冻结存款、汇款应当由法律规定的行政机关实施,不得委托给其他行政机关或者组织;冻结存款、汇款的数额应当与违法行为涉及的金额相当;已被其他国家机关依法冻结的,不得重复冻结。金融机构接到行政机关依法作出的冻结通知书后,应当立即予以冻结,不得拖延,不得在冻结前向当事人泄露信息。

三、行政强制执行的实施

(一)一般规定

行政机关实施行政强制执行,不得在夜间或者法定节假日实施,但是情况紧急的除外。行政机关不得对居民生活采取停止供水、供电、供热、供燃气等方式迫使当事人履行相关行政决定。对违法的建筑物、构筑物、设施等需要强制拆除的,应当由行政机关予以公告,限期当事人自行拆除。当事人在法定期限内不申请行政复议或者提起行政诉讼,又不拆除的,行政机关可以依法强制拆除。

(二)金钱给付义务的执行

行政机关依法作出金钱给付义务的行政决定,当事人逾期不履行的,行政机关可以依法加处罚款或者滞纳金。加处罚款或者滞纳金的标准应当告知当事人。加处罚款或者滞纳金的数额不得超出金钱给付义务的数额。行政机关依照行政强制法规定实施加处罚款或者滞纳金超过 30 日,经催告当事人仍不履行的,具有行政强制执行权的行政机关可以强制执行。没有行政强制执行权的行政机关应当申请人民法院强制执行。划拨存款、汇款应当由法律规定的行政机关决定,并书面通知金融机构。依法拍卖财物,由行政机关委托拍卖机构依照《中华人民共和国拍卖法》的规定办理。划拨的存款、汇款以及拍卖和依法处理所得的款项应当上缴国库或者划入财政专户。任何行政机关或者个人不得以任何形式截留、私分或者变相私分。

(三)代履行

行政机关依法作出要求当事人履行排除妨碍、恢复原状等义务的行政决定,当事人逾期不履行,经催告仍不履行,其后果已经或者将危害交通安全、造成环境污染或者破坏自然资源的,行政机关可以代履行,或者委托没有利害关系的第三人代履行。代履行的费用按照成本合理确定,由当事人承担。但是,法律另有规定的除外。代履行不得采用暴力、胁迫以及其他非法方式。

以案释法

支付拆迁费后的强制拆除行为不违法

【案情回放】

2019 年 11 月 7 日,原告徐某及其父与某某区某某街道办事处城市建设房屋征收安置办公室签订了《棚户区改造项目房屋征收产权调换协议书》,将原告及其父一户位于某某区某某街道办事处某某村七组的 30.34 平方米房屋及附属设施予以征收。协议签订后,该街道办事处按照约定向原告徐某支付了搬迁费、临时过渡费等全部补偿款共计 400425 元。2020 年 3 月 5 日,某某区某某街道办事处将原告及其父房屋拆除。原告不服,以某某区某某街道办事处不具有房屋拆除的法定职权,其强制拆除行为侵害原告合法权益为由提起诉讼,请求确认某某区某某街道办事处的房屋拆除行为违法。

法院认为,原告在获得对其原房屋及附属设施的补偿后,其应依约按期搬离,以完成协议约定的腾空房屋的义务。因此,被告后续进行的拆除行为系为完成房屋征收产权调换协议的履约行为,该拆除行为对原告的合法权益并不造成损害。据此,原告关于拆除行为违法的主张依法不能成立。经二审终审判决:驳回原告徐某的诉讼请求。

【案例评析】

行政机关实施房屋征收一般有两种途径:一是与被征收人协商一致达成征收补偿协议。此种情况下,根据征收双方签订的安置补偿协议,被征收人在获得足额补偿后应主动搬离房屋,并将房屋交付征收机关,由征收机关自行组织拆除,此时征收人组织的拆除行为系后续的履行合同行为,不属于行政强制行为,无须进行催告、责令交出土地决定等程序。二是在征收双方无法协商一致的情况下,由征收机关作出《房屋征收安置补偿决定》,在对被征收人足额补偿并充分保障被征收人相关权利后,依法采取强制执行。根据行政强制法的规定,在实施强制拆除前,应对被征收人作出限期搬离房屋的行政决定,如期满仍未自觉搬离的,应履行催告义务。经催告仍未搬离的,方可作出强制执行决定,并由有权机关进行执行。就本案而言,原告以签订房屋产权置换协议的方式完成与行政机关之间的征收安置补偿,然原告未遵守协议约定主动腾空房屋,此时被告作为征收机关有权按照协议约定自行组织拆除,无须申请人民法院强制执行。需要注意的是,行政机关在自行组织房屋拆除过程中,应对被征收人房屋内有关财产尽到合理处置义务,否则对扩大的财产损失将依法承担赔偿责任。

【法条链接】

《中华人民共和国行政强制法》

第四十四条　对违法的建筑物、构筑物、设施等需要强制拆除的,应当由行政机关予以公告,限期当事人自行拆除。当事人在法定期限内不申请行政复议或者提起行政诉讼,又不拆除的,行政机关可以依法强制拆除。

第六节　行政复议法

一、行政复议和行政复议法

行政复议是指公民、法人或者其他组织(管理相对人),认为行政机关的具体行政行为侵害其合法权益,依法向有复议权的行政机关申请复议,受理申请的复议机关依照法定程序对引起争议的具体行政行为进行审查并作出裁决的活动。行政复议不仅是行政机关内部上级对下级进行监督的重要方式,而且是一种对管理相对人合法权益提供保障的行政救济方法。

行政复议法是为了防止和纠正违法的或者不当的具体行政行为,保护公民、法人和其他组织的合法权益,保障和监督行政机关依法行使职权,根据宪法而制定的法律。

二、行政复议的原则

根据行政复议法的规定,行政复议应遵循下列基本原则。

一是合法原则。合法原则是指复议机关必须严格按照宪法和法律规定的职责权限,以事实为依据,以法律为准绳,对申请复议的具体行政行为,按法定程序进行审查,并根据审查的不同情况,依法作出不同的复议决定。坚持有错必纠,保障法律、法规的正确实施。合法原则是其他原则的基础。

二是公正、公开原则。公正原则,是指行政复议要符合公平、正义的要求。复议机关在程序上必须平等对待争议的各方当事人,平等地适用法律,不能偏袒任何一方。公开原则,要求行政复议的依据、程序及其结果都要公开,复议参加人有获得相关情报资料的权利。

三是及时、便民原则。及时原则,是指行政复议机关要在法律、法规规定的时限内受理复议申请、审查复议、作出复议决定,不得拖延。便民原则,是指行政复议机关在复议工作中,应当采取方便申请人进行复议的方式方法,以确保复议申请人耗费最少的时间、财力和精力来解决问题。

三、行政复议范围

(一)可以申请行政复议的事项

行政复议法第 6 条规定,有下列情形之一的,公民、法人或者其他组织可以依法申请行政复议:(1)对行政机关作出的警告、罚款、没收违法所得、没收非法财物、责令停产停业、暂扣或者吊销许可证、暂扣或者吊销执照、行政拘留等行政处罚决定不服的;(2)对行政机关作出的限制人身自由或者查封、扣押、冻结财产等行政强制措施决定不服的;(3)对行政机关作出的有关许可证、执照、资质证、资格证等证书变更、中止、撤销的决定不服的;(4)对行政机关作出的关于确认土地、矿藏、水流、森林、山岭、草原、荒地、滩涂、海域等自然资源的所有权或者使用权的决定不服的;(5)认为行政机关侵犯合法的经营自主权的;(6)认为行政机关变更或者废止农业承包合同,侵犯其合法权益的;(7)认为行政机关违法集资、征收财物、摊派费用或者违法要求履行其他义务的;(8)认为符合法定条件,申请行政机关颁发许可证、执照、资质证、资格证等证书,或者申请行政机关审批、登记有关事项,行政机关没有依法办理的;(9)申请行政机关履行保护人身权利、财产权利、受教育权利的法定职责,行政机关没有依法履行的;(10)申请行政机关依法发放抚恤金、社会保险金或者最低生活保障费,行政机关没有依法发放的;(11)认为行政机关的其他具体行政行为侵犯其合法权益的。

行政复议法第 7 条规定,公民、法人或者其他组织认为行政机关的具体行政行为所依据的规定不合法,在对具体行政行为申请行政复议时,可以一并向行政复议机关提出对该规定的审查申请。

(二)不能申请行政复议的事项

根据行政复议法第 8 条的规定,下列事项不能提起行政复议:(1)不服行政机关作出的行政处分或者其他人事处理决定的,依照有关法律、行政法规的规定提出申诉;(2)不服行政机关对民事纠纷作出的调解或者其他处理,依法申请仲裁或者向人民法院提起诉讼。

四、行政复议的程序

根据行政复议法的规定,行政复议程序分为申请、受理、审理、决定和执行五个阶段。

(一)申请

公民、法人或者其他组织认为具体行政行为侵犯其合法权益的,可以自知道该具体行政行为之日起 60 日内提出行政复议申请;但是法律规定的申请期限超过 60 日的除外。因不可抗力或其他正当理由耽误法定申请期限的,申请期限自障碍消除之日起继续计算。

行政复议的申请条件是:一是申请人是认为行政机关的具体行政行为侵犯其合法权益的公民、法人或者其他组织;二是有明确的被申请人;三是有具体的复议请求和事实根据;四是属于申请复议的范围;五是属于受理复议机关管辖。

(二)受理

行政复议机关接到行政复议申请后,应在收到申请书之日起 5 日内进行审查,对不符合法定条件的,决定不予受理,并书面告知申请人理由和相应的处理方式;对于申请符合法定条件的,应予受理;对于符合行政复议法规定,但是不属于本行政机关受理的,应当告知申请人向有关行政复议机关提出。

(三)审理

行政复议原则上采取书面审查的办法,但是申请人提出要求或者行政复议机关负责法制工作的机构认为有必要时,可以向有关组织和人员调查情况,听取申请人、被申请人和第三人的意见。行政复议机关负责法制工作的机构应当自行政复议申请受理之日起 7 日内,将行政复议申请书副本或者行政复议申请笔录复印件发送被申请人。被申请人应当自收到申请书副本或者申请笔录复印件之日起 10 日内,提出书面答复,并提交当初作出具体行政行为的证据、依据和其他有关材料。被申请人不按照此规定提出书面答复、提交当初作出具体行政行为的证据、依据和其他有关材料的,视为该具体行政行为没有证据、依据,行政复议机关可决定撤销该具体行政行为。行政复议机关在对被申请人作出的具体行政行为进行审查时,认为其依据不合法,本机关有权处理的,应当在 30 日内依法处理;无权处理的,应当在 7 日内按照法定程序转送有权处理的国家机关依法处理。处理期间,中止对具体行政行为的审查。行政复议机关负责法制工作的机构应当对被申请人作出的具体行政行为进行审查,提出意见,经行政复议机关的负责人同意或者集体讨论通过后,按照下列规定作出行政复议决定。行政复议决定作出前,申请人要求撤回行政复议申请的,经说明理由,可以撤回;撤回行政复议申请的,行政复议终止。

(四)决定

行政复议机关应当自受理申请之日起 60 日内作出行政复议决定,但是法律规定的行政复议期限少于 60 日的除外。情况复杂,不能在规定期限内作出行政复议决定的,经行政复议机关的负责人批准,可以适当延长,并告知申请人和被申请人,但是延长期限最多不超过 30 日。

复议机关经过审理,根据不同情况分别适用以下种类的决定:(1)维持决定;(2)限期履行决定;(3)撤销、变更、确认违法和重新作出具体行政行为的决定;(4)赔偿决定。

(五)执行

根据行政复议法第 32 条的规定,被申请人应当履行行政复议决定。被申请人不履行或者无正当理由拖延履行行政复议决定的,行政复议机关或者其有关上级机关应当责令其限期履行。

以案释法

行政执法应当按照合法、合理的原则进行

【案情回放】

申请人:郭某某。被申请人:某乡人民政府。2021 年 3 月 29 日,某乡人民政府作出《限期拆除通知书》,载明郭某某未经批准在某路南占地建房、搭建临建房,限郭某某于 4 月 4 日前自行拆除在非法占用土地上新建的建筑物、构筑物,退还非法占用的土地,恢复土地原状。4 月 20 日,该乡人民政府对郭某某的建筑物、构筑物进行强制拆除。郭某某不服,于 2021 年 7 月 2 日向复议机关申请行政复议,请求撤销该《限期拆除通知书》,并确认此次强制拆除行为违法。复议机关认为,根据行政复议法第 23 条、第 28 条第 1 款第(4)项“被申请人不按

照本法第二十三条的规定提出书面答复、提交当初作出具体行政行为的证据、依据和其他有关材料的,视为该具体行政行为没有证据、依据"的规定,同时综合考虑申请人案涉建筑物、构筑物已被被申请人强制拆除,申请人请求撤销《限期拆除通知书》已不具有可撤销内容。依据行政复议法第28条第1款第(3)项之规定,复议机关决定:确认被申请人某乡人民政府强制拆除行为违法。

【案例评析】

行政机关在履行行政管理职责、开展行政执法活动时,应当按照合法、合理的原则进行,如果仅是制作了通知书、催告书等执法文书,但并未以法定方式送达行政相对人,没有保证行政相对人的陈述、申辩等合法权利,属于严重的程序违法,产生的不利后果应由行政机关承担。本案中,某乡人民政府没有依照法定程序履行职责,没有保证行政相对人的合法权益,没有在行政复议法规定的期限内提交作出具体行政行为的证据材料,同时鉴于该行政行为已不具有可撤销性,其行政行为被复议机关依法确认违法。复议机关的确认违法决定,一方面维护了行政相对人的合法权益,另一方面对其他行政机关起到了良好的警示、教育及引导作用,同时捍卫了法律的尊严与权威。

【法条链接】

《中华人民共和国行政复议法》

第二十三条 行政复议机关负责法制工作的机构应当自行政复议申请受理之日起七日内,将行政复议申请书副本或者行政复议申请笔录复印件发送被申请人。被申请人应当自收到申请书副本或者申请笔录复印件之日起十日内,提出书面答复,并提交当初作出具体行政行为的证据、依据和其他有关材料。

申请人、第三人可以查阅被申请人提出的书面答复、作出具体行政行为的证据、依据和其他有关材料,除涉及国家秘密、商业秘密或者个人隐私外,行政复议机关不得拒绝。

第二十八条 行政复议机关负责法制工作的机构应当对被申请人作出的具体行政行为进行审查,提出意见,经行政复议机关的负责人同意或者集体讨论通过后,按照下列规定作出行政复议决定:

......

(三)具体行政行为有下列情形之一的,决定撤销、变更或者确认该具体行政行为违法;决定撤销或者确认该具体行政行为违法的,可以责令被申请人在一定期限内重新作出具体行政行为:

1.主要事实不清、证据不足的；

2.适用依据错误的；

3.违反法定程序的；

4.超越或者滥用职权的；

5.具体行政行为明显不当的。

(四)被申请人不按照本法第二十三条的规定提出书面答复、提交当初作出具体行政行为的证据、依据和其他有关材料的,视为该具体行政行为没有证据、依据,决定撤销该具体行政行为。

……

第七节　行政诉讼法

一、行政诉讼法概述

行政诉讼法是为保证人民法院公正、及时审理行政案件,解决行政争议,保护公民、法人和其他组织的合法权益,监督行政机关依法行使职权,根据宪法制定的法律。

行政诉讼法第4条至第11条明确规定了行政诉讼的基本原则:(1)人民法院依法独立行使行政审判权原则;(2)以事实为根据、以法律为准绳的原则;(3)具体行政行为合法性审查原则;(4)当事人的法律地位平等原则;(5)使用本民族语言文字原则;(6)当事人有权辩论原则;(7)合议、回避、公开审判和两审终审原则;(8)人民检察院实行法律监督原则。

二、行政诉讼的受案范围

(一)人民法院受理案件的范围

行政诉讼法第12条规定,人民法院受理公民、法人或者其他组织提起的下列诉讼:(1)对行政拘留、暂扣或者吊销许可证和执照、责令停产停业、没收违法所得、没收非法财物、罚款、警告等行政处罚不服的;(2)对限制人身自由或者对财产的查封、扣押、冻结等行政强制措施和行政强制执行不服的;(3)申请行政许可,行政机关拒绝或者在法定期限内不予答复,或者对行政机关作出的有关行政许可的其他决定不服的;(4)对行政机关作出的关于确认土地、矿藏、水流、森林、山岭、草原、荒地、滩涂、海域等自然资源的所有权或者使用权的决定不服的;(5)对征收、征用决定及其补偿决定不服的;(6)申请行政机关履行保护人身权、财产权等合法权益的法定职责,行政机关拒绝履行或者不予答复的;(7)认为行政机关侵犯其经营自主权或者农村土地承包经营权、农村土地经营权的;(8)认为行政机关滥用行政权力排除或者限制竞争的;(9)认为行政机关违法集资、摊派费用或者违法要求履行其他义务的;(10)认为行政机关没有依法支付抚恤金、最低生活保障待遇或者社会保险待遇的;(11)认为行政机关不依法履行、未按照约定履行或者违法变更、解除政府特许经营协议、土地房屋征收补偿协议等协议的;(12)认为行政机关侵犯其他人身权、财产权等合法权益的。除前款规定外,人民法院受理法律、法规规定可以提起诉讼的其他行政案件。

(二)人民法院不受理事项的范围

行政诉讼法第13条规定,人民法院不受理公民、法人或者其他组织对下列事项提起的诉讼:(1)国防、外交等国家行为;(2)行政法规、规章或者行政机关制定、发布的具有普遍约束力的决定、命令;(3)行政机关对行政机关工作人员的奖惩、任免等决定;(4)法律规定由行政机关最终裁决的行政行为。

三、行政诉讼的证据

行政诉讼法第33条规定证据包括以下8种:(1)书证;(2)物证;(3)视听资料;(4)电子数据;(5)证人证言;(6)当事人的陈述;(7)鉴定意见;(8)勘验笔录、现场笔录。以上证据经法庭审查属实,才能作为认定案件事实的根据。

四、行政诉讼的起诉和受理

(一)起诉

对属于人民法院受案范围的行政案件,公民、法人或者其他组织可以先向行政机关申请复议,对复议决定不服的,再向人民法院提起诉讼;也可以直接向人民法院提起诉讼。公民、法人或者其他组织不服复议决定的,可以在收到复议决定书之日起15日内向人民法院提起诉讼。复议机关逾期不作决定的,申请人可以在复议期满之日起15日内向人民法院提起诉讼。公民、法人或者其他组织直接向人民法院提起诉讼的,应当自知道或者应当知道作出行政行为之日起 6 个月内提出。法律另有规定的除外。

(二)受理

因不动产提起诉讼的案件自行政行为作出之日起超过 20 年,其他案件自行政行为作出之日起超过 5 年提起诉讼的,人民法院不予受理。

人民法院在接到起诉状时对符合行政诉讼法规定的起诉条件的,应当登记立案。对当场不能判定是否符合本法规定的起诉条件的,应当接收起诉状,出具注明收到日期的书面凭证,并在 7 日内决定是否立案。不符合起诉条件的,作出不予立案的裁定。裁定书应当载明不予立案的理由。原告对裁定不服的,可以提起上诉。

起诉状内容欠缺或者有其他错误的,应当给予指导和释明,并一次性告知当事人需要补正的内容。不得未经指导和释明即以起诉不符合条件为由不接收起诉状。对于不接收起诉状、接收起诉状后不出具书面凭证,以及不一次性告知当事人需要补正的起诉状内容的,当事人可以向上级人民法院投诉,上级人民法院应当责令改正,并对直接负责的主管人员和其他直接责任人员依法给予处分。

人民法院既不立案,又不作出不予立案裁定的,当事人可以向上一级人民法院起诉。上一级人民法院认为符合起诉条件的,应当立案、审理,也可以指定其他下级人民法院立案、审理。

五、行政诉讼案件的审理和判决

(一)审理

人民法院公开审理行政案件,但涉及国家秘密、个人隐私和法律另有规定的除外。涉及商业秘密的案件,当事人申请不公开审理的,可以不公开审理。

人民法院审理行政案件,不适用调解。但是,行政赔偿、补偿以及行政机关行使法律、法规规定的自由裁量权的案件可以调解。调解应当遵循自愿、合法原则,不得损害国家利益、社会公共利益和他人合法权益。

在涉及行政许可、登记、征收、征用和行政机关对民事争议所作的裁决的行政诉讼中,当事人申请一并解决相关民事争议的,人民法院可以一并审理。在行政诉讼中,人民法院认为行政案件的审理需以民事诉讼的裁判为依据的,可以裁定中止行政诉讼。

行政诉讼案件的审理程序有:第一审普通程序、简易程序、第二审程序和审判监督程序。

(二)判决

行政案件有如下几种判决:(1)维持判决,指人民法院通过审理,认定具体行政行为合法有效,从而作出否定原告对被诉具体行政行为的指控,维持被诉具体行政行为的判决。(2)撤销判决,指人民法院经过对案件的审查,认定被诉具体行为部分或者全部违法,从而部分或全部撤销被诉行政行为,并可以责令被告重新作出具体行政行为的判决。(3)履行判决,指人民法院经过审理认定被告负有法律职责无正当理由而不履行,责令被告限制履行法定职责的判决。(4)变更判决,指人民法院经过审理,认定行政处罚行为显失公正,运用国家审判权直接改变行政处罚行为的判决。(5)驳回原告诉讼请求判决,指人民法院经审查认为原告的诉讼请求依法不能成立,但又不适宜对被诉具体行政行为作出其他类型判决的情况下,人民法院直接作出否定原告诉讼请求的一种判决形式。(6)确认判决,指人民法院通过对被诉具体行政行为的审查,确认被诉讼具体行政行为合法或违法的一种判决形式。

思 考 题

1.我国公务员法进行了几次修订?

2.公务员考核的方式有哪些?

3.政务处分的种类有哪些?

4.行政许可的原则有哪些?

5.行政处罚的证据有哪些?

6.行政强制执行的措施主要有哪些?

7.不能申请行政复议的事项有哪些?

8.行政诉讼的证据有哪些?

第二部分
干部应知应会高质量发展法律知识

★★★★★★★★★★★★★★★★★★★★★★★★★★

第五章 知识产权保护法律知识

《"八五"普法规划》指出:"适应实施创新驱动发展战略需要,大力宣传知识产权保护、科技成果转化等方面法律法规,促进科技强国建设。"知识产权保护工作具有特殊重要性。创新是引领发展的第一动力,保护知识产权就是保护创新。知识产权保护工作关系国家治理体系和治理能力现代化,关系高质量发展,关系人民生活幸福,关系国家对外开放大局,关系国家安全。当今世界正经历百年未有之大变局,知识产权领域国际竞争更加激烈,我国"十四五"时期以及更长时期的发展对加快科技创新的需求更为迫切。全面加强知识产权保护,是激发创新活力、解决关键核心技术受制于人问题、完善现代产权制度、构建新发展格局、推动高质量发展的内在要求。广大干部要加强知识产权保护法律知识的学习宣传,增强尊重和保护知识产权的意识,适应新发展阶段的要求,发挥应有作用,自觉担负起知识产权保护的职责使命,让创造活力竞相迸发、聪明才智充分涌流。

目前,我国知识产权相关法律法规主要涵盖了著作权、商标权、专利权三大传统知识产权及植物新品种权、集成电路布图设计等新兴知识产权,以及中国加入的国际公约等。本章主要介绍近年来新修改的著作权法、商标法和专利法。

第一节　著作权法

一、著作权法概述

著作权亦称版权,是指作者(公民、法人或者非法人组织)对其创作的文学、艺术和科学技术作品所享有的专有权利。为保护文学、艺术和科学作品作者的著作权,以及与著作权有关的权益,鼓励有益于社会主义精神文明、物质文明建设的作品的创作和传播,促进社会主义文化和科学事业的发展与繁荣,根据宪法制定了著作权法。著作权法于 1991 年 6 月 1 日开始施行,分别于 2001 年、2010 年和 2020 年进行了三次修正。

根据著作权法第 2 条的规定,以下著作权受本法保护:(1)中国公民、法人或者非法人组织的作品,不论是否发表,依照本法享有著作权;(2)外国人、无国籍人的作品根据其作者所属国或者经常居住地国同中国签订的协议或者共同参加的国际条约享有的著作权,受本法保护;(3)外国人、无国籍人的作品首先在中国境内出版的,依照本法享有著作权;(4)未与中国签订协议或者共同参加国际条约的国家的作者以及无国籍人的作品首次在中国参加的国际条约的成员国出版的,或者在成员国和非成员国同时出版的,受本法保护。

二、著作权保护的客体

著作权保护的客体是作品。著作权法所称的作品,是指文学、艺术和科学领域内具有独创性并能以一定形式表现的智力成果,包括:(1)文字作品;(2)口述作品;(3)音乐、戏剧、曲艺、舞蹈、杂技艺术作品;(4)美术、建筑作品;(5)摄影作品;(6)视听作品;(7)工程设计图、产品设计图、地图、示意图等图形作品和模型作品;(8)计算机软件;(9)符合作品特征的其他智力成果。

根据著作权法第 5 条的规定,本法不适用于以下情况:(1)法律、法规,国家机关的决议、决定、命令和其他具有立法、行政、司法性质的文件,及其官方正式译文;(2)单纯事实消息;(3)历法、通用数表、通用表格和公式。

三、著作权行政管理部门

著作权法第 7 条规定,国家著作权主管部门负责全国的著作权管理工作;

县级以上地方主管著作权的部门负责本行政区域的著作权管理工作。实践中,国家版权局主管全国的著作权的管理工作;各地方基层的版权局具体负责本辖区内的著作权管理。

四、著作权人及其权利

著作权法第 9 条规定,著作权人包括:(1)作者;(2)其他依照本法享有著作权的自然人、法人或者非法人组织。

著作权法第 10 条规定,著作权包括下列人身权和财产权:(1)发表权,即决定作品是否公之于众的权利;(2)署名权,即表明作者身份,在作品上署名的权利;(3)修改权,即修改或者授权他人修改作品的权利;(4)保护作品完整权,即保护作品不受歪曲、篡改的权利;(5)复制权,即以印刷、复印、拓印、录音、录像、翻录、翻拍、数字化等方式将作品制作一份或者多份的权利;(6)发行权,即以出售或者赠与方式向公众提供作品的原件或者复制件的权利;(7)出租权,即有偿许可他人临时使用视听作品、计算机软件的原件或者复制件的权利,计算机软件不是出租的主要标的的除外;(8)展览权,即公开陈列美术作品、摄影作品的原件或者复制件的权利;(9)表演权,即公开表演作品,以及用各种手段公开播送作品的表演的权利;(10)放映权,即通过放映机、幻灯机等技术设备公开再现美术、摄影、视听作品等的权利;(11)广播权,即以有线或者无线方式公开传播或者转播作品,以及通过扩音器或者其他传送符号、声音、图像的类似工具向公众传播广播的作品的权利,但不包括本款第十二项规定的权利;(12)信息网络传播权,即以有线或者无线方式向公众提供,使公众可以在其选定的时间和地点获得作品的权利;(13)摄制权,即以摄制视听作品的方法将作品固定在载体上的权利;(14)改编权,即改变作品,创作出具有独创性的新作品的权利;(15)翻译权,即将作品从一种语言文字转换成另一种语言文字的权利;(16)汇编权,即将作品或者作品的片段通过选择或者编排,汇集成新作品的权利;(17)应当由著作权人享有的其他权利。著作权人可以许可他人行使前款第(5)项至第(17)项规定的权利,并依照约定或者本法有关规定获得报酬。著作权人可以全部或者部分转让本条第 1 款第(5)项至第(17)项规定的权利,并依照约定或者本法有关规定获得报酬。

五、著作权的保护期

根据著作权法第 23 条的规定,著作权的保护期分为以下几种情况。

自然人的作品,其发表权、本法第 10 条第 1 款第(5)项至第(17)项规定的权利的保护期为作者终生及其死亡后 50 年,截止于作者死亡后第 50 年的 12 月 31 日;如果是合作作品,截止于最后死亡的作者死亡后第 50 年的 12 月 31 日。

法人或者非法人组织的作品、著作权(署名权除外)由法人或者非法人组织享有的职务作品,其发表权的保护期为 50 年,截止于作品创作完成后第 50 年的 12 月 31 日;本法第 10 条第 1 款第(5)项至第(17)项规定的权利的保护期为 50 年,截止于作品首次发表后第 50 年的 12 月 31 日,但作品自创作完成后 50 年内未发表的,本法不再保护。

视听作品,其发表权的保护期为 50 年,截止于作品创作完成后第 50 年的 12 月 31 日;本法第 10 条第 1 款第(5)项至第(17)项规定的权利的保护期为 50 年,截止于作品首次发表后第 50 年的 12 月 31 日,但作品自创作完成后 50 年内未发表的,本法不再保护。

以案释法

首例侵犯游戏推广视频著作权行政处罚案

【案情回放】

2020 年 1 月至 2020 年 2 月期间,某科技公司未经著作权人某公司许可,擅自使用了权利人的广告视频作品,在抖音平台上推广其游戏。经查证核实后,北京市文化市场行政执法总队对该科技公司作出罚款人民币 3 万元的行政处罚。

【案例评析】

本案在法律上属于典型的侵犯视听作品信息网络传播权的案例。需要指出的是,随着著作权法修正完成,著作权的行政保护力度进一步加强,行政执法的案件数量将会增长。需注意的是,侵犯著作权的侵权行为并非都可以主张行政保护。根据著作权法的规定,被控侵权行为只有在损害公共利益的情况下,才可以由著作权的主管部门责令停止侵权行为,予以警告,没收违法所得,没收、无害化销毁处理侵权复制品以及主要用于制作侵权复制品的材料、工具、设备等并予以罚款,而且权利人主张行政保护时,仍需要通过额外的民事诉讼才能获得相应的民事救济。

【法条链接】

《中华人民共和国著作权法》

第五十五条　主管著作权的部门对涉嫌侵犯著作权和与著作权有关的权利的行为进行查处时,可以询问有关当事人,调查与涉嫌违法行为有关的情况;对当事人涉嫌违法行为的场所和物品实施现场检查;查阅、复制与涉嫌违法行为有关的合同、发票、账簿以及其他有关资料;对于涉嫌违法行为的场所和物品,可以查封或者扣押。

主管著作权的部门依法行使前款规定的职权时,当事人应当予以协助、配合,不得拒绝、阻挠。

第二节　商标法

一、商标法概述

商标是用来区别一个经营者的品牌或服务和其他经营者的商品或服务的标记。商标的最基本功能和作用是识别商品的不同来源,商标还是商品和企业的信誉载体,是沟通商品生产者、经营者和消费者的桥梁。要发挥商标的作用,就必须用法律保障商标作用的正常发挥。因此,商标法在第 1 条明确了制定本法的目的是,为了加强商标管理,保护商标专用权,促使生产、经营者保证商品和服务质量,维护商标信誉,以保障消费者和生产、经营者的利益,促进社会主义市场经济的发展。

二、注册商标的一般规定

商标法第 3 条第 1 款规定:"经商标局核准注册的商标为注册商标,包括商品商标、服务商标和集体商标、证明商标;商标注册人享有商标专用权,受法律保护。"其中,集体商标,是指以团体、协会或者其他组织名义注册,供该组织成员在商事活动中使用,以表明使用者在该组织中的成员资格的标志。证明商标,是指由对某种商品或者服务具有监督能力的组织所控制,而由该组织以外的单位或个人使用于其商品或者服务,用以证明该商品或者服务的原产地、原料、制造方法、质量或者其他特定品质的标志。

三、商标使用的禁止性规定

(一)不得作为商标使用标志的情形

商标法第 10 条规定,下列标志不得作为商标使用:(1)同中华人民共和国的国家名称、国旗、国徽、国歌、军旗、军徽、军歌、勋章等相同或者近似的,以及同中央国家机关的名称、标志、所在地特定地点的名称或者标志性建筑物的名称、图形相同的;(2)同外国的国家名称、国旗、国徽、军旗等相同或者近似的,但经该国政府同意的除外;(3)同政府间国际组织的名称、旗帜、徽记等相同或者近似的,但经该组织同意或者不易误导公众的除外;(4)与表明实施控制、予以保证的官方标志、检验印记相同或者近似的,但经授权的除外;(5)同"红十字"、"红新月"的名称、标志相同或者近似的;(6)带有民族歧视性的;(7)带有欺骗性,容易使公众对商品的质量等特点或者产地产生误认的;(8)有害于社会主义道德风尚或者有其他不良影响的。

县级以上行政区划的地名或者公众知晓的外国地名,不得作为商标。但是,地名具有其他含义或者作为集体商标、证明商标组成部分的除外;已经注册的使用地名的商标继续有效。

(二)不得作为商标注册标志的情形

商标法第 11 条规定,下列标志不得作为商标注册:(1)仅有本商品的通用名称、图形、型号的;(2)仅直接表示商品的质量、主要原料、功能、用途、重量、数量及其他特点的;(3)其他缺乏显著特征的。前款所列标志经过使用取得显著特征,并便于识别的,可以作为商标注册。第 12 条规定,以三维标志申请注册商标的,仅由商品自身的性质产生的形状、为获得技术效果而需有的商品形状或者使商品具有实质性价值的形状,不得注册。

四、对从事商标注册、管理和复审工作的国家机关工作人员的规定

商标法第七章对从事商标注册、管理和复审工作的国家机关工作人员的行为规范作出明确规定:(1)从事商标注册、管理和复审工作的国家机关工作人员必须秉公执法,廉洁自律,忠于职守,文明服务。(2)商标局、商标评审委员会以及从事商标注册、管理和复审工作的国家机关工作人员不得从事商标代理业务和商品生产经营活动。(3)工商行政管理部门应当建立健全内部监

督制度,对负责商标注册、管理和复审工作的国家机关工作人员执行法律、行政法规和遵守纪律的情况,进行监督检查。(4)从事商标注册、管理和复审工作的国家机关工作人员玩忽职守、滥用职权、徇私舞弊,违法办理商标注册、管理和复审事项,收受当事人财物,牟取不正当利益,构成犯罪的,依法追究刑事责任;尚不构成犯罪的,依法给予处分。

以案释法

互联网巨头阻击"阿京腾百"

【案情回放】

因认为"阿京腾百"由阿里巴巴、京东、腾讯、百度四公司的首字组成,具有明显攀附声誉的故意,四家公司对 45 件"阿京腾百"商标向国家知识产权局商标局提出异议申请。

2020 年 8 月,国家知识产权局下发审查决定书指出,阿里巴巴、京东、腾讯和百度为我国四家世界级互联网知名企业,"阿里""京东""腾讯""百度"是四家公司的简称,也是四家公司长期使用的商标,具有较高的知名度和影响力。而"阿京腾百"商标由四家公司的简称(商标)的首字组合而成,提交"阿京腾百"注册申请的某科技实业有限公司同时在 45 个商品服务类别上申请注册"阿京腾百"商标,且未提交证据证明其具有合理的使用意图。因此国家知识产权局认定,该科技公司具有不正当利用四家公司市场声誉的故意,其申请注册被异议商标的行为有损于公平竞争的秩序,易产生不良社会影响,依据商标法第 10 条第 1 款第(8)项、第 35 条规定,裁定被异议商标不予注册。

【案例评析】

此次国家知识产权局裁定"阿京腾百"商标不予注册,这是商标审查部门严厉打击恶意商标申请的一起经典案例。该裁定不仅维护了商标权利人的合法权益,规范了公平合理的市场秩序,展现了商标审查部门遏制恶意商标申请的坚定态度和决心,同时给那些饱受搭便车、傍名牌等侵权困扰的商标权利人增添了维权的信心。从该案的审查和裁定可以看出商标审查部门对恶意商标申请行为是如何认定的,法律允许的边界在哪里,这对商标申请者而言具有重要的启示意义。

【法条链接】

《中华人民共和国商标法》

第十条第一款第八项 下列标志不得作为商标使用：

……

（八）有害于社会主义道德风尚或者有其他不良影响的。

第三十五条第三款 商标局做出不予注册决定,被异议人不服的,可以自收到通知之日起十五日内向商标评审委员会申请复审。商标评审委员会应当自收到申请之日起十二个月内做出复审决定,并书面通知异议人和被异议人。有特殊情况需要延长的,经国务院工商行政管理部门批准,可以延长六个月。被异议人对商标评审委员会的决定不服的,可以自收到通知之日起三十日内向人民法院起诉。人民法院应当通知异议人作为第三人参加诉讼。

第三节　专利法

一、专利法概述

为了保护专利权人的合法权益,鼓励发明创造,推动发明创造的应用,提高创新能力,促进科学技术进步和经济社会发展,1984年3月12日第六届全国人民代表大会常务委员会第四次会议通过了专利法,自1985年4月1日起施行。此后,在1992年、2000年、2008年、2020年共对其进行了4次修正。新修正的专利法于2021年6月1日起正式施行。本次修正以维护专利权人的合法权益、增强创新主体对专利保护的信心、充分激发全社会的创新活力为主要内容。

二、有关专利权的一些基本规定

专利法所称的发明创造是指发明、实用新型和外观设计。发明,是指对产品、方法或者其改进所提出的新的技术方案。实用新型,是指对产品的形状、构造或者其结合所提出的适于实用的新的技术方案。外观设计,是指对产品的整体或者局部的形状、图案或者其结合以及色彩与形状、图案的结合所作出的富有美感并适于工业应用的新设计。

国务院专利行政部门负责管理全国的专利工作；统一受理和审查专利申请，依法授予专利权。省、自治区、直辖市人民政府管理专利工作的部门负责本行政区域内的专利管理工作。

执行本单位的任务或者主要是利用本单位的物质技术条件所完成的发明创造为职务发明创造。职务发明创造申请专利的权利属于该单位，申请被批准后，该单位为专利权人。该单位可以依法处置其职务发明创造申请专利的权利和专利权，促进相关发明创造的实施和运用。

非职务发明创造，申请专利的权利属于发明人或者设计人；申请被批准后，该发明人或者设计人为专利权人。

利用本单位的物质技术条件所完成的发明创造，单位与发明人或者设计人订有合同，对申请专利的权利和专利权的归属作出约定的，从其约定。

对发明人或者设计人的非职务发明创造专利申请，任何单位或者个人不得压制。

同样的发明创造只能授予一项专利权。但是，同一申请人同日对同样的发明创造既申请实用新型专利又申请发明专利，先获得的实用新型专利权尚未终止，且申请人声明放弃该实用新型专利权的，可以授予发明专利权。两个以上的申请人分别就同样的发明创造申请专利的，专利权授予最先申请的人。

专利申请权和专利权可以转让。中国单位或者个人向外国人、外国企业或者外国其他组织转让专利申请权或者专利权的，应当依照有关法律、行政法规的规定办理手续。转让专利申请权或者专利权的，当事人应当订立书面合同，并向国务院专利行政部门登记，由国务院专利行政部门予以公告。专利申请权或者专利权的转让自登记之日起生效。

任何单位或者个人将在中国完成的发明或者实用新型向外国申请专利的，应当事先报经国务院专利行政部门进行保密审查。保密审查的程序、期限等按照国务院的规定执行。

申请专利和行使专利权应当遵循诚实信用原则。不得滥用专利权损害公共利益或者他人合法权益。滥用专利权，排除或者限制竞争，构成垄断行为的，依照《中华人民共和国反垄断法》处理。

三、新修正的专利法亮点解读

(一)加强对专利权人合法权益的保护

新修正的专利法，加大了对侵犯专利权的赔偿力度，完善举证责任，完善诉前行为保全措施,完善专利行政保护,新增诚实信用原则,新增专利权期限补偿制度和药品专利纠纷早期解决程序有关条款等。专利侵权的技术性强、维权成本高、赔偿额偏低是专利保护的主要障碍,其中最关键的问题是赔偿额低。旧专利法中缺乏对恶意侵权的惩罚机制,并且法定赔偿的上限仅为100万元,这就导致很多权利人怠于行使权利,从而缺乏足够的动力进行自主创新。新修正的专利法所建立的偿还性赔偿制度,对故意侵犯专利权的侵权人按确定数额的1倍以上、5倍以下确定赔偿数额。权利人的损失、侵权人获得的利益和专利许可使用费均难以确定的,确定给予3万元以上500万元以下的赔偿。这对于遏制故意侵权会起到非常大的作用。

(二)完善专利行政保护制度

新修正的专利法对专利行政保护制度进行了进一步完善,具体包括:对专利行政执法部门的职权进一步完善;增加国务院专利行政部门对全国有重大影响的专利侵权纠纷的处理职能;增加地方人民政府管理专利工作的部门的合案处理以及请求上级地方人民政府管理专利工作的部门处理的相关规定。

(三)减轻举证责任

为解决专利案件的举证难问题,新修正的专利法进一步完善了证据规则,第71条第4款规定:"人民法院为确定赔偿数额,在权利人已经尽力举证,而与侵权行为相关的账簿、资料主要由侵权人掌握的情况下,可以责令侵权人提供与侵权行为相关的账簿、资料;侵权人不提供或者提供虚假的账簿、资料的,人民法院可以参考权利人的主张和提供的证据判定赔偿数额。"实际上,该举证规则已经写入《最高人民法院关于审理侵犯专利权纠纷案件应用若干问题的解释(二)》中。本次修正将该规则明确写入专利法中,有利于进一步减轻权利人的举证责任,从而争取更高的侵权赔偿金额。

(四)完善专利审查制度

为适应我国经济发展和创新需求,结合国际发展趋势,本次专利法对专利审查制度进行了修改完善,主要修改包括以下内容:(1)增加诚实信用原则和禁止权利滥用原则。即"申请专利和行使专利权应当遵循诚实信用原则。不得滥用专利权损害公共利益或者他人合法权益"。通过在专利法中增加这两条民法基本原则,将有利于遏制实务中编造、伪造实验数据、技术方案等进行专利申请的行为以及利用专利权恶意发起侵权诉讼扰乱正常市场经济秩序的行为。(2)完善外观设计专利保护。本次专利法修正进一步完善了外观设计专利保护制度,加强了对外观设计的保护,具体包括:增加对局部外观设计的保护;增加外观设计国内优先权;将外观设计的保护期限修改为 15 年等。(3)增加专利权期限补偿制度。为弥补发明专利在实质审查过程中的不合理延迟给专利权人造成的专利保护期损失,本次修正增加了专利权期限补偿制度,即"自发明专利申请日起满四年,且自实质审查请求之日起满三年后授予发明专利权的,国务院专利行政部门应专利权人的请求,就发明专利在授权过程中的不合理延迟给予专利权期限补偿,但由申请人引起的不合理延迟除外"。(4)还增加了对新药因上市审批占用时间而导致专利权期限损失的补偿,即"为补偿新药上市审评审批占用的时间,对在中国获得上市许可的新药相关发明专利,国务院专利行政部门应专利权人的请求给予专利权期限补偿。补偿期限不超过五年,新药批准上市后总有效专利权期限不超过十四年"。

以案释法

"二次锂离子电池"发明专利无效案

【案情回放】

任某某、孙某与苹果上海公司、苹果北京公司、国家知识产权局发明专利权无效行政纠纷两案,涉及名称为"二次锂离子电池或电池组、其保护电路以及电子装置"的发明专利。任某某、孙某为专利权人;苹果上海公司、苹果北京公司申请宣告专利权无效;国家知识产权局在权利要求1—12、14的基础上维持专利权有效。北京知识产权法院一审认为,因权利要求得不到说明书支持,涉案专利权应当全部无效,故判令国家知识产权局重新作出审查决定。任某某、孙某不服,向最高人民法院提起上诉。最高人民法院二审认为,涉案专利能够得到说明书的支持,改判维持专利权有效。

【案例评析】

该案典型意义在于明确了两组以上不同数值范围共同限定保护范围的权利要求是否能够得到说明书支持的判断标准。如果在说明书及附图记载的范围内,能够确定该两个以上数值范围之间的对应关系,使本领域技术人员合理确定专利保护范围,应当认为该权利要求得到说明书的支持。此项规则的明确,对于保障专利制度激励创新、促进新兴产业发展具有重要意义。

【法条链接】

《中华人民共和国专利法》

第六十四条 发明或者实用新型专利权的保护范围以其权利要求的内容为准,说明书及附图可以用于解释权利要求的内容。

外观设计专利权的保护范围以表示在图片或者照片中的该产品的外观设计为准,简要说明可以用于解释图片或者照片所表示的该产品的外观设计。

思 考 题

1. 我国著作权法共进行了几次修正?

2. 根据商标法的规定,不得作为商标使用标志的情形有哪些?

3. 商标法对从事商标注册、管理和复审工作的国家机关工作人员的规定有哪些?

4. 我国专利法共进行了几次修正? 新修正的专利法对恶意侵权的惩罚机制是如何体现的?

第六章　营商环境法律知识

营商环境就是生产力,优化营商环境就是解放生产力、提升竞争力,而法治化则是根本保障。党的二十大报告指出:"完善产权保护、市场准入、公平竞争、社会信用等市场经济基础制度,优化营商环境。""合理缩减外资准入负面清单,依法保护外商投资权益,营造市场化、法治化、国际化一流营商环境。"《"八五"普法规划》指出,适应立足新发展阶段、贯彻新发展理念、构建新发展格局需要,大力宣传有关平等保护、公平竞争、激发市场主体活力、防范风险的法律法规,推动建设市场化法治化国际化营商环境。适应统筹推进国内法治和涉外法治需要,大力宣传我国涉外法律法规,促进依法维护国家主权、安全、发展利益。

新时代新征程召唤新的使命与担当,广大干部要深入学习宣传与推动高质量发展密切相关的营商环境法律知识,提高站位,助推法律服务现代经济,打造最佳营商环境,为实现"十四五"时期高质量发展作出新的贡献。

第一节　产品质量法和消费者权益保护法

一、产品质量法

(一)产品的含义及监管体制

产品质量法第 2 条第 2 款规定,本法所称产品是指经过加工、制作,用于销售的产品。我国的产品监管体制包括:国务院市场监督管理部门主管全国产品质量监督工作。国务院有关部门在各自的职责范围内负责产品质量监督工作。县级以上地方市场监督管理部门主管本行政区域内的产品质量监督工作。县级以上地方人民政府有关部门在各自的职责范围内负责产品质量监督工作。

(二)生产者的产品质量义务

1.作为的义务

产品质量要求。生产者应当使其生产的产品达到以下质量要求:(1)不存在危及人身、财产安全的不合理的危险,有保障人体健康和人身、财产安全的国家标准、行业标准的,应符合该标准;(2)具备产品应当具备的使用性能,但是,对产品存在使用性能的瑕疵作出说明的除外;(3)符合在产品或者其包装注明采用的产品标准,符合以产品说明、实物样品等方式表明的质量状况。

产品或者其包装上的标识的要求。产品质量法第 27 条规定,产品或者其包装上的标识必须真实,并符合下列要求:(1)有产品质量检验合格证明;(2)有中文标明的产品名称、生产厂厂名和厂址;(3)根据产品的特点和使用要求,需要标明产品规格、等级、所含主要成份的名称和含量的,用中文相应予以标明;需要事先让消费者知晓的,应当在外包装上标明,或者预先向消费者提供有关资料;(4)限期使用的产品,应当在显著位置清晰地标明生产日期和安全使用期或者失效日期;(5)使用不当,容易造成产品本身损坏或者可能危及人身、财产安全的产品,应当有警示标志或者中文警示说明。裸装的食品和其他根据产品的特点难以附加标识的裸装产品,可以不附加产品标识。

2.不作为的义务

生产者在生产产品过程中不作为的义务包括:(1)生产者不得生产国家明

令淘汰的产品;(2)生产者不得伪造产地,不得伪造或冒用他人的厂名、厂址;(3)生产者不得伪造或冒用认证标志等质量标志;(4)生产者生产产品,不得掺杂、掺假,不得以假充真、以次充好,不得以不合格产品冒充合格产品。

(三)销售者的产品质量义务

销售者在销售过程中应当承担的责任和义务包括:(1)销售者应当建立并执行进货检查验收制度,验明产品合格证明和其他标识;(2)销售者应当采取措施,保持销售产品的质量;(3)销售者不得销售国家明令淘汰并停止销售的产品和失效、变质的产品;(4)销售者销售的产品的标识应当符合产品质量法第 27 条的规定;(5)销售者不得伪造产地,不得伪造或者冒用他人的厂名、厂址;(6)销售者不得伪造或者冒用认证标志等质量标志;(7)销售者销售产品,不得掺杂、掺假,不得以假充真、以次充好,不得以不合格产品冒充合格产品。

二、消费者权益保护法

(一)消费者权益保护法及其基本原则

消费者权益保护法主要调整围绕保障消费者的物质、文化消费权益而产生的以下两个方面社会关系:一是消费者与经营者之间的关系,即消费者为生活消费需要购买、使用商品或接受服务与经营者之间发生的关系;二是消费者与国家之间的关系,即围绕保障消费者权益而发生的消费者与国家的关系。

消费者权益保护法的基本原则如下:(1)交易自愿、平等、公平、诚实信用的原则;(2)国家保护消费者合法权益不受侵害的原则;(3)全社会共同保护消费者合法权益的原则。

(二)消费者的权利与经营者的义务

1.消费者的权利

消费者权益保护法具体规定了消费者的 9 项权利:(1)安全保障权;(2)知悉真情权;(3)自主选择权;(4)公平交易权;(5)依法求偿权;(6)依法结社权;(7)获得相关知识权;(8)受尊重权;(9)监督批评权。

2.经营者的义务

消费者权益保护法具体规定了经营者的 14 项义务:(1)履行法定义务及约定义务;(2)接受监督的义务;(3)保证商品和服务安全的义务;(4)对存在缺陷的产品和服务及时采取措施的义务;(5)提供真实信息的义务;(6)表明真实名称和标记的义务;(7)出具凭证或单据的义务;(8)保证质量的义务;(9)退

货、更换、修理的"三包"义务;(10)依法无理由退货义务;(11)不得单方作出对消费者不利规定的义务;(12)不得侵犯消费者人格权的义务;(13)特定领域经营者的信息披露义务;(14)保障消费者个人信息不被泄露的义务。

3. 争议的解决

消费者和经营者发生消费者权益争议的,可以通过下列途径解决:(1)与经营者协商和解;(2)请求消费者协会或者其他调解组织调解;(3)向有关行政部门投诉;(4)根据与经营者达成的仲裁协议提请仲裁机构仲裁;(5)向人民法院提起诉讼。

消费者或者其他受害人因商品缺陷造成人身、财产损害的,可以向销售者要求赔偿,也可以向生产者要求赔偿。属于生产者责任的,销售者赔偿后,有权向生产者追偿。属于销售者责任的,生产者赔偿后,有权向销售者追偿。消费者在接受服务时,其合法权益受到损害的,可以向服务者要求赔偿。

以案释法

网络购物的消费者享有反悔权

【案情回放】

2019 年双十一购物节时,王小姐在某大型购物网站上看中一双高跟鞋,款式新颖,价格也很便宜,王小姐毫不犹豫点击了购买,并支付了货款。收到货后,王小姐觉得这双高跟鞋虽然样式新颖,但颜色跟网页上的图片出入很大,便联系上网店店主,要求退货,并愿意承担来往的运费,但遭到店主的拒绝。

【案例评析】

近几年,网络等非门店(远程)购物方式逐渐成为人们购物的主流方式之一。远程购物的"非现场性"导致消费者和商家的信息极不对称,因为商家可能隐瞒了商品的负面信息,但由于无法直接接触商品,消费者可能被蒙在鼓里而遭受损失。

根据消费者权益保护法第 25 条的规定,除特定情况外,经营者采用网络方式销售商品,消费者有权自收到商品之日起 7 日内退货,且无需说明理由。消费者退货的商品应当完好。经营者应当自收到退回商品之日起 7 日内返还消费者支付的商品价款。退回商品的运费由消费者承担;经营者和消费者另有约定的,按照约定。上述案例中,王小姐的情况适用该条款,因此有权要求退货。

【法条链接】

《中华人民共和国消费者权益保护法》

第二十五条　经营者采用网络、电视、电话、邮购等方式销售商品,消费者有权自收到商品之日起七日内退货,且无需说明理由,但下列商品除外:

(一)消费者定作的;

(二)鲜活易腐的;

(三)在线下载或者消费者拆封的音像制品、计算机软件等数字化商品;

(四)交付的报纸、期刊。

除前款所列商品外,其他根据商品性质并经消费者在购买时确认不宜退货的商品,不适用无理由退货。

消费者退货的商品应当完好。经营者应当自收到退回商品之日起七日内返还消费者支付的商品价款。退回商品的运费由消费者承担;经营者和消费者另有约定的,按照约定。

第二节　反不正当竞争法和反垄断法

一、反不正当竞争法

(一)反不正当竞争法概述

反不正当竞争法是为了促进社会主义市场经济健康发展,鼓励和保护公平竞争,制止不正当竞争行为,保护经营者和消费者的合法权益制定的法律。1993 年 9 月 2 日第八届全国人民代表大会常务委员会第三次会议通过,2017年 11 月 4 日第十二届全国人民代表大会常务委员会第三十次会议修订,2019年 4 月 23 日第十三届全国人民代表大会常务委员会第十次会议《关于修改〈中华人民共和国建筑法〉等八部法律的决定》修正。本法共 5 章 33 条,内容包括:总则、不正当竞争行为、对涉嫌不正当竞争行为的调查、法律责任、附则。

(二)不正当竞争行为

1.混淆行为

反不正当竞争法第 6 条规定,经营者不得实施下列混淆行为,引人误认为是他人商品或者与他人存在特定联系:(1)擅自使用与他人有一定影响的商品名称、包装、装潢等相同或者近似的标识;(2)擅自使用他人有一定影响的企业名称(包括简称、字号等)、社会组织名称(包括简称等)、姓名(包括笔名、艺名、译名等);(3)擅自使用他人有一定影响的域名主体部分、网站名称、网页等;(4)其他足以引人误认为是他人商品或者与他人存在特定联系的混淆行为。

2. 商业贿赂

反不正当竞争法第 7 条第 1 款规定,经营者不得采用财物或者其他手段贿赂下列单位或者个人,以谋取交易机会或者竞争优势:(1)交易相对方的工作人员;(2)受交易相对方委托办理相关事务的单位或者个人;(3)利用职权或者影响力影响交易的单位或者个人。

3. 虚假宣传

反不正当竞争法第 8 条规定,经营者不得对其商品的性能、功能、质量、销售状况、用户评价、曾获荣誉等作虚假或者引人误解的商业宣传,欺骗、误导消费者。经营者不得通过组织虚假交易等方式,帮助其他经营者进行虚假或者引人误解的商业宣传。

4. 侵犯商业秘密

反不正当竞争法第 9 条第 1 款、第 2 款规定,经营者不得实施下列侵犯商业秘密的行为:(1)以盗窃、贿赂、欺诈、胁迫、电子侵入或者其他不正当手段获取权利人的商业秘密;(2)披露、使用或者允许他人使用以前项手段获取的权利人的商业秘密;(3)违反保密义务或者违反权利人有关保守商业秘密的要求,披露、使用或者允许他人使用其所掌握的商业秘密;(4)教唆、引诱、帮助他人违反保密义务或者违反权利人有关保守商业秘密的要求,获取、披露、使用或者允许他人使用权利人的商业秘密。经营者以外的其他自然人、法人和非法人组织实施前款所列违法行为的,视为侵犯商业秘密。

5. 不正当有奖销售行为

反不正当竞争法第 10 条规定,经营者进行有奖销售不得存在下列情形:(1)所设奖的种类、兑奖条件、奖金金额或者奖品等有奖销售信息不明确,影响兑奖;(2)采用谎称有奖或者故意让内定人员中奖的欺骗方式进行有奖销售;(3)抽奖式的有奖销售,最高奖的金额超过 5 万元。

6. 诋毁商业信誉

反不正当竞争法第 11 条规定,经营者不得编造、传播虚假信息或者误导性信息,损害竞争对手的商业信誉、商品声誉。

7.网络技术手段影响正常运营

反不正当竞争法第12条规定,经营者利用网络从事生产经营活动,应当遵守本法的各项规定。经营者不得利用技术手段,通过影响用户选择或者其他方式,实施下列妨碍、破坏其他经营者合法提供的网络产品或者服务正常运行的行为:(1)未经其他经营者同意,在其合法提供的网络产品或者服务中,插入链接、强制进行目标跳转;(2)误导、欺骗、强迫用户修改、关闭、卸载其他经营者合法提供的网络产品或者服务;(3)恶意对其他经营者合法提供的网络产品或者服务实施不兼容;(4)其他妨碍、破坏其他经营者合法提供的网络产品或者服务正常运行的行为。

二、反垄断法

(一)垄断行为的概念和范畴

垄断行为是一种妨碍市场公平竞争、损害消费者利益、影响市场运行效率的行为。根据反垄断法第3条的规定,垄断行为包括:(1)经营者达成垄断协议;(2)经营者滥用市场支配地位;(3)具有或者可能具有排除、限制竞争效果的经营者集中。

(二)反垄断法对经营者和管理者的要求

反垄断法对经营者和管理者的要求如下:(1)经营者可以通过公平竞争、自愿联合,依法实施集中,扩大经营规模,提高市场竞争能力,但是,具有市场支配地位的经营者,不得滥用市场支配地位,排除、限制竞争;(2)国有经济占控制地位的关系国民经济命脉和国家安全的行业以及依法实行专营专卖的行业,应当依法经营,诚实守信,严格自律,接受社会公众的监督,不得利用其控制地位或者专营专卖地位损害消费者利益;(3)经营者不得利用数据和算法、技术、资本优势以及平台规则等从事本法禁止的垄断行为;(4)行政机关和法律、法规授权的具有管理公共事务职能的组织不得滥用行政权力,排除、限制竞争。

(三)垄断协议

垄断协议,是指排除、限制竞争的协议、决定或者其他协同行为。反垄断法明文禁止的垄断协议有两种:

一是禁止具有竞争关系的经营者达成下列垄断协议:(1)固定或者变更商品价格;(2)限制商品的生产数量或者销售数量;(3)分割销售市场或者原材料

采购市场;(4)限制购买新技术、新设备或者限制开发新技术、新产品;(5)联合抵制交易;(6)国务院反垄断执法机构认定的其他垄断协议。

二是禁止经营者与交易相对人达成下列垄断协议:(1)固定向第三人转售商品的价格;(2)限定向第三人转售商品的最低价格;(3)国务院反垄断执法机构认定的其他垄断协议。

此外,反垄断法还规定,行业协会不得组织本行业的经营者从事法律禁止的垄断行为。

(四)滥用市场支配地位

市场支配地位,是指经营者在相关市场内具有能够控制商品价格、数量或者其他交易条件,或者能够阻碍、影响其他经营者进入相关市场能力的市场地位。反垄断法第 22 条第 1 款规定,禁止具有市场支配地位的经营者从事下列滥用市场支配地位的行为:(1)以不公平的高价销售商品或者以不公平的低价购买商品;(2)没有正当理由,以低于成本的价格销售商品;(3)没有正当理由,拒绝与交易相对人进行交易;(4)没有正当理由,限定交易相对人只能与其进行交易或者只能与其指定的经营者进行交易;(5)没有正当理由搭售商品,或者在交易时附加其他不合理的交易条件;(6)没有正当理由,对条件相同的交易相对人在交易价格等交易条件上实行差别待遇;(7)国务院反垄断执法机构认定的其他滥用市场支配地位的行为。

(五)经营者集中

反垄断法第 25 条规定,经营者集中是指下列情形:(1)经营者合并;(2)经营者通过取得股权或者资产的方式取得对其他经营者的控制权;(3)经营者通过合同等方式取得对其他经营者的控制权或者能够对其他经营者施加决定性影响。

反垄断法第 26 条第 1 款规定,经营者集中达到国务院规定的申报标准的,经营者应当事先向国务院反垄断执法机构申报,未申报的不得实施集中。

(六)滥用行政权力排除、限制竞争

根据反垄断法第五章的规定,行政机关和法律、法规授权的具有管理公共事务职能的组织不得滥用行政权力,强制经营者从事下列垄断行为:(1)限定或者变相限定单位或者个人经营、购买、使用其指定的经营者提供的商品。(2)通过与经营者签订合作协议、备忘录等方式,妨碍其他经营者进入相关市场或者对其他经营者实行不平等待遇,排除、限制竞争。(3)妨碍商品在地区之间的自

由流通：①对外地商品设定歧视性收费项目、实行歧视性收费标准，或者规定歧视性价格；②对外地商品规定与本地同类商品不同的技术要求、检验标准，或者对外地商品采取重复检验、重复认证等歧视性技术措施，限制外地商品进入本地市场；③采取专门针对外地商品的行政许可，限制外地商品进入本地市场；④设置关卡或者采取其他手段，阻碍外地商品进入或者本地商品运出；⑤妨碍商品在地区之间自由流通的其他行为。（4）以设定歧视性资质要求、评审标准或者不依法发布信息等方式，排斥或者限制经营者参加招标投标以及其他经营活动。（5）采取与本地经营者不平等待遇等方式，排斥、限制、强制或者变相强制外地经营者在本地投资或者设立分支机构。（6）强制或者变相强制经营者从事本法规定的垄断行为。（7）制定含有排除、限制竞争内容的规定。

反垄断执法机构工作人员滥用职权、玩忽职守、徇私舞弊或者泄露执法过程中知悉的商业秘密、个人隐私和个人信息的，依法给予处分。

 以案释法

虚假宣传整形功效案

【案情回放】

2020 年 6 月，执法人员现场检查中发现当事人新氧医美平台上的"氧气zuzmc 的美丽日记 3.11 假体隆胸""爱末回生的美丽日记 6.15 鼻部多项"医美案例为艺星集团内其他医院案例，并非当事人医院真实案例，但当事人在案例下标示"医院：艺星整形美容医院（台州旗舰店）"。同时，当事人在网站上使用病人形象作宣传，展示手术过程以及手术后效果照片，使用虚假案例对自身进行商业宣传，容易对消费者造成误导。当事人的行为违反了反不正当竞争法第 8 条第 1 款的规定，依据第 20 条第 1 款责令当事人停止违法行为，处罚款 25 万元。

【案例评析】

医疗美容行业的发展，是人们生活质量提高的标志，有庞大的市场需求。但不可否认的是，这个行业在迅速发展的同时，也出现了许多乱象。一些经营者为了牟取不正当利益，对资质荣誉、产品功效、整形疗效等进行虚假宣传，欺骗、误导消费者。一些医美机构在消费者中制造"容貌焦虑""身材焦虑"情绪，

虚假宣传、过度宣传等问题凸显。有的机构虚构诊疗前后对比图,有的一味鼓吹产品或服务疗效,通过使用虚假案例、虚构疗效等方式,对医美效果进行夸大、虚假宣传,对风险、后遗症避而不谈。规范医美市场营销宣传,不仅要清除虚假、夸大宣传等弊病,也要整治通过"软文""种草笔记"等形式进行植入推广、虚假营销等变相误导公众。

【法条链接】

《中华人民共和国反不正当竞争法》

第八条　经营者不得对其商品的性能、功能、质量、销售状况、用户评价、曾获荣誉等作虚假或者引人误解的商业宣传,欺骗、误导消费者。

经营者不得通过组织虚假交易等方式,帮助其他经营者进行虚假或者引人误解的商业宣传。

第二十条　经营者违反本法第八条规定对其商品作虚假或者引人误解的商业宣传,或者通过组织虚假交易等方式帮助其他经营者进行虚假或者引人误解的商业宣传的,由监督检查部门责令停止违法行为,处二十万元以上一百万元以下的罚款;情节严重的,处一百万元以上二百万元以下的罚款,可以吊销营业执照。

经营者违反本法第八条规定,属于发布虚假广告的,依照《中华人民共和国广告法》的规定处罚。

第三节　外商投资法

一、外商投资法概述

2019 年 3 月 15 日第十三届全国人民代表大会第二次会议通过的《中华人民共和国外商投资法》,是我国历史上第一个全面系统的外资立法,具有里程碑意义,是贯彻落实党中央扩大对外开放、促进外商投资决策部署的重要举措。外商投资法于 2020 年 1 月 1 日起生效实施,已取代 1979 年颁布实施的《中华人民共和国中外合资经营企业法》,以及 1986 年和 1988 年出台的《中华人民共和国外资企业法》和《中华人民共和国中外合作经营企业法》,是一部外资领域新的基础性法律,为新形势下进一步扩大对外开放、积极有效利用外资提供更加有力的制度保障。外商投资法标志着我国迈进了制度型开放。

外商投资法由总则、投资促进、投资保护、投资管理、法律责任和附则 6 部分组成。该法取代了原"外资三法",是新形势下国家关于外商投资活动全面的、基本的法律规范,是外商投资领域起龙头作用、具有统领性质的法律,确立了外商投资准入、促进、保护、管理等方面的基本制度框架和规则。

二、外商投资法的适用范围

根据外商投资法第 2 条的规定,在中华人民共和国境内(以下简称中国境内)的外商投资,适用本法。本法所称外商投资,是指外国的自然人、企业或者其他组织(以下称外国投资者)直接或者间接在中国境内进行的投资活动,包括下列情形:(1)外国投资者单独或者与其他投资者共同在中国境内设立外商投资企业;(2)外国投资者取得中国境内企业的股份、股权、财产份额或者其他类似权益;(3)外国投资者单独或者与其他投资者共同在中国境内投资新建项目;(4)法律、行政法规或者国务院规定的其他方式的投资。

本法所称外商投资企业,是指全部或者部分由外国投资者投资,依照中国法律在中国境内经登记注册设立的企业。

三、外商投资法亮点解读

(一)确立了外商投资促进制度

制定外商投资法的目的是,为了进一步扩大对外开放,积极促进外商投资,保护外商投资合法权益,推动形成全面开放新格局,促进社会主义市场经济健康发展。外商投资促进制度主要体现在以下五个方面:(1)确立了准入前国民待遇和负面清单制度;(2)提高外商投资政策的透明度;(3)保障外商投资企业平等参与市场竞争;(4)加强外商投资服务;(5)依法依规鼓励和引导外商投资。

(二)确立了外商投资保护制度

为加强对外商投资合法权益的保护,外商投资法总则中规定,国家依法保护外国投资者在中国境内的投资、收益和其他合法权益。同时,设"投资保护"专章,从四个方面作了规定,向外商投资提供与时俱进的法治保障。

第一,加强对外商投资企业的产权保护。外商投资法第 20 条规定,国家对外国投资者的投资不实行征收。在特殊情况下,国家为了公共利益的需要,可以依照法律规定对外国投资者的投资实行征收或者征用。征收、征用应当依照法定程序进行,并及时给予公平、合理的补偿。第21条规定,外国投资者在中国境内的出资、利润、资本收益、资产处置所得、知识产权许可使用费、依法获得的补偿或者赔偿、清算所得等,可以依法以人民币或者外汇自由汇入、汇出。第22条中规定,国家保护外国投资者和外商投资企业的知识产权;国家鼓励在外商投资过程中基于自愿原则和商业规则开展技术合作。

第二,强化对涉及外商投资规范性文件制定的约束。外商投资法第24条规定,各级人民政府及其有关部门制定涉及外商投资的规范性文件,应当符合法律法规的规定;没有法律、行政法规依据的,不得减损外商投资企业的合法权益或者增加其义务,不得设置市场准入和退出条件,不得干预外商投资企业的正常生产经营活动。

第三,促使地方政府守约践诺。外商投资法第25条规定,地方各级人民政府及其有关部门应当履行向外国投资者、外商投资企业依法作出的政策承诺以及依法订立的各类合同。因国家利益、社会公共利益需要改变政策承诺、合同约定的,应当依照法定权限和程序进行,并依法对外国投资者、外商投资企业因此受到的损失予以补偿。

第四,完善外商投资企业投诉工作机制。外商投资法第26条、第27条中规定,国家建立外商投资企业投诉工作机制,及时处理外商投资企业或者其投资者反映的问题,协调完善相关政策措施。外商投资企业可以依法成立和自愿参加商会、协会。商会、协会依照法律法规和章程的规定开展相关活动,维护会员的合法权益。

(三)确立了外商投资管理制度

为加强对外商投资的管理,外商投资法从四个方面作了规定:(1)落实了外商投资负面清单管理制度;(2)明确了外商投资项目的核准、备案制度;(3)建立了国家建立外商投资信息报告制度;(4)确立了外商投资安全审查制度。

(四)强调了行政机关工作人员的法律责任

外商投资法第39条规定,行政机关工作人员在外商投资促进、保护和管理工作中滥用职权、玩忽职守、徇私舞弊的,或者泄露、非法向他人提供履行职责过程中知悉的商业秘密的,依法给予处分;构成犯罪的,依法追究刑事责任。

以案释法

浦东法院判决首例涉外商投资法案

【案情回放】

外商投资法已于 2020 年 1 月 1 日正式生效。美籍"隐名股东"起诉公司，要求确认其对被告享有的股权份额，并将第三人代持的股权过户到自己名下，根据法律，这样的诉请合理吗？

2021 年 1 月初，上海市浦东新区人民法院对原告 Corson（美国籍）诉被告某进出口有限公司、第三人张某、程某股东资格确认纠纷作出一审判决，认定被告的经营范围不属于外商投资负面清单范围，原告有权享有外商投资国民待遇，遂判决支持了原告的诉讼请求。

【案例评析】

本案是上海浦东法院宣判的首例涉外商投资法案件。根据外商投资法及司法解释的规定，我国在外商投资领域全面实施准入前国民待遇加负面清单制度。所谓准入前国民待遇，是指在投资准入阶段给予外国投资者及其投资不低于本国投资者及其投资的待遇。所谓负面清单，是在特定领域对外商投资实施的准入特别管理措施，国家对负面清单之外的外商投资，给予国民待遇。

上海浦东法院自贸区法庭副庭长、本案审判长黄某认为，本案是一起典型的涉外商投资法及其负面清单制度的案件，案件主要有三个争议焦点：一是原告是否是被告的隐名股东；二是原告如果系隐名股东，其与两位第三人共同成立公司的合同效力如何认定；三是将第三人代持的股份变更到原告名下是否存在法律或政策上的障碍。

法院经审理后认为，综合全案证据，原告确系被告股份的隐名所有人，其中 26% 股份由第三人张某代持。原中外合资经营企业法虽然规定外方可以同中国的公司、企业或其他经济组织共同举办合资企业，其中中方合资人没有包括中国的自然人，但该法已经废止。新生效的外商投资法在这方面并没有限制，外商投资法实施条例进一步明确，中方合资人包括中国的自然人在内。因此，该合同合法有效。

同时，被告的经营范围并不属于负面清单范围，根据新出台的《最高人民法院关于适用《中华人民共和国外商投资法》若干问题的解释》第2条的规定，对外商投资准入负面清单之外的领域形成的投资合同，当事人以合同未经有关行政主管部门批准、登记为由主张合同无效或者未生效的，人民法院不予支持。前款规定的投资合同签订于外商投资法施行前，但人民法院在外商投资法施行时尚未作出生效裁判的，适用前款规定认定合同的效力。因此，将原告变更为被告股东，并不需要履行特别的审批手续。

综上，法院判决支持原告的所有诉讼请求。

【法条链接】

《中华人民共和国外商投资法》

第四条　国家对外商投资实行准入前国民待遇加负面清单管理制度。

前款所称准入前国民待遇，是指在投资准入阶段给予外国投资者及其投资不低于本国投资者及其投资的待遇；所称负面清单，是指国家规定在特定领域对外商投资实施的准入特别管理措施。国家对负面清单之外的外商投资，给予国民待遇。

负面清单由国务院发布或者批准发布。

中华人民共和国缔结或者参加的国际条约、协定对外国投资者准入待遇有更优惠规定的，可以按照相关规定执行。

第二十八条　外商投资准入负面清单规定禁止投资的领域，外国投资者不得投资。

外商投资准入负面清单规定限制投资的领域，外国投资者进行投资应当符合负面清单规定的条件。

外商投资准入负面清单以外的领域，按照内外资一致的原则实施管理。

思　考　题

1. 根据消费者权益保护法的规定，消费者享有哪些权利？
2. 反不正当竞争法规定的不正当竞争行为有哪些？
3. 根据反垄断法的规定，滥用行政权力排除、限制竞争的行为有哪些？
4. 外商投资法取代了原"外资三法"，具体指哪几部法律？

第三部分
干部应知应会社会治理法津知识

★★★★★★★★★★★★★★★★★★★★★★★★★

第七章　国家安全法律知识

　　党的二十大报告指出:"国家安全是民族复兴的根基,社会稳定是国家强盛的前提。必须坚定不移贯彻总体国家安全观,把维护国家安全贯穿党和国家工作各方面全过程,确保国家安全和社会稳定。我们要坚持以人民安全为宗旨、以政治安全为根本、以经济安全为基础、以军事科技文化社会安全为保障、以促进国际安全为依托,统筹外部安全和内部安全、国土安全和国民安全、传统安全和非传统安全、自身安全和共同安全,统筹维护和塑造国家安全,夯实国家安全和社会稳定基层基础,完善参与全球安全治理机制,建设更高水平的平安中国,以新安全格局保障新发展格局。""全面加强国家安全教育,提高各级领导干部统筹发展和安全能力,增强全民国家安全意识和素养,筑牢国家安全人民防线。"

　　《"八五"普法规划》指出,适应统筹发展和安全的需要,大力宣传总体国家安全观和国家安全法、反分裂国家法、国防法、反恐怖主义法、生物安全法、网络安全法等,组织开展"4·15"全民国家安全教育日普法宣传活动,推动全社会增强国家安全意识和风险防控能力。广大干部要坚持国家安全一切为了人民、一切依靠人民,动员全党全社会共同努力,汇聚起维护国家安全的强大力量,夯实国家安全的社会基础,防范化解各类安全风险,不断提高人民群众的安全感、幸福感,深入推进国家安全体系和能力现代化,坚决维护国家安全和社会稳定。

第一节 总体国家安全观

一、总体国家安全观的提出

总体国家安全观是习近平总书记 2014 年 4 月 15 日在中央国家安全委员会第一次全体会议召开时首次提出的。习近平总书记在会上指出："当前我国国家安全内涵和外延比历史上任何时候都要丰富,时空领域比历史上任何时候都要宽广,内外因素比历史上任何时候都要复杂,必须坚持总体国家安全观,以人民安全为宗旨,以政治安全为根本,以经济安全为基础,以军事、文化、社会安全为保障,以促进国际安全为依托,走出一条中国特色国家安全道路。"2015 年 7 月 1 日全国人大常委会通过的《中华人民共和国国家安全法》将每年 4 月 15 日定为全民国家安全教育日。

总体国家安全观是以习近平同志为核心的党中央对国家安全理论和实践的重大创新,是习近平新时代中国特色社会主义思想的重要内容,是做好新时代国家安全工作的行动纲领。形势决定任务,安全环境制约和影响战略筹划,准确判断安全形势,是制定国家安全战略的基本前提。总体国家安全是中国特色社会主义进入新时代、维护国家安全的新方略。

二、总体国家安全观的丰富内涵

总体国家安全观强调维护政治、国土、军事、经济、文化、社会、科技、网络、生态、资源、核、外层空间及国际海底区域和极地、海外利益等多个重点领域的国家安全,明确国家安全各领域重点任务,理顺调动国家各种力量和资源的机制,着力构建集各重点领域于一体的国家安全体系,形成维护国家安全的整体合力。总体国家安全观擘画了维护国家安全的整体布局,实现了对传统国家安全理念的重大突破,深化和拓展了我们党关于国家安全问题的理论视野和实践领域,标志着我们党对国家安全问题的认识达到了新的高度。总体国家安全观对国家安全的内涵和外延的概括,可以归纳为"五大要素"和"五对关系"。

"五大要素",就是以人民安全为宗旨,以政治安全为根本,以经济安全为基础,以军事、文化、社会安全为保障,以促进国际安全为依托。以人民安全为宗旨,就是要坚持以人为本、以人民为中心,坚持国家安全一切为了人民、一切依靠人民,确保国家安全具备牢固扎实的群众基础。以政治安全为根本,就是要坚持中国共产党的领导和中国特色社会主义制度不动摇,把捍卫国家政权安全、制度安全放在首要位置,为国家安全提供根本政治保证。以经济安全为基础,就是要维护国家经济秩序,确保经济持续稳定健康发展,不断提升经济实力,为国家安全提供坚实物质基础。以军事、文化、社会安全为保障,就是要注意这些领域面临的大量新情况新问题,按照各领域规律办事,建立完善强基固本、化险为夷的各项对策措施,为维护国家安全提供硬实力和软实力保障。以促进国际安全为依托,就是要始终不渝走和平发展道路,在坚决维护本国安全利益的同时,注重维护共同安全,推动建设持久和平、共同繁荣的和谐世界。五大要素清晰反映了国家安全的内在逻辑关系。

"五对关系",就是既重视发展问题,又重视安全问题,强调发展和安全是一体之两面,只以其中一项为目标,两个目标均不可能实现;既重视外部安全,又重视内部安全,强调外部安全与内部安全彼此联系,相互影响;既重视国土安全,又重视国民安全,强调国土安全与国民安全相互依存、有机统一;既重视传统安全,又重视非传统安全,强调传统安全威胁与非传统安全威胁相互交织、相互影响,并在一定条件下可能相互转化;既重视自身安全,又重视共同安全,强调全球化和相互依赖条件下必须在世界安全格局中统筹本国与别国安全。应对国家安全新形势新任务必须统筹处理好上述"五对关系"。"五对关系"准确反映了辩证、全面、系统的国家安全理念,既是贯彻落实总体国家安全观必须遵循的重要原则,本身也体现了总体国家安全观的丰富内涵。

三、贯彻总体国家安全观的实践要求

安全工作是党治国理政一项十分重要的工作,也是保障国泰民安一项十分重要的工作。党的十九届五中全会通过的《中共中央关于制定国民经济和社会发展第十四个五年规划和二〇三五年远景目标的建议》首次把统筹发展和安全纳入"十四五"时期我国经济社会发展的指导思想,并列专章作出战略部署,突出了国家安全在党和国家工作大局中的重要地位。总体国家安全观是习近平新时代中国特色社会主义思想的重要组成部分,具有重大理论意义、实践意义、时代意义。习近平总书记在中共中央政治局第二十六次集体学习

时就贯彻总体国家安全观提出 10 点要求。这 10 点要求既是重大战略思想，又是重大战略部署，为做好新时代国家安全工作提供了行动指南和根本遵循。做好新时代国家安全工作，广大干部要把学习贯彻习近平总书记讲话精神作为首要政治任务，把习近平总书记提出的 10 点要求贯彻落实到工作全过程、各方面。

一是坚持党对国家安全工作的绝对领导，坚持党中央对国家安全工作的集中统一领导，加强统筹协调，把党的领导贯穿到国家安全工作各方面全过程，推动各级党委（党组）把国家安全责任制落到实处。

二是坚持中国特色国家安全道路，贯彻总体国家安全观，坚持政治安全、人民安全、国家利益至上有机统一，以人民安全为宗旨，以政治安全为根本，以经济安全为基础，捍卫国家主权和领土完整，防范化解重大安全风险，为实现中华民族伟大复兴提供坚强安全保障。

三是坚持以人民安全为宗旨，国家安全一切为了人民、一切依靠人民，充分发挥广大人民群众积极性、主动性、创造性，切实维护广大人民群众安全权益，始终把人民作为国家安全的基础性力量，汇聚起维护国家安全的强大力量。

四是坚持统筹发展和安全，坚持发展和安全并重，实现高质量发展和高水平安全的良性互动，既通过发展提升国家安全实力，又深入推进国家安全思路、体制、手段创新，营造有利于经济社会发展的安全环境，在发展中更多考虑安全因素，努力实现发展和安全的动态平衡，全面提高国家安全工作能力和水平。

五是坚持把政治安全放在首要位置，维护政权安全和制度安全，更加积极主动做好各方面工作。

六是坚持统筹推进各领域安全，统筹应对传统安全和非传统安全，发挥国家安全工作协调机制作用，用好国家安全政策工具箱。

七是坚持把防范化解国家安全风险摆在突出位置，提高风险预见、预判能力，力争把可能带来重大风险的隐患发现和处置于萌芽状态。

八是坚持推进国际共同安全，高举合作、创新、法治、共赢的旗帜，推动树立共同、综合、合作、可持续的全球安全观，加强国际安全合作，完善全球安全治理体系，共同构建普遍安全的人类命运共同体。

九是坚持推进国家安全体系和能力现代化，坚持以改革创新为动力，加强法治思维,构建系统完备、科学规范、运行有效的国家安全制度体系,提高运用科学技术维护国家安全的能力,不断增强塑造国家安全态势的能力。

十是坚持加强国家安全干部队伍建设,加强国家安全战线党的建设,坚持以政治建设为统领,打造坚不可摧的国家安全干部队伍。

第二节　国家安全法

一、国家安全和国家安全法

国家安全,是指国家政权、主权、统一和领土完整、人民福祉、经济社会可持续发展和国家其他重大利益相对处于没有危险和不受内外威胁的状态,以及保障持续安全状态的能力。

为了维护国家安全,保卫人民民主专政的政权和中国特色社会主义制度,保护人民的根本利益,保障改革开放和社会主义现代化建设的顺利进行,实现中华民族伟大复兴,2015 年 7 月 1 日,第十二届全国人民代表大会常务委员会第十五次会议审议通过了国家安全法,自公布之日起施行。

二、国家安全法的主要内容

(一)规定了国家安全领导体制和有关国家机构的职责

我国宪法确立了中国共产党的领导地位。坚持党对国家安全工作的领导,是维护国家安全的必然要求,是发挥党总揽全局、统筹协调作用的重要体现。国家安全法第 4 条、第 5 条规定,坚持中国共产党对国家安全工作的领导,建立集中统一、高效权威的国家安全领导体制。中央国家安全领导机构负责国家工作的决策和议事协调,研究制定、指导实施国家安全战略和有关重大方针政策,统筹协调国家安全重大事项和重要工作,推动国家安全法治建设。

根据宪法和法律规定,国家安全法还规定了全国人大及其常委会、国务院、中央军委、中央各部门和地方包括香港、澳门两个特别行政区维护国家安全方面的责任,并对各级国家机关及其工作人员履行职责时应当贯彻维护国家安全的原则作出了专门规定。

(二)规定了维护国家安全工作的基本原则

按照总体国家安全观的要求,根据宪法和有关法律的规定,国家安全法规定了维护国家安全工作的原则:坚持法治和保障人权原则、坚持维护国家安全与经济社会发展相协调和统筹各领域安全原则、坚持标本兼治、预防为主原则、坚持专门工作与群众路线相结合原则。此外,为彰显我国促进共同安全、维护世界和平的意愿,国家安全法第10条规定:"维护国家安全,应当坚持互信、互利、平等、协作,积极同外国政府和国际组织开展安全交流合作,履行国际安全义务,促进共同安全,维护世界和平。"

(三)规定了维护国家安全的任务

按照总体国家安全观的要求,国家安全法第二章规定了维护国家安全的根本任务,以及维护政治安全、国土安全、军事安全、经济安全、文化安全、社会安全、科技安全、信息安全、生态安全、资源安全和核安全等各项具体任务。"以人民安全为宗旨"是国家安全法的一个亮点,与此有关的许多规定体现了维护国家安全应当坚持以民为本、以人为本,坚持一切为了人民、一切依靠人民的立法理念。

(四)规定了国家安全制度和保障措施

国家安全法在总结以往实践经验的基础上,明确了建立国家安全制度的基本要求,规定"中央国家安全领导机构实行统分结合、协调高效的国家安全制度与工作机制",建立工作协调、督促检查、会商研判、协同联动、决策咨询等国家安全工作机制,并分别对财政、物资、科技、专门人才、专门工作手段和教育保障作了规定。

(五)规定了公民、组织的权利义务

国家安全法强调国家安全人人有责,明确"中华人民共和国公民、一切国家机关和武装力量、各政党和各人民团体、企业事业组织和其他社会组织,都有维护国家安全的责任和义务。中国的主权和领土完整不容侵犯和分割。维护国家主权、统一和领土完整是包括港澳同胞和台湾同胞在内的全中国人民的共同义务"。此外,国家安全法还规定了公民和组织的一般性义务,规定了机关、人民团体、企业事业组织和其他组织的教育动员义务和其他特殊义务。

以案释法

渔民发现境外水下探测器立大功

【案情回放】

黄某是海南岛上的一位渔民。一日,他在近海打鱼的时候捞到一个类似鱼雷的物体。黄某当场用手机拍下照片,发给了海南省国家安全厅的工作人员。经查,这是一个外国制造的缆控水下机器人,造型轻便,性能先进,功能强大,既能搜集我国重要海域内各类环境数据,又能探测获取我国海军舰队活动动向,实现近距离侦查和情报收集任务。黄某的举动很好地维护了国家安全,政府对他作了表彰并发放了奖励。

【案例评析】

深海安全,是指和平探索和利用国际海底区域,增强安全进出、科学考察、开发利用的能力,加强国际合作,维护我国在外层空间、国际海底区域和极地的活动、资产和其他利益的安全。国际海底,是指国家管辖海域范围(领海、专属经济区和大陆架)以外的海床和洋底及其底土。国家对超出 200 海里的外大陆架仍具有管辖权,国际海底应属于深海的范畴,构成了深海海底的主要部分。维护国家安全,既是每位公民的神圣使命,也是应尽的义务。如发现异常情况,应像黄某这样在第一时间和国家安全部门取得联系。所有公民和组织都应当提高维护国家安全的意识,肩负起维护国家安全的责任。

【法条链接】

《中华人民共和国国家安全法》

第七十七条 公民和组织应当履行下列维护国家安全的义务:

(一)遵守宪法、法律法规关于国家安全的有关规定;

(二)及时报告危害国家安全活动的线索;

(三)如实提供所知悉的涉及危害国家安全活动的证据;

(四)为国家安全工作提供便利条件或者其他协助;

(五)向国家安全机关、公安机关和有关军事机关提供必要的支持和协助;

(六)保守所知悉的国家秘密;

(七)法律、行政法规规定的其他义务。

任何个人和组织不得有危害国家安全的行为,不得向危害国家安全的个人或者组织提供任何资助或者协助。

第三节 反分裂国家法

一、反分裂国家法概述

2005 年 3 月 14 日,第十届全国人民代表大会第三次会议审议通过反分裂国家法。该法阐明了台湾问题的性质,即"世界上只有一个中国,大陆和台湾同属一个中国,中国的主权和领土完整不容分割""台湾是中国的一部分。国家绝不允许'台独'分裂势力以任何名义、任何方式把台湾从中国分裂出去""解决台湾问题,实现祖国统一,是中国的内部事务,不受任何外国势力的干涉""完成统一祖国的大业是包括台湾同胞在内的全中国人民的神圣职责"。

二、明确规定维护台湾海峡地区和平稳定,发展两岸关系的措施

反分裂国家法第 5 条规定:"坚持一个中国原则,是实现祖国和平统一的基础。以和平方式实现祖国统一,最符合台湾海峡两岸同胞的根本利益。国家以最大的诚意,尽最大的努力,实现和平统一。国家和平统一后,台湾可以实行不同于大陆的制度,高度自治。"

为了维护台湾海峡地区和平稳定,发展两岸关系,反分裂国家法规定国家采取以下五项措施:(1)鼓励和推动两岸居民往来,增进了解,增强互信;(2)鼓励和推动两岸经济交流与合作,直接通邮通航通商,密切两岸经济关系,互利互惠;(3)鼓励和推动两岸教育、科技、文化、卫生、体育交流,共同弘扬中华文化的优秀传统;(4)鼓励和推动两岸共同打击犯罪;(5)鼓励和推动有利于维护台湾海峡地区和平稳定、发展两岸关系的其他活动。

三、特别规定

反分裂国家法第 8 条第 1 款规定,"台独"分裂势力以任何名义、任何方式造成台湾从中国分裂出去的事实,或者发生将会导致台湾从中国分裂出去的重大事变,或者和平统一的条件完全丧失,国家得采取非和平方式及其他必要措施,捍卫国家主权和领土完整。第 9 条规定,依照本法规定采取非和平方式及其他必要措施并组织实施时,国家尽最大可能保护台湾平民和在台湾的外

国人的生命财产安全和其他正当权益,减少损失;同时,国家依法保护台湾同胞在中国其他地区的权利和利益。

广大干部要进一步学习贯彻落实反分裂国家法,要充分发挥统战部门的独特优势和作用,团结广大海内外同胞,坚决反对和遏制"台独"分裂行径,要强化思想引领,做好反分裂国家法的宣传引导工作,使广大干部群众掌握反"台独"的法律武器,引导广大台胞分清是非,坚定不移地贯彻落实"一国两制"方针,使两岸关系走上健康发展的轨道,实现祖国和平统一。

第四节 国防法

一、国防法概述

国防是国家生存与发展的安全保障,国防法是国家在国防方面的基本法律,是指导规范国防和军队建设的基本依据,是国防和军队建设领域其他法律法规的"母法"。2020年12月26日,第十三届全国人民代表大会常务委员会第二十四次会议审议通过了新修订的国防法,该法自2021年1月1日起施行。

修订后的国防法共12章73条。此次修订共修改54条、增加6条、删除3条,调整了第四章、第五章的章名。主要修改内容包括:(1)确立了习近平新时代中国特色社会主义思想在国防活动中的指导地位;(2)结合党和国家机构改革、国防和军队改革实际,调整了国家机构的国防职权,增加了军委主席负责制的内容;(3)充实了武装力量的任务和建设目标;(4)着眼新型安全领域活动和利益的防卫需要,明确了重大安全领域防卫政策;(5)根据国防教育和国防动员领导管理体制改革实际,充实完善了国防教育和国防动员制度;(6)着眼"使军人成为全社会尊崇的职业",强化了对军人地位和权益的保护;(7)贯彻总体国家安全观和习近平外交思想,充实了对外军事关系方面的政策制度。

二、新修订的国防法的主要特征

新修订的国防法是新时代的第一部国防法,主要有以下三个特征。

(一)鲜明体现了我国国防的时代性

新修订的国防法着眼新时代国防安全和发展要求,着眼人民军队坚决履行党和人民赋予的新时代使命任务,确立习近平新时代中国特色社会主义思想在国防活动中的指导地位。在第一章"总则"中新增指导思想,将习近平新时代中国特色社会主义思想、习近平强军思想贯彻于国防和军队建设各领域、各环节、全过程,反映和体现在各章具体条文中;充实完善党在新时代的强军目标和治军方略等相关内容。

(二)充分体现了我国国防的正义性

新中国成立以来,一直致力于促进世界和平,坚持永不称霸、永不扩张、永不谋求势力范围,这也是新时代中国国防的鲜明特征。国防法第6条规定了我国国防活动的基本原则,首句就旗帜鲜明地宣示,"中华人民共和国奉行防御性国防政策";另外,第9条还规定"中华人民共和国积极推进国际军事交流与合作,维护世界和平,反对侵略扩张行为"。

(三)全面体现了我国国防的全民性

我们的军队是人民军队,我们的国防是全民国防。国防法坚决贯彻全民国防思想,明确一切国家机关和武装力量、各政党和各人民团体、企业事业组织、社会组织和其他组织,都应当支持和依法参与国防建设,履行国防职责,完成国防任务;明确国家鼓励和吸引优秀人才进入国防科研生产领域,为承担国防科研生产任务和接受军事采购的组织和个人,依法提供必要的保障条件和优惠政策;新增全体公民增强国防观念、强化忧患意识、掌握国防知识、提高国防技能,以及组织学生军事训练和公职人员参加国防教育,发挥模范带头作用等内容。

三、新修订的国防法在国防教育和国防动员方面的新变化

新修订的国防法,把新时代党关于"加强全民国防教育"的政策主张上升为法律规定,更加强调国防教育的全民性,主要体现在以下四个方面:一是在国防教育目的和任务中,增加了增强全体公民国防观念的内容;二是规定了学生军事训练制度,增加"普通高等学校和高中阶段学校应当按照规定组织学生军事训练"的内容;三是突出强调公职人员在国防教育中的重要地位作用,增加"公职人员应当积极参加国防教育,提升国防素养,发挥在全民国防教育中的模范带头作用"的内容;四是强调军事机关应当支持有关机关和组织开展国防教育,依法提供有关便利条件。

新修订的国防法还明确规定,国家国防动员领导机构、中央国家机关、中

央军事委员会机关有关部门按照职责分工,组织国防动员准备和实施工作。为更好地保障战争的胜利和有效应对其他威胁,新修订的国防法拓展了国防动员中征收、征用的范围,明确了征收、征用的补偿原则。

此外,新修订的国防法还对国防科研生产和军事采购制度、国防经费和国防资产管理制度进行了新的调整和完善。

四、新修订的国防法在保障军人权益方面的新规范

习近平总书记多次强调,要建立体现军事职业特点、增强军人职业荣誉感自豪感的政策制度体系;建立军官职业化制度,优化军人待遇保障制度。新修订的国防法进一步强化对军人的地位和权益保障,有利于增强军人的责任感、使命感和荣誉感,有利于调动军人的积极性和创造性,激励广大官兵爱军习武、保卫国防、献身国防,为实现党在新时代的强军目标、建设强大巩固国防提供力量保证。

新修订的国防法在第一章"总则"中明确,"国家和社会尊重、优待军人,保障军人的地位和合法权益,开展各种形式的拥军优属活动,让军人成为全社会尊崇的职业";在第十章"军人的义务和权益"中,充实了军人功勋荣誉表彰制度、军人待遇保障制度、退役军人保障制度等重要内容。这样修改,为制定出台军人地位和权益保障法等法律法规以及军人工资福利、住房保障、探亲休假、医疗保健、保险制度、家属随军、子女教育等一系列配套政策制度提供了法律依据和规范接口。

五、新修订的国防法在对外军事关系方面的新规范

对外军事关系是国防活动的重要内容。新修订的国防法,在第十一章"对外军事关系"中,增加"坚持共同、综合、合作、可持续的安全观,推动构建人类命运共同体"等表述。为彰显中国武装力量始终是维护世界和平稳定、服务构建人类命运共同体的坚定力量,新修订的国防法增加了我国武装力量海外运用的原则要求、基本样式等内容,为维护国家海外利益和其他行动提供法律依据;明确了遵循以联合国宪章宗旨和原则为基础的国际关系基本准则,表明我国维护以联合国为核心的国际体系和以国际法为基础的国际秩序的鲜明态度和责任担当,展示负责任大国形象的鲜明立场和态度。

以案释法

拒服兵役须承担法律后果

【案情回放】

2021年1月21日,山东省菏泽市牡丹区人民政府官网发布《关于对2020年拒服兵役人员的行政处罚通告》(以下简称《通告》)。《通告》称,刘某到部队后思想出现反复,多次要求回家,拒服兵役,态度坚决,其所在部队于2020年11月30日根据相关规定,给予其除名处理。《通告》指出,牡丹区人民政府征兵办公室根据《中华人民共和国兵役法》相关规定,决定给予其按照2020年牡丹区义务兵优待金(14288元)3倍的标准(42864元)经济处罚;不得被录用为公务员或参照公务员法管理的工作人员,事业单位不得对其进行招录;自2021年1月1日起,两年内不得办理出国(境)手续,不得办理复学和升学手续;3年内不得办理工商营业执照、不得办理务工证明手续;由公安部门将个人户籍"服役栏"备注"拒服兵役"永久字样;组织进行为期10天的兵役法律法规学习教育;将刘某作为违反《兵役法》的反面典型,通过新闻媒体向社会通报。

【案例评析】

依法服兵役是法律赋予每个公民应尽的义务和职责。宪法第55条明确规定:"保卫祖国、抵抗侵略是中华人民共和国每一个公民的神圣职责。依照法律服兵役和参加民兵组织是中华人民共和国公民的光荣义务。"国防法第53条第1款规定,依照法律服兵役和参加民兵组织是中华人民共和国公民的光荣义务。

本案中,类似刘某拒服兵役虽然只是个别现象,由此带来的教训却发人深省。从表面上看,许多青年在入伍前,对军人职业的认知只是停留在感性层面,对军旅生活的了解大多来自影视作品。踏入军营后,少数缺乏吃苦精神的适龄青年因适应不了部队严肃紧张的训练生活,容易产生惧怕和排斥心理,乃至打了"退堂鼓"。国防法规定,普及和加强国防教育是全社会的共同责任。国家通过开展国防教育,使全体公民增强国防观念、强化忧患意识、掌握国防知识、提高国防技能、发扬爱国主义精神,依法履行国防义务。

【法条链接】

《中华人民共和国兵役法》

第五十七条　有服兵役义务的公民有下列行为之一的,由县级人民政府责令限期改正;逾期不改正的,由县级人民政府强制其履行兵役义务,并处以罚款:

(一)拒绝、逃避兵役登记的;

(二)应征公民拒绝、逃避征集服现役的;

(三)预备役人员拒绝、逃避参加军事训练、担负战备勤务、执行非战争军事行动任务和征召的。

有前款第二项行为,拒不改正的,不得录用为公务员或者参照《中华人民共和国公务员法》管理的工作人员,不得招录、聘用为国有企业和事业单位工作人员,两年内不准出境或者升学复学,纳入履行国防义务严重失信主体名单实施联合惩戒。

第五节　反恐怖主义法

一、反恐怖主义法概述

反恐怖主义法于 2015 年 12 月 27 日第十二届全国人民代表大会常务委员会第十八次会议通过,自 2016 年 1 月 1 日起施行;根据 2018 年 4 月 27 日第十三届全国人民代表大会常务委员会第二次会议《关于修改〈中华人民共和国国境卫生检疫法〉等六部法律的决定》修正。

反恐怖主义法共 10 章 97 条,对反恐怖主义工作的基本原则、体制机制、恐怖活动组织和人员的认定、安全防范、情报信息、调查、应对处置、国际合作、保障措施、法律责任等作了规定。其中,明确规定了有关部门、单位和人员的反恐职责义务、手段措施和法律责任,是反恐工作领导机构和职能部门依靠、动员所有国家机关、武装力量、社会组织、企业事业单位、村(居)委会和个人共同开展反恐工作的重要法律依据,是动员全社会力量防范打击恐怖主义的法律基石。

反恐怖主义法第 3 条第 1 款规定,本法所称恐怖主义,是指通过暴力、破坏、恐吓等手段,制造社会恐慌、危害公共安全、侵犯人身财产,或者胁迫国家机关、国际组织,以实现其政治、意识形态等目的的主张和行为。

反恐工作事关人民生命财产安全、事关人民生活幸福安宁、事关社会大局持续稳定,广大干部要深刻领会、把握反恐怖主义法实施的重要意义,自觉站在维护国家安全和社会稳定的战略高度,不断增强反恐工作意识和安全防范意识,努力提升反恐怖工作能力和水平。

二、反恐怖主义的基本原则

在法律中规定反恐怖主义的基本原则,对于宣示我国反恐怖主义的基本立场,指导各有关方面有效开展反恐怖主义工作,具有重要的意义。反恐怖主义法第 2 条规定,国家反对一切形式的恐怖主义,依法取缔恐怖活动组织,对任何组织、策划、准备实施、实施恐怖活动,宣扬恐怖主义,煽动实施恐怖活动,组织、领导、参加恐怖活动组织,为恐怖活动提供帮助的,依法追究法律责任。国家不向任何恐怖活动组织和人员作出妥协,不向任何恐怖活动人员提供庇护或者给予难民地位。

三、反恐怖主义工作机构与职责

反恐怖主义法对反恐机构和职责进行明确。国家设立反恐怖主义工作领导机构,统一领导和指挥全国反恐怖主义工作。设区的市级以上地方人民政府设立反恐怖主义工作领导机构,县级人民政府根据需要设立反恐怖主义工作领导机构,在上级反恐怖主义工作领导机构的领导和指挥下,负责本地区反恐怖主义工作。

公安机关、国家安全机关和人民检察院、人民法院、司法行政机关以及其他有关国家机关,应当根据分工,实行工作责任制,依法做好反恐怖主义工作。中国人民解放军、中国人民武装警察部队和民兵组织依照本法和其他有关法律、行政法规、军事法规以及国务院、中央军事委员会的命令,并根据反恐怖主义工作领导机构的部署,防范和处置恐怖活动。有关部门应当建立联动配合机制,依靠、动员村民委员会、居民委员会、企业事业单位、社会组织,共同开展反恐怖主义工作。

第六节　生物安全法

一、生物安全法概述

生物安全法于 2020 年 10 月 17 日第十三届全国人民代表大会常务委员会第二十二次会议通过,自 2021 年 4 月 15 日起施行。

生物安全法共计 10 章 88 条,是生物安全领域的基础性、综合性、系统性、统领性法律,其颁布和实施有利于保障人民生命安全和身体健康,有利于维护国家安全,提升国家生物安全治理能力。

(一)立法目的和适用范围

生物安全法的立法目的是,为了维护国家安全,防范和应对生物安全风险,保障人民生命健康,保护生物资源和生态环境,促进生物技术健康发展,推动构建人类命运共同体,实现人与自然和谐共生。

根据生物安全法第 2 条规定,从事下列活动,适用本法:(1)防控重大新发突发传染病、动植物疫情;(2)生物技术研究、开发与应用;(3)病原微生物实验室生物安全管理;(4)人类遗传资源与生物资源安全管理;(5)防范外来物种入侵与保护生物多样性;(6)应对微生物耐药;(7)防范生物恐怖袭击与防御生物武器威胁;(8)其他与生物安全相关的活动。

(二)生物安全的重要地位和原则

生物安全,是指国家有效防范和应对危险生物因子及相关因素威胁,生物技术能够稳定健康发展,人民生命健康和生态系统相对处于没有危险和不受威胁的状态,生物领域具备维护国家安全和持续发展的能力。

生物安全是国家安全的重要组成部分。维护生物安全应当贯彻总体国家安全观,统筹发展和安全,坚持以人为本、风险预防、分类管理、协同配合的原则。

二、生物安全风险防控体制

(一)国家生物安全工作协调机制

生物安全法第 10 条规定,中央国家安全领导机构负责国家生物安全工作的决策和议事协调,研究制定、指导实施国家生物安全战略和有关重大方针政策,统筹协调国家生物安全的重大事项和重要工作,建立国家生物安全工作协调机制。省、自治区、直辖市建立生物安全工作协调机制,组织协调、督促推进本行政区域内生物安全相关工作。

国家生物安全工作协调机制由国务院卫生健康、农业农村、科学技术、外交等主管部门和有关军事机关组成,分析研判国家生物安全形势,组织协调、督促推进国家生物安全相关工作。

(二)生物安全风险防控基本制度

生物安全法完善了生物安全风险防控基本制度,规定建立生物安全风险监测预警制度、风险调查评估制度、信息共享制度、信息发布制度、名录和清单制度、标准制度、生物安全审查制度、应急制度、调查溯源制度、国家准入制度和境外重大生物安全事件应对制度等 11 项基本制度,全链条构建了生物安全风险防控的"四梁八柱"。

(三)生物安全监督检查工作

生物安全法第 25 条第 1 款规定,县级以上人民政府有关部门应当依法开展生物安全监督检查工作,被检查单位和个人应当配合,如实说明情况,提供资料,不得拒绝、阻挠。

生物安全法第 26 条规定,县级以上人民政府有关部门实施生物安全监督检查,可以依法采取下列措施:(1)进入被检查单位、地点或者涉嫌实施生物安全违法行为的场所进行现场监测、勘查、检查或者核查;(2)向有关单位和个人了解情况;(3)查阅、复制有关文件、资料、档案、记录、凭证等;(4)查封涉嫌实施生物安全违法行为的场所、设施;(5)扣押涉嫌实施生物安全违法行为的工具、设备以及相关物品;(6)法律法规规定的其他措施。有关单位和个人的生物安全违法信息应当依法纳入全国信用信息共享平台。

三、重大新发突发传染病、动植物疫情联防联控机制

生物安全法第 30 条规定,国家建立重大新发突发传染病、动植物疫情联防联控机制。发生重大新发突发传染病、动植物疫情,应当依照有关法律法规和应急预案的规定及时采取控制措施;国务院卫生健康、农业农村、林业草原主管部门应当立即组织疫情会商研判,将会商研判结论向中央国家安全领导机构和国务院报告,并通报国家生物安全工作协调机制其他成员单位和国务

院其他有关部门。发生重大新发突发传染病、动植物疫情,地方各级人民政府统一履行本行政区域内疫情防控职责,加强组织领导,开展群防群控、医疗救治,动员和鼓励社会力量依法有序参与疫情防控工作。

生物安全法第 29 条规定,任何单位和个人发现传染病、动植物疫病的,应当及时向医疗机构、有关专业机构或者部门报告。医疗机构、专业机构及其工作人员发现传染病、动植物疫病或者不明原因的聚集性疾病的,应当及时报告,并采取保护性措施。依法应当报告的,任何单位和个人不得瞒报、谎报、缓报、漏报,不得授意他人瞒报、谎报、缓报,不得阻碍他人报告。

此外,生物安全法针对其他各类风险防范和应对制度,如生物技术研究、开发与应用,病原微生物实验室生物安全,人类遗传资源和生物资源安全,生物恐怖袭击和生物武器威胁等,都分设专章作了具体性规定,最后在第九章严格设定了违反生物安全法的法律责任。

第七节 网络安全法

一、网络安全法概述

加强网络安全是夯实信息时代国家安全基石、维护国家总体安全的战略需要,是确保网络意识形态领域安全的迫切需要,是防范网络自身安全风险的现实需要。没有网络安全,就没有国家安全;没有信息化,就没有现代化。

网络安全法由第十二届全国人民代表大会常务委员会第二十四次会议于 2016 年 11 月 7 日通过,自 2017 年 6 月 1 日起施行。网络安全法共 7 章 79 条,内容上有 6 个方面突出亮点:一是明确了网络空间主权的原则;二是明确了网络产品和服务提供者的安全义务;三是明确了网络运营者的安全义务;四是进一步完善了个人信息保护规则;五是建立了关键信息基础设施安全保护制度;六是确立了关键信息基础设施重要信息跨境传输的规则。

网络安全法是我国第一部关于网络安全的基本大法,是依法治网、管网的根本依据,是推进网络强国战略的重要保障,具有里程碑意义。广大干部要站在建设网络强国的战略高度,进一步掌握和理解网络安全法的相关知识,认识个人在互联网访问时所承担的安全义务和责任,学习保护网络信息安全的方法,切实做到"学网、懂网、用网",守住网络安全底线,提高网络安全意识,增强网络安全科学防范,杜绝泄密事件发生。

二、网络安全法的基本原则

(一)网络空间主权原则

网络安全法第1条"立法目的"开宗明义,明确规定要维护我国网络空间主权。网络空间主权是一国国家主权在网络空间中的自然延伸和表现。习近平总书记指出,《联合国宪章》确立的主权平等原则是当代国际关系的基本准则,覆盖国与国交往各个领域,其原则和精神也应该适用于网络空间。各国自主选择网络发展道路、网络管理模式、互联网公共政策和平等参与国际网络空间治理的权利应当得到尊重。第2条明确规定,在中华人民共和国境内建设、运营、维护和使用网络,以及网络安全的监督管理,适用本法。这是我国网络空间主权对内最高管辖权的具体体现。

(二)网络安全与信息化发展并重原则

安全是发展的前提,发展是安全的保障,安全和发展要同步推进。网络安全和信息化是一体之两翼、驱动之双轮,必须统一谋划、统一部署、统一推进、统一实施。网络安全法第3条明确规定,国家坚持网络安全与信息化发展并重,遵循积极利用、科学发展、依法管理、确保安全的方针,推进网络基础设施建设和互联互通,鼓励网络技术创新和应用,支持培养网络安全人才,建立健全网络安全保障体系,提高网络安全保护能力。

(三)共同治理原则

网络空间安全仅仅依靠政府是无法实现的,需要政府、企业、社会组织、技术社群和公民等网络利益相关者的共同参与。网络安全法坚持共同治理原则,要求采取措施鼓励全社会共同参与,政府部门、网络建设者、网络运营者、网络服务提供者、网络行业相关组织、高等院校、职业学校、社会公众等都应根据各自的角色参与网络安全治理工作。

三、网络安全战略的主要内容

网络安全法第4条规定,国家制定并不断完善网络安全战略,明确保障网络安全的基本要求和主要目标,提出重点领域的网络安全政策、工作任务和措施。第7条中明确规定,我国致力于"推动构建和平、安全、开放、合作的网络空间,建立多边、民主、透明的网络治理体系"。这是我国第一次通过国家法律的形式向世界宣示网络空间治理目标,明确表达了我国的网络空间治理诉求。上述规定提高了我国网络治理公共政策的透明度,与我国的网络大国地位相称,有利于提升我国对网络空间的国际话语权和规则制定权,促成网络空间国际规则的出台。

四、网络安全工作中政府各部门的职责权限

网络安全法将现行有效的网络安全监管体制法制化,明确了网信部门与其他相关网络监管部门的职责分工。网络安全法第8条第1款规定,国家网信部门负责统筹协调网络安全工作和相关监督管理工作。国务院电信主管部门、公安部门和其他有关机关依照本法和有关法律、行政法规的规定,在各自职责范围内负责网络安全保护和监督管理工作。这种"1+X"的监管体制,符合当前互联网与现实社会全面融合的特点和我国监管需要。

五、网络安全法重点保护关键信息基础设施

网络安全法第三章用了近1/3的篇幅规范网络运行安全,特别强调要保障关键信息基础设施的运行安全。关键信息基础设施是指那些一旦遭到破坏、丧失功能或者数据泄露,可能严重危害国家安全、国计民生、公共利益的系统和设施。网络运行安全是网络安全的重心,关键信息基础设施安全则是重中之重,与国家安全和社会公共利益息息相关。为此,网络安全法强调在网络安全等级保护制度的基础上,对关键信息基础设施实行重点保护,明确关键信息基础设施的运营者负有更多的安全保护义务,并配以国家安全审查、重要数据强制本地存储等法律措施,确保关键信息基础设施的运行安全。

六、网络安全法将监测预警与应急处置措施制度化、法制化

网络安全法第五章将监测预警与应急处置工作制度化、法制化,明确国家建立网络安全监测预警和信息通报制度,建立网络安全风险评估和应急工作机制,制定网络安全事件应急预案并定期演练。这为建立统一高效的网络安全风险报告机制、情报共享机制、研判处置机制提供了法律依据,为深化网络安全防护体系、实现全天候全方位感知网络安全态势提供了法律保障。

网络安全法等各项法律法规行业规范均要求网络平台要建立起严格有效

的不良信息甄别防范机制,平台确保资金与人力投入,保障相关机制在技术上适度先进、高效准确,以此保证平台传播内容的合法合规性,这既是平台的法律责任,同时也是其社会责任。对只算经济账、流量账而见利忘义的平台,应依法承担罚款、暂停相关业务、停业整顿、关闭网站、吊销执照等行政责任。

以案释法

不履行等级保护要担责

【案情回放】

案例一:2019 年 2 月,南京某研究院、无锡某图书馆因安全责任意识淡薄、网络安全等级保护制度落实不到位、管理制度和技术防护措施严重缺失,导致网站遭受攻击破坏。南京、无锡警方依据网络安全法第 21 条、第 59 条规定,对上述单位分别予以 5 万元罚款,对相关责任人予以 5000 元、2 万元不等罚款,同时责令限期整改安全隐患,落实网络安全等级保护制度。

案例二:2019 年 3 月,泰州某事业单位集中监控系统遭黑客攻击破坏。经查,该单位网络安全意识淡薄,曾因存在安全隐患、不落实网络安全等级保护制度被责令整改。整改期满后,未采取有效管理措施、技术防护措施。泰州警方依据网络安全法第 21 条、第 59 条规定,对该单位予以 6 万元罚款,对相关责任人予以 2 万元罚款,同时责令该单位停机整顿,开展定级备案、测评整改等网络安全等级保护工作。

【案例评析】

网络安全法第 21 条规定,国家实行网络安全等级保护制度。网络运营者应当按照网络安全等级保护制度的要求,履行下列安全保护义务,保障网络免受干扰、破坏或者未经授权的访问,防止网络数据泄露或者被窃取、篡改:(1)制定内部安全管理制度和操作规程,确定网络安全负责人,落实网络安全保护责任;(2)采取防范计算机病毒和网络攻击、网络侵入等危害网络安全行为的技术措施;(3)采取监测、记录网络运行状态、网络安全事件的技术措施,并按照规定留存相关的网络日志不少于 6 个月;(4)采取数据分类、重要数据备份和加密等措施;(5)法律、行政法规规定的其他义务。第 59 条规定,网络运营者不履行本法第 21 条、第 25 条规定的网络安全保护义务的,由有关主管部门责令改正,给予警告;拒不改正或者导致危害网络安全等后果的,处 1 万元以上 10 万元以下罚款,对直接负责的主管人员处 5000 元以上 5 万元以下罚款。

有法必依,执法必严。案例中的几个单位确实因为违反网络安全法的相关规定而受到处罚,这也给各地政府机构、能源、医疗、教育等行业在网络安全方面敲响了警钟——没有网络安全就没有国家安全,维护网络安全,就是维护我们的切身利益!

【法条链接】

《中华人民共和国网络安全法》

第二十一条　国家实行网络安全等级保护制度。网络运营者应当按照网络安全等级保护制度的要求,履行下列安全保护义务,保障网络免受干扰、破坏或者未经授权的访问,防止网络数据泄露或者被窃取、篡改:

(一)制定内部安全管理制度和操作规程,确定网络安全负责人,落实网络安全保护责任;

(二)采取防范计算机病毒和网络攻击、网络侵入等危害网络安全行为的技术措施;

(三)采取监测、记录网络运行状态、网络安全事件的技术措施,并按照规定留存相关的网络日志不少于六个月;

(四)采取数据分类、重要数据备份和加密等措施;

(五)法律、行政法规规定的其他义务。

思　考　题

1.全民国家安全教育日是哪一天?贯彻总体国家安全观的实践要求是什么?

2.什么是国家安全?我国公民和组织应当履行哪些维护国家安全的义务?

3.反分裂国家法实施的意义是什么?

4.新修订的国防法在国防教育和国防动员方面的新变化有哪些?

5.反恐怖主义的基本原则是什么?

6.为什么说生物安全立法是提升国家生物安全能力建设的需要?

7.网络安全法重点保护哪些关键信息基础设施?

第八章　依法惩治和预防犯罪法律知识

　　《"八五"普法规划》指出,适应更高水平的平安中国建设需要,继续加强刑法、刑事诉讼法、治安管理处罚法等宣传教育,促进依法惩治和预防犯罪。平安是人民幸福安康的基本要求,是改革发展的基本前提。建设更高水平的平安中国,是以习近平同志为核心的党中央作出的战略擘画。更高水平的平安中国,应该既充满活力又安定和谐。这就需要坚持系统治理、依法治理、综合治理、源头治理和专项治理相结合,使社会既生机勃勃又井然有序。

　　依法惩治和预防犯罪,积极参与社会治安综合治理,努力维护国家安全和社会稳定,是推进平安中国建设的重要内容。刑法是中国比较重要的法律,有比较强的作用,一旦触碰了刑法,必须被严格处理,甚至执行死刑。刑法是用刑罚同一切犯罪行为作斗争,抵制了大部分的犯罪行为,有一定的震慑能力,可以规范我国公民的相关行为,进一步减少犯罪人员的出现,维护了社会的发展,保护了正常的发展节奏。刑事诉讼法则是为了保证刑法的正确实施,惩罚犯罪,保护人民,保障国家安全和社会公共安全,维护社会主义社会秩序。治安管理处罚法作为治安管理方面的基本法律,对于维护社会治安秩序,保护公民、法人和其他组织的合法权益,规范和保障公安机关及人民警察依法履行治安管理职责,具有十分重要的意义。广大干部要认真学习宣传刑法、刑事诉讼法、治安管理处罚法等,创新方法路径,打好解决突出问题的组合拳,不断增强平安中国建设实效性。

第一节 刑 法

一、刑法概述

法律的重要作用,突出表现在规范社会行为和调节社会关系上。以惩罚犯罪、保护公民为目的而制定的刑法,其所采取的调整方法是一种严厉的法律制裁手段,即刑罚处罚。刑法的任务,就是用刑罚同一切犯罪行为作斗争,以保卫国家安全,保卫人民民主专政的政权和社会主义制度,保护国有财产和劳动群众集体所有的财产,保护公民私人所有的财产,保护公民的人身权利、民主权利和其他权利,维护社会秩序、经济秩序,保障社会主义建设事业的顺利进行。任何危害社会、触犯刑事法律规范的人,都是刑法制裁的对象。

2020 年 12 月 26 日,第十三届全国人民代表大会常务委员会第二十四次会议通过了《中华人民共和国刑法修正案(十一)》。该修正案已于 2021 年 3 月 1 日开始施行,修正案新增条文 13 条,修改条文 34 条,涉及生命安全、安全生产、知识产权、疫情防控、生态环境等多个方面,涉及下调刑事责任年龄、加大对未成年人保护力度尤其是针对性侵犯罪的惩治力度、强化疫情防控方面的刑事犯罪打击力度、增加高空抛物和抢夺公交车方向盘的犯罪、增加冒名顶替犯罪、修改完善知识产权犯罪规定等多个方面,反映了司法的现实需求,体现司法的人文关怀,为今后相关犯罪的有效惩治提供了依据,也为维护社会和谐稳定提供了有效支撑。

二、刑法的基本原则

(一)罪刑法定原则

刑法第 3 条规定,法律明文规定为犯罪行为的,依照法律定罪处刑;法律没有明文规定为犯罪行为的,不得定罪处刑。即"法无明文规定不为罪,法无明文规定不处罚"。

(二)适用刑法平等原则

刑法第 4 条规定,对任何人犯罪,在适用法律上一律平等。不允许任何人有超越法律的特权。即刑法面前人人平等。任何人犯罪,不得因民族、种族、职业、出身、性别、地位、宗教信仰、教育程度、财产状况、职位高低和功劳大小而有差异，都应当受到刑法的追究，一律平等地定罪、量刑和执行刑罚。

(三)罪责刑相适应原则

刑法第 5 条规定，刑罚的轻重，应当与犯罪分子所犯罪行和承担的刑事责任相适应。

三、刑法的适用范围

刑法第 6 条规定，凡在中华人民共和国领域内犯罪的，除法律有特别规定的以外，都适用本法。凡在中华人民共和国船舶或者航空器内犯罪的，也适用本法。犯罪的行为或者结果有一项发生在中华人民共和国领域内的，就认为是在中华人民共和国领域内犯罪。第 7 条规定，中华人民共和国公民在中华人民共和国领域外犯本法规定之罪的，适用本法，但是按本法规定的最高刑为三年以下有期徒刑的，可以不予追究。中华人民共和国国家工作人员和军人在中华人民共和国领域外犯本法规定之罪的，适用本法。

四、犯罪与刑罚

(一)犯罪

刑法第 13 条规定，一切危害国家主权、领土完整和安全，分裂国家、颠覆人民民主专政的政权和推翻社会主义制度，破坏社会秩序和经济秩序，侵犯国有财产或者劳动群众集体所有的财产，侵犯公民私人所有的财产，侵犯公民的人身权利、民主权利和其他权利，以及其他危害社会的行为，依照法律应当受刑罚处罚的，都是犯罪，但是情节显著轻微危害不大的，不认为是犯罪。因此，犯罪是具有社会危害性、刑事违法性与应受到刑罚处罚性的行为。另外，犯罪又分为故意犯罪和过失犯罪两种情形。刑法规定，故意犯罪，应当负刑事责任。过失犯罪，法律有规定的才负刑事责任。

(二)刑罚

刑事处罚是违反刑法，应当受到的刑法制裁，简称刑罚。根据我国刑法的规定，刑罚包括主刑和附加刑两部分。主刑有：管制、拘役、有期徒刑、无期徒刑和死刑。附加刑有：罚金、剥夺政治权利和没收财产，附加刑也可以独立适用。对于犯罪的外国人，可以独立适用或者附加适用驱逐出境。

五、常见国家工作人员的犯罪行为及其处罚

(一)贪污罪

贪污罪,是指国家工作人员利用职务上的便利,侵吞、窃取、骗取或者以其他手段非法占有公共财物的行为。受国家机关、国有公司、企业、事业单位、人民团体委托管理、经营国有财产的人员,利用职务上的便利,侵吞、窃取、骗取或者以其他手段非法占有国有财物的,以贪污论。

贪污罪的犯罪主体是特殊主体,专指国家工作人员,即刑法第 93 条规定的人员:(1)国家机关中从事公务的人员;(2)国有公司、企业、事业单位、人民团体中从事公务的人员;(3)国家机关、国有公司、企业、事业单位委派到非国有公司、企业、事业单位、社会团体从事公务的人员;(4)其他依照法律从事公务的人员,以国家工作人员论。

刑法第 383 条规定,对犯贪污罪的,根据情节轻重,分别依照下列规定处罚:(1)贪污数额较大或者有其他较重情节的,处 3 年以下有期徒刑或者拘役,并处罚金;(2)贪污数额巨大或者有其他严重情节的,处 3 年以上 10 年以下有期徒刑,并处罚金或者没收财产;(3)贪污数额特别巨大或者有其他特别严重情节的,处 10 年以上有期徒刑或者无期徒刑,并处罚金或者没收财产;数额特别巨大,并使国家和人民利益遭受特别重大损失的,处无期徒刑或者死刑,并处没收财产。对多次贪污未经处理的,按照累计贪污数额处罚。

刑法第 394 条规定,国家工作人员在国内公务活动或者对外交往中接受礼物,依照国家规定应当交公而不交公,数额较大的,依照本法第 382 条、第 383 条的规定定罪处罚。即按照贪污罪论处。

(二)挪用公款罪

挪用公款罪,是指国家工作人员利用职务上的便利,挪用公款归个人使用,进行非法活动的,或者挪用公款数额较大、进行营利活动的,或者挪用公款数额较大、超过 3 个月未还的行为。

挪用公款归个人使用有三种情形:(1)将公款供本人、亲友或其他自然人使用的;(2)以个人名义将公款供其他单位使用的;(3)个人决定以单位名义将公款供其他单位使用,谋取个人利益的。

刑法第 384 条规定,国家工作人员利用职务上的便利,挪用公款归个人使用,进行非法活动的,或者挪用公款数额较大、进行营利活动的,或者挪用公

数额较大、超过 3 个月未还的,是挪用公款罪,处 5 年以下有期徒刑或者拘役;情节严重的,处 5 年以上有期徒刑。挪用公款数额巨大不退还的,处 10 年以上有期徒刑或者无期徒刑。挪用用于救灾、抢险、防汛、优抚、扶贫、移民、救济款物归个人使用的,从重处罚。

(三)受贿罪

受贿罪,是指国家工作人员利用职务上的便利,索取他人财物的,或者非法收受他人财物,为他人谋取利益的行为。

刑法特别规定以受贿罪论处的两种情况:(1)经济受贿。国家工作人员在经济往来中,违反国家规定,收受各种名义的回扣、手续费,归个人所有的,以受贿论处。(2)利用影响力受贿。国家工作人员利用本人职权或者地位形成的便利条件,通过其他国家工作人员职务上的行为,为请托人谋取不正当利益,索取请托人财物或者收受请托人财物的,以受贿论处。

刑法第 386 条规定,对犯受贿罪的,根据受贿所得数额及情节,依照本法第 383 条的规定处罚。索贿的从重处罚。

刑法第 388 条之一规定,国家工作人员的近亲属或者其他与该国家工作人员关系密切的人,通过该国家工作人员职务上的行为,或者利用该国家工作人员职权或者地位形成的便利条件,通过其他国家工作人员职务上的行为,为请托人谋取不正当利益,索取请托人财物或者收受请托人财物,数额较大或者有其他较重情节的,处 3 年以下有期徒刑或者拘役,并处罚金;数额巨大或者有其他严重情节的,处 3 年以上 7 年以下有期徒刑,并处罚金;数额特别巨大或者有其他特别严重情节的,处 7 年以上有期徒刑,并处罚金或者没收财产。离职的国家工作人员或者其近亲属以及其他与其关系密切的人,利用该离职的国家工作人员原职权或者地位形成的便利条件实施前款行为的,依照前款的规定定罪处罚。

(四)巨额财产来源不明罪

巨额财产来源不明罪,是指国家工作人员的财产或支出明显超过合法收入,差额巨大,而本人又不能说明其合法来源的行为。

刑法第 395 条规定,国家工作人员的财产、支出明显超过合法收入,差额巨大的,可以责令该国家工作人员说明来源,不能说明来源的,差额部分以非法所得论,处 5 年以下有期徒刑或者拘役;差额特别巨大的,处 5 年以上 10 年以下有期徒刑。财产的差额部分予以追缴。国家工作人员在境外的存款,应当依照国家规定申报。数额较大、隐瞒不报的,处 2 年以下有期徒刑或者拘役;情节较轻的,由其所在单位或者上级主管机关酌情给予行政处分。

(五)私分国有资产罪

私分国有资产罪,是指国家机关、国有公司、企业、事业单位、人民团体,违反国家规定,以单位名义将国有资产集体私分给个人,数额较大的行为。刑法第 396 条规定,国家机关、国有公司、企业、事业单位、人民团体,违反国家规定,以单位名义将国有资产集体私分给个人,数额较大的,对其直接负责的主管人员和其他直接责任人员,处 3 年以下有期徒刑或者拘役,并处或者单处罚金;数额巨大的,处 3 年以上 7 年以下有期徒刑,并处罚金。

(六)滥用职权罪

滥用职权罪是指国家机关工作人员超越职权,违法决定、处理其无权决定、处理的事项,或者违反规定处理公务,致使公共财产、国家和人民利益遭受重大损失的行为。

刑法第 397 条规定,国家机关工作人员滥用职权或者玩忽职守,致使公共财产、国家和人民利益遭受重大损失的,处 3 年以下有期徒刑或者拘役;情节特别严重的,处 3 年以上 7 年以下有期徒刑。本法另有规定的,依照规定。国家机关工作人员徇私舞弊,犯前款罪的,处 5 年以下有期徒刑或者拘役;情节特别严重的,处 5 年以上 10 年以下有期徒刑。本法另有规定的,依照规定。

(七)故意泄露国家秘密罪

故意泄露国家秘密罪,是指国家机关工作人员违反保守国家秘密法的规定,故意或者过失泄露国家秘密的行为。

刑法第 398 条规定,国家机关工作人员违反保守国家秘密法的规定,故意或者过失泄露国家秘密,情节严重的,处 3 年以下有期徒刑或者拘役;情节特别严重的,处 3 年以上 7 年以下有期徒刑。非国家机关工作人员犯前款罪的,依照前款的规定酌情处罚。

(八)徇私枉法罪

徇私枉法罪,是指司法工作人员徇私枉法、徇情枉法,对明知是无罪的人而使他受追诉、对明知是有罪的人而故意包庇不使他受追诉,或者在刑事审判活动中故意违背事实和法律作枉法裁判的行为。

刑法第 399 条规定,司法工作人员徇私枉法、徇情枉法,对明知是无罪的人而使他受追诉、对明知是有罪的人而故意包庇不使他受追诉,或者在刑事审判活动中故意违背事实和法律作枉法裁判的,处 5 年以下有期徒刑或者拘役;情节严重的,处 5 年以上 10 年以下有期徒刑;情节特别严重的,处 10 年以上有期徒刑。在民事、行政审判活动中故意违背事实和法律作枉法裁判,情节严重的,处 5 年以下有期徒刑或者拘役;情节特别严重的,处 5 年以上 10 年以下有期徒刑。在执行判决、裁定活动中,严重不负责任或者滥用职权,不依法采取诉讼保全措施、不履行法定执行职责,或者违法采取诉讼保全措施、强制执行措施,致使当事人或者其他人的利益遭受重大损失的,处 5 年以下有期徒刑或者拘役;致使当事人或者其他人的利益遭受特别重大损失的,处 5 年以上 10 年以下有期徒刑。司法工作人员收受贿赂,有前三款行为的,同时又构成本法第 385 条规定之罪的,依照处罚较重的规定定罪处罚。

(九)环境监管失职罪

环境监管失职罪,是指负有环境保护监督管理职责的国家机关工作人员严重不负责任、导致发生重大环境污染事故,致使公私财产遭受重大损失或者造成人身伤亡的严重后果的行为。

根据刑法第 408 条规定,负有环境保护监督管理职责的国家机关工作人员犯本罪的,处 3 年以下有期徒刑或者拘役。

(十)食品药品监管渎职罪

食品药品监管渎职罪,是指负有食品药品安全监督管理职责的国家机关工作人员,滥用职权或者玩忽职守,导致发生严重后果或者有其他严重情节的,或者造成特别严重后果或者有其他特别严重情节的行为。这些行为包括:(1)瞒报、谎报食品安全事故、药品安全事件的;(2)对发现的严重食品药品安全违法行为未按规定查处的;(3)在药品和特殊食品审批审评过程中,对不符合条件的申请准予许可的;(4)依法应当移交司法机关追究刑事责任不移交的;(5)有其他滥用职权或者玩忽职守行为的。徇私舞弊犯前款罪的,从重处罚。

根据刑法第 408 条之一的规定,犯本罪的,造成严重后果或者有其他严重情节的,处 5 年以下有期徒刑或者拘役;造成特别严重后果或者有其他特别严重情节的,处 5 年以上 10 年以下有期徒刑。

以案释法

离退休国家工作人员涉嫌受贿行为如何定性

【案情回放】

杜某某,中共党员,某县公安局刑警大队原大队长,2014年退休。2015年9月,张某某因涉嫌非法持有毒品被该县公安局查获,随后,张某某家属找到杜某某,希望其能帮忙打听案情并设法减轻张某某的刑罚,当场送给杜某某12万元作为"辛苦费"。杜某某收钱后找县公安局的同事打听案情,积极协调,但事情最终"没办成"。张某某被县人民法院判处有期徒刑10年。张某某家属送的12万元被杜某某全部用于个人开支。

2018年3月,该县纪委监委接到举报,反映杜某某退休后以能为他人协调案件为由,收受他人钱物。随后,该县纪委监委对杜某某立案审查调查并查明了其严重违纪违法事实。

【案例评析】

本案争议焦点在于离退休国家工作人员能否成为受贿罪的适格主体,以及对国家工作人员离退休之后收受或索取他人财物,为他人谋取不正当利益的行为如何定性。

国家工作人员离退休之后收受或索取他人财物,为他人谋取不正当利益的行为构成利用影响力受贿罪。根据刑法第388条之一,离职的国家工作人员利用其原职权或者地位形成的便利条件,通过其他国家工作人员职务上的行为,为请托人谋取不正当利益,索取或收受请托人财物数额较大或有其他较重情节的,构成利用影响力受贿罪。

本案中,杜某某已经退休,但他曾是县公安局刑警大队大队长,现职的县公安局工作人员多为其同事或下属。杜某某正是利用了以前职权和地位形成的便利条件,为他人谋取不正当利益,他找县公安局工作人员打听案情、协调办事,企图减轻张某某的刑罚,并收受请托人12万元,构成利用影响力受贿罪。

【法条链接】

《中华人民共和国刑法》

第三百八十八条之一　国家工作人员的近亲属或者其他与该国家工作人员关系密切的人,通过该国家工作人员职务上的行为,或者利用该国家工作人

131

员职权或者地位形成的便利条件,通过其他国家工作人员职务上的行为,为请托人谋取不正当利益,索取请托人财物或者收受请托人财物,数额较大或者有其他较重情节的,处三年以下有期徒刑或者拘役,并处罚金;数额巨大或者有其他严重情节的,处三年以上七年以下有期徒刑,并处罚金;数额特别巨大或者有其他特别严重情节的,处七年以上有期徒刑,并处罚金或者没收财产。

离职的国家工作人员或者其近亲属以及其他与其关系密切的人,利用该离职的国家工作人员原职权或者地位形成的便利条件实施前款行为的,依照前款的规定定罪处罚。

第二节　刑事诉讼法

一、刑事诉讼法概述

刑事诉讼法是为了保证刑法的正确实施,惩罚犯罪,保护人民,保障国家安全和社会公共安全,维护社会主义社会秩序,根据宪法制定的法律。1979年7月1日第五届全国人民代表大会第二次会议通过,并于1996年、2012年、2018年共进行了3次修正。

刑事诉讼法的任务,是保证准确、及时地查明犯罪事实,正确应用法律,惩罚犯罪分子,保障无罪的人不受刑事追究,教育公民自觉遵守法律,积极同犯罪行为作斗争,维护社会主义法制,尊重和保障人权,保护公民的人身权利、财产权利、民主权利和其他权利,保障社会主义建设事业的顺利进行。

二、刑事诉讼法的基本原则

第一,职权原则及严格遵守法定程序原则。刑事诉讼法第3条规定,对刑事案件的侦查、拘留、执行逮捕、预审,由公安机关负责。检察、批准逮捕、检察机关直接受理的案件的侦查、提起公诉,由人民检察院负责。审判由人民法院负责。除法律特别规定的以外,其他任何机关、团体和个人都无权行使这些权力。人民法院、人民检察院和公安机关进行刑事诉讼,必须严格遵守本法和其他法律的有关规定。

第二,人民法院、人民检察院依法独立行使职权原则。刑事诉讼法第5条规定,人民法院依照法律规定独立行使审判权,人民检察院依照法律规定独立行使检察权,不受行政机关、社会团体和个人的干涉。

第三,依靠群众原则 以事实为根据,以法律为准绳原则平等原则。刑事诉讼法第 6 条规定,人民法院、人民检察院和公安机关进行刑事诉讼,必须依靠群众,必须以事实为根据,以法律为准绳。对于一切公民,在适用法律上一律平等,在法律面前,不允许有任何特权。

第四,分工负责、互相配合、互相制约原则。刑事诉讼法第 7 条规定,人民法院、人民检察院和公安机关进行刑事诉讼,应当分工负责,互相配合,互相制约,以保证准确有效地执行法律。

第五,用本民族语言、文字进行诉讼原则。刑事诉讼法第 9 条规定,各民族公民都有用本民族语言文字进行诉讼的权利。人民法院、人民检察院和公安机关对于不通晓当地通用的语言文字的诉讼参与人,应当为他们翻译。在少数民族聚居或者多民族杂居的地区,应当用当地通用的语言进行审讯,用当地通用的文字发布判决书、布告和其他文件。

第六,两审终审原则。刑事诉讼法第 10 条规定,人民法院审判案件,实行两审终审制。

第七,审判公开原则保障辩护原则。刑事诉讼法第 11 条规定,人民法院审判案件,除本法另有规定的以外,一律公开进行。被告人有权获得辩护,人民法院有义务保证被告人获得辩护。

第八,保障诉讼参与人诉讼权利原则。刑事诉讼法第 14 条规定,人民法院、人民检察院和公安机关应当保障犯罪嫌疑人、被告人和其他诉讼参与人依法享有的辩护权和其他诉讼权利。诉讼参与人对于审判人员、检察人员和侦查人员侵犯公民诉讼权利和人身侮辱的行为,有权提出控告。

第九,依法不追诉原则。刑事诉讼法第 16 条规定,有下列情形之一的,不追究刑事责任,已经追究的,应当撤销案件,或者不起诉,或者终止审理,或者宣告无罪:(1)情节显著轻微、危害不大,不认为是犯罪的;(2)犯罪已过追诉时效期限的;(3)经特赦令免除刑罚的;(4)依照刑法告诉才处理的犯罪,没有告诉或者撤回告诉的;(5)犯罪嫌疑人、被告人死亡的;(6)其他法律规定免予追究刑事责任的。

第十,刑事司法协助原则。刑事诉讼法第 18 条规定,根据中华人民共和国缔结或者参加的国际条约,或者按照互惠原则,我国司法机关和外国司法机关可以相互请求刑事司法协助。

三、刑事诉讼管辖

刑事诉讼管辖,是指公检法机关在直接受理刑事案件上的权限划分以及审判机关系统内部在审理第一审刑事案件上的权限划分。管辖分立案管辖和审判管辖。

立案管辖,是指公检法机关之间受理或侦查刑事案件时在职权范围上的分工。主要包括:(1)公安机关受理的案件;(2)人民检察院受理的案件;(3)人民法院直接受理的案件。

审判管辖,是指人民法院在审理第一审刑事案件上的权限划分。审判管辖分为级别管辖、地域管辖和专门管辖。(1)级别管辖,是指刑事案件的第一审审判权在不同级别的人民法院之间的分工。根据刑事诉讼法的规定,基层人民法院管辖第一审普通刑事案件,但是依法由上级人民法院管辖的除外。中级人民法院管辖除由最高和高级人民法院管辖以外的危害国家安全、恐怖活动案件,可能判处无期徒刑、死刑的案件。高级人民法院管辖的第一审刑事案件,是全省(自治区、直辖市)性的重大刑事案件。最高人民法院管辖的第一审刑事案件,是全国性的重大刑事案件。(2)地域管辖,是指刑事案件的第一审审判权在同级别的人民法院之间的分工。刑事诉讼法规定,刑事案件由犯罪地的人民法院管辖。如果由被告人居住地的人民法院审判更为适宜的,可以由被告人居住地的人民法院管辖。几个同级人民法院都有管辖权的案件,由最初受理的法院管辖,在必要时可以移送主要犯罪地法院管辖。(3)专门管辖,是指专门法院与普通法院在刑事案件管辖方面的权限分工,主要解决哪些刑事案件应当由哪些专门人民法院审判的问题。我国已建立的受理刑事案件的专门法院有军事法院和铁路运输法院。

四、刑事诉讼中的强制措施

刑事诉讼中的强制措施,是指公检法机关为保证刑事诉讼的顺利进行,依法对犯罪嫌疑人、被告人的人身自由进行暂时限制或剥夺的强制性方法,包括拘传、取保候审、监视居住、拘留和逮捕。

五、刑事诉讼的程序

立案,是指司法机关按照管辖范围,对刑事案件接受、审查和作出受理决定的诉讼活动。任何单位和个人发现有犯罪事实或者犯罪嫌疑人,有权利也有义务向公安机关、人民检察院或人民法院报案或举报。被害人对侵害其人身权或财产权的犯罪事实或犯罪嫌疑人,有权向公安机关、人民检察院或人民法院报案或控告。

侦查,是指公安机关、人民检察院对于刑事案件,依照法律进行的收集证据、查明案情的工作和有关的强制性措施。侦查人员在侦查过程中可以采用下列侦查手段:讯问犯罪嫌疑人;询问证人、被害人;勘验、检查;搜查;查封、扣押物证、书证;鉴定;技术侦查;通缉。

起诉,是指请求人民法院对被告人进行审判的诉讼活动。人民检察院代表国家进行的起诉,称为公诉。被害人本人或者他的法定代理人进行的起诉,称为自诉。人民检察院的公诉活动,包括审查起诉、提起公诉、不起诉等。

审判,刑事诉讼中的审判,就是人民法院对人民检察院提起公诉或者自诉人提起自诉的案件,依照法定程序,审查案件事实,并根据已经查明的事实、证据和有关的法律规定,作出被告人是否有罪、应否处罚的裁判活动。

执行,是指司法机关把人民法院已经生效的判决、裁定付诸实施的活动。

第三节　治安管理处罚法

一、治安管理处罚法概述

为维护社会治安秩序,保障公共安全,保护公民、法人和其他组织的合法权益,规范和保障公安机关及其人民警察依法履行治安管理职责,我国制定了治安管理处罚法。治安管理处罚法于 2005 年 8 月 28 日第十届全国人民代表大会常务委员会第 17 次会议通过,自 2006 年 3 月 1 日起施行;根据 2012 年10 月 26 日第十一届全国人民代表大会常务委员会第二十九次会议通过的《全国人民代表大会常务委员会关于修改〈中华人民共和国治安管理处罚法〉的决定》修正,自 2013 年 1 月 1 日起施行。

治安管理处罚法共 6 章 119 条,主要内容包括总则、处罚的种类和适用、违反治安管理的行为和处罚、处罚程序、执法监督、附则。治安管理处罚法赋予公安机关治安管理处罚权,规定了对各种违反治安管理行为的处罚依据,设定了行使治安管理处罚权的具体程序,还规定了对公安机关依法行使治安管理职责的监督内容。学习治安管理处罚法相关法律知识,就是为了进一步增强了广大干部学法用法的能力,让广大干部懂得如何运用法律的武器开展工作,特别是处理矛盾纠纷调解、信访、拆违及其他工作时,要选择正当的途径来解决生活和工作中遇到的各种矛盾纠纷,力争治安工作再上新台阶。

二、治安管理处罚的适用对象及适用范围

治安管理处罚法第 2 条规定了处罚的适用对象,即扰乱公共秩序,妨害公共安全,侵犯人身权利、财产权利,妨害社会管理,具有社会危害性,依照《中华人民共和国刑法》的规定构成犯罪的,依法追究刑事责任;尚不够刑事处罚的,由公安机关依照本法给予治安管理处罚。

治安管理处罚法第 4 条规定了处罚的适用范围:在空间效力上,在中华人民共和国领域内发生的违反治安管理行为,除法律有特别规定的外,全部适用本法;在对人的效力上,除法律有特别规定的外,治安管理处罚法适用于所有在我国领域内违反治安管理的公民、法人和其他组织。这里的公民既包括中国公民,也包括外国人和无国籍的人。

三、治安管理处罚的基本原则

治安管理处罚法第 5 条规定了治安管理处罚的基本原则:(1)以事实为依据的原则;(2)过罚相当的原则;(3)公开原则;(4)公正原则;(5)尊重和保障人权的原则;(6)教育与处罚相结合的原则。

四、治安管理的主管部门和治安案件的管辖

治安管理处罚法第 6 条规定,各级人民政府应当加强社会治安综合治理,采取有效措施,化解社会矛盾,增进社会和谐,维护社会稳定。第 7 条规定,国务院公安部门负责全国的治安管理工作。县级以上地方各级人民政府公安机关负责本行政区域内的治安管理工作。治安案件的管辖由国务院公安部门规定。

五、治安管理处罚的种类

治安管理处罚法第 10 条规定,治安管理处罚的种类分为:(1)警告;(2)罚款;(3)行政拘留;(4)吊销公安机关发放的许可证。对违反治安管理的外国

人,可以附加适用限期出境或者驱逐出境。

六、治安管理处罚法对传唤时间限制

治安管理处罚法第83条规定,对违反治安管理行为人,公安机关传唤后应当及时询问查证,询问查证的时间不得超过8小时;情况复杂,依照本法规定可能适用行政拘留处罚的,询问查证的时间不得超过24小时。公安机关应当及时将传唤的原因和处所通知被传唤人家属。

七、治安管理当场处罚程序

治安管理当场处罚程序,亦称治安管理处罚裁决的简易程序。它是指依法执行公务的人民警察对当场发现的违反治安管理事实清楚、情节简单、因果关系明确的治安案件,由人民警察当场作出处罚决定的步骤、方式、时限、形式等过程。治安管理处罚法第100条和第101条明确了当场处罚的适用条件和当场处罚程序,其目的在于提高行政效率,促进行政机关有效地履行维护行政秩序的职责,有利于及时处理社会矛盾,更好地维护当事人利益。

治安管理处罚法第100条规定,违反治安管理行为事实清楚,证据确凿,处警告或者200元以下罚款的,可以当场作出治安管理处罚决定。但是,治安管理当场处罚必须遵循正当程序。治安管理处罚法第101条明确规定,当场作出治安管理处罚决定的,人民警察应当向违反治安管理行为人出示工作证件,并填写处罚决定书。处罚决定书应当当场交付被处罚人;有被侵害人的,并将决定书副本抄送被侵害人。前款规定的处罚决定书,应当载明被处罚人的姓名、违法行为、处罚依据、罚款数额、时间、地点以及公安机关名称,并由经办的人民警察签名或者盖章。当场作出治安管理处罚决定的,经办的人民警察应当在24小时内报所属公安机关备案。

八、治安管理处罚的执法监督

公权力的行使必须受到有效的监督,最大限度地防止滥权和腐败现象的产生。治安管理处罚法第五章以专章规定了执法监督,这对遏制行政执法中存在的权力腐败问题有着重要的意义。

关于执法原则:公安机关及其人民警察应当依法、公正、严格、高效办理治安案件,文明执法,不得徇私舞弊。

禁止行为的规定：公安机关及其人民警察办理治安案件,禁止对违反治安管理行为人打骂、虐待或者侮辱。

自觉接受监督：公安机关及其人民警察办理治安案件,应当自觉接受社会和公民的监督。公安机关及其人民警察办理治安案件,不严格执法或者有违法违纪行为的,任何单位和个人都有权向公安机关或者人民检察院、行政监察机关检举、控告；收到检举、控告的机关,应当依据职责及时处理。

罚缴分离原则：公安机关依法实施罚款处罚,应当依照有关法律、行政法规的规定,实行罚款决定与罚款收缴分离；收缴的罚款应当全部上缴国库。

关于行政处分、刑事处罚的规定：人民警察办理治安案件,有下列行为之一的,依法给予行政处分；构成犯罪的,依法追究刑事责任：(1)刑讯逼供、体罚、虐待、侮辱他人的；(2)超过询问查证的时间限制人身自由的；(3)不执行罚款决定与罚款收缴分离制度或者不按规定将罚没的财物上缴国库或者依法处理的；(4)私分、侵占、挪用、故意损毁收缴、扣押的财物的；(5)违反规定使用或者不及时返还被侵害人财物的；(6)违反规定不及时退还保证金的；(7)利用职务上的便利收受他人财物或者谋取其他利益的；(8)当场收缴罚款不出具罚款收据或者不如实填写罚款数额的；(9)接到要求制止违反治安管理行为的报警后,不及时出警的；(10)在查处违反治安管理活动时,为违法犯罪行为人通风报信的；(11)有徇私舞弊、滥用职权,不依法履行法定职责的其他情形的。办理治安案件的公安机关有前款所列行为的,对直接负责的主管人员和其他直接责任人员给予相应的行政处分。

以案释法

编造、传播不实信息被处罚

【案情回放】

2021年10月23日,内蒙古自治区包头市某公安分局民警在工作中发现,一则虚假信息在微信群、朋友圈等社交媒体大量传播,内容为"转：包头市委、市政府召开紧急会议,……我市确诊3例,已报国家卫健委,估计定为中高风险地区"。几天后,涉嫌编造传播虚假信息的武某某、贺某某被依法调查。犯罪嫌疑人武某某涉嫌编造、故意传播虚假信息罪,被依法立案侦查并采取刑事强制措施;违法行为人贺某某被处以行政拘留 10 日的处罚。

【案例评析】

随着互联网的发展和普及,互联网上发生的谎言、谣言传播事件越来越多,污染了网络环境,扰乱了社会秩序,也严重损害了我国在互联网中的形象和公信力。网络中的一个不负责任的谣言,非常容易成为社会恐慌的爆发点,对民众生产生活带来严重的负面影响,甚至会导致一些无法预知、无法挽回的后果。

然而,网络不是法外之地,造谣必被惩。治安管理处罚法第 25 条规定,散布谣言,谎报险情、疫情、警情或者以其他方法故意扰乱公共秩序的处 5 日以上 10 日以下拘留,可以并处 500 元以下罚款;情节较轻的,处 5 日以下拘留或者 500 元以下罚款。因此,在突发公共卫生事件发生期间,编造、故意传播有关突发公共卫生事件事态发展或者应急处置工作虚假信息的行为,构成违反治安管理行为的,由公安机关依法给予处罚;构成犯罪的,依法追究刑事责任。

【法条链接】

《中华人民共和国治安管理处罚法》

第二十五条　有下列行为之一的,处五日以上十日以下拘留,可以并处五百元以下罚款;情节较轻的,处五日以下拘留或者五百元以下罚款;

(一)散布谣言,谎报险情、疫情、警情或者以其他方法故意扰乱公共秩序的;

(二)投放虚假的爆炸性、毒害性、放射性、腐蚀性物质或者传染病病原体等危险物质扰乱公共秩序的;

(三)扬言实施放火、爆炸、投放危险物质扰乱公共秩序的。

思　考　题

1. 刑法的基本原则有哪些?

2. 刑法对环境监管失职的国家机关工作人员应如何处罚?

3. 刑事诉讼法的基本原则有哪些?

4. 刑事诉讼中的强制措施有哪些?

5. 治安管理当场处罚必须遵循哪些正当程序?

第九章　依法治理法律知识

　　法治是国家治理体系和治理能力的重要依托。人类社会发展的事实证明,依法治理是最可靠、最稳定的治理。党的二十大报告指出:"建设覆盖城乡的现代公共法律服务体系,深入开展法治宣传教育,增强全民法治观念。推进多层次多领域依法治理,提升社会治理法治化水平。"《"八五"普法规划》提出要围绕生态文明建设、食品药品安全等人民群众关心关注的问题,开展经常性法治宣传教育,依法保障社会稳定和人民安宁。同时,《"八五"普法规划》提出推进普法与依法治理有机融合,加强社会应急状态下专项依法治理,开展公共卫生安全、传染病防治、防灾减灾救灾、突发事件应急管理等方面法治宣传教育,促进全社会在应急状态下依法行动、依法办事,依法维护社会秩序。

　　大力提高社会治理法治化水平,重在优化政府职责体系,严格市场监管、质量监管、安全监管,加强违法惩戒。本章主要介绍环境保护法、食品安全法、安全生产法、传染病防治法,旨在强化"谁执法谁普法"普法责任制,细化普法内容、措施标准和责任,压实各责任单位普法责任,促进各级政府机关、各社会团体、企事业单位以及其他组织加强本系统本行业本单位人员学法用法,落实普法责任。

第一节 环境保护法

一、环境保护法概况

2014 年 4 月 24 日,第十二届全国人民代表大会常务委员会第八次会议对环境保护法进行了修订。修订后的环境保护法进一步明确了政府对环境保护监督管理职责,完善了生态保护红线等环境保护基本制度,强化了企业污染防治责任,加大了对环境违法行为的法律制裁,法律条文也从原来的 47 条增加到 70 条,增强了法律的可执行性和可操作性,被称为"史上最严"的环保法。

(一)环境保护法的立法目的

环境保护法第 1 条明确规定,为保护和改善环境,防治污染和其他公害,保障公众健康,推进生态文明建设,促进经济社会可持续发展,制定本法。

(二)保护环境的基本国策和基本原则

环境保护法第 4 条规定,保护环境是国家的基本国策。国家采取有利于节约和循环利用资源、保护和改善环境、促进人与自然和谐的经济、技术政策和措施,使经济社会发展与环境保护相协调。

环境保护法第 5 条规定,环境保护坚持保护优先、预防为主、综合治理、公众参与、损害担责的原则。

(三)保护环境是一切单位和个人的义务

环境保护和我们每一个人息息相关,任何单位和个人都不能置之事外。环境保护法明确规定,地方各级人民政府应当对本行政区域的环境质量负责。企业事业单位和其他生产经营者应当防止、减少环境污染和生态破坏,对所造成的损害依法承担责任。公民应当增强环境保护意识,采取低碳、节俭的生活方式,自觉履行环境保护义务。

此外,各级人民政府应当加强环境保护宣传和普及工作,鼓励基层群众性自治组织、社会组织、环境保护志愿者开展环境保护法律法规和环境保护知识的宣传,营造保护环境的良好风气。对保护和改善环境有显著成绩的单位和个人,由人民政府给予奖励。

二、环境管理和保护的基本制度

(一)环境监测制度

国家建立、健全环境监测制度。国务院环境保护主管部门制定监测规范，会同有关部门组织监测网络，统一规划国家环境质量监测站(点)的设置，建立监测数据共享机制，加强对环境监测的管理。有关行业、专业等各类环境质量监测站(点)的设置应当符合法律法规规定和监测规范的要求。监测机构应当使用符合国家标准的监测设备，遵守监测规范。监测机构及其负责人对监测数据的真实性和准确性负责。

(二)环境影响评价制度

环境保护法第 19 条规定，编制有关开发利用规划，建设对环境有影响的项目，应当依法进行环境影响评价。未依法进行环境影响评价的开发利用规划，不得组织实施；未依法进行环境影响评价的建设项目，不得开工建设。

(三)跨行政区域联合防治协调机制

国家建立跨行政区域的重点区域、流域环境污染和生态破坏联合防治协调机制，实行统一规划、统一标准、统一监测、统一的防治措施。

(四)生态保护红线制度

国家在重点生态功能区、生态环境敏感区和脆弱区等区域划定生态保护红线，实行严格保护。各级人民政府对具有代表性的各种类型的自然生态系统区域，珍稀、濒危的野生动植物自然分布区域，重要的水源涵养区域，具有重大科学文化价值的地质构造、著名溶洞和化石分布区、冰川、火山、温泉等自然遗迹，以及人文遗迹、古树名木，应当采取措施予以保护，严禁破坏。

(五)重点污染物排放总量控制制度

国家实行重点污染物排放总量控制制度。重点污染物排放总量控制指标由国务院下达，省、自治区、直辖市人民政府分解落实。

(六)排污许可管理制度

国家依照法律规定实行排污许可管理制度。实行排污许可管理的企业事业单位和其他生产经营者应当按照排污许可证的要求排放污染物；未取得排污许可证的，不得排放污染物。

三、环境保护法中规定的法律责任

一方面,授予各级政府、环保部门许多新的监管权力,环保部门对造成环境严重污染的设施设备可以查封扣押,对超标超总量的排污单位可以责令限产、停产整治。针对违法成本低的问题,设计了罚款的按日连续计罚规则,违法者受到处罚后,逾期不改的可按原处罚数额按日连续处罚,并且没有上限额度;针对未批先建又拒不改正、通过暗管排污逃避监管等违法企业责任人,引入治安拘留处罚;构成犯罪的,依法追究刑事责任。

另一方面,环境保护法也规定了针对环保部门自身的严厉行政问责措施,履职缺位和不到位、虚报谎报瞒报污染情况、违规审批、包庇违法、发现或接到举报违法未及时查处、违法查封扣押、篡改伪造监测数据、未依法公开政府环境信息的,对直接负责的主管人员和其他直接责任人员给予记过、降级、撤职、开除,主要负责人应当引咎辞职。

以案释法

杭州首例"按日计罚"企业 8 天被罚近 30 万元

【案情回放】

2015 年 3 月 23 日,浙江省杭州市环境监察支队执法人员对位于桐庐县的浙江某某产品加工有限公司进行检查时对其外排废水采样送检。经检测,该外排废水氨氮浓度超标。

4 月 1 日,支队对当事人超标排放水污染物的行为予以立案调查,并责令当事人立即停止违法排放污染物行为,明确告知如仍继续违法排污,将按照《中华人民共和国环境保护法》第 59 条的规定实施按日连续处罚。

4 月 9 日,执法人员依法对当事人超标排放水污染物违法行为的改正情况实施复查,经采样检测,其标排口外排废水氨氮浓度仍是超标的。

4 月 14 日,杭州市环保局根据环境保护法决定对当事人进行按日连续处罚,罚款人民币 29.6 万元,同时责令自 4 月 24 日起至 7 月 23 日止限制生产。

执法人员继续对本案跟踪督查,如当事人限制生产后仍超标排放水污染物,环保部门将依法责令其停产整治或报经有批准权的人民政府批准并予以关闭。

【案例评析】

根据环境保护法第 59 条第 1 款的规定,企业事业单位和其他生产经营者违法排放污染物,受到罚款处罚,被责令改正,拒不改正的,依法作出处罚决定的行政机关可以自责令改正之日的次日起,按照原处罚数额按日连续处罚。因此在本案中,应当自责令改正文书送达之日的次日(4 月 2 日)起至再次发现违法行为之日(4 月 9 日)止累计计算罚金,一共 8 天。以该企业首次违法处罚 3.7 万元计算,实际累计 8 天违法排放,应按日 8 倍计算,处罚其 29.6 万元,与原处罚金额合并后共计 33.3 万元。

环境保护法"按口计罚"这一记重拳是专门针对企业拒不改正超标问题等比较常见的违法现象而采取的措施,目的就是加大企业违法成本,让企业加紧整改。

【法条链接】

《中华人民共和国环境保护法》

第五十九条 企业事业单位和其他生产经营者违法排放污染物,受到罚款处罚,被责令改正,拒不改正的,依法作出处罚决定的行政机关可以自责令改正之日的次日起,按照原处罚数额按日连续处罚。

前款规定的罚款处罚,依照有关法律法规按照防治污染设施的运行成本、违法行为造成的直接损失或者违法所得等因素确定的规定执行。

地方性法规可以根据环境保护的实际需要,增加第一款规定的按日连续处罚的违法行为的种类。

第二节　食品安全法

一、食品安全法概述

食品安全法于 2009 年 2 月 28 日第十一届全国人民代表大会常务委员会第七次会议通过,2015 年 4 月 24 日第十二届全国人民代表大会常务委员会第十四次会议修订,根据 2018 年 12 月 29 日第十三届全国人民代表大会常务委员会第七次会议《关于修改〈中华人民共和国产品质量法〉等五部法律的决定》第一次修正,根据 2021 年 4 月 29 日第十三届全国人民代表大会常务委员会第二十八次会议《关于修改〈中华人民共和国道路交通安全法〉等八部法律的决定》第二次修正。

食品安全法共 10 章 154 条,包括总则、食品安全风险监测和评估、食品安全标准、食品生产经营、食品检验、食品进出口、食品安全事故处置、监督管理、法律责任、附则,对保健食品、网络食品交易、食品添加剂等当前食品监管中存在的难点问题都有涉及,让损害消费者利益的商家承担连带责任。食品安全法明确了国家建立食品安全全程追溯制度,这也就意味着食品安全追溯已经成为法定条款,也明确了消费者在网购时的权益和维权办法。

食品安全关系全国 14 亿多人的身体健康和生命安全,是人民群众普遍关心的大事。保障食品安全要靠政府、企业、社会公众的共同努力。各级政府和有关部门要强化源头严防、过程严管、风险严控监管措施,增强食品安全监管统一性和专业性,切实履行属地管理责任和监管职责,坚持德法并举、法治先行,加强食品安全依法治理,加快形成食品安全社会共治格局,共同守护好人民群众"舌尖上的安全"。

二、食品安全法的适用范围

根据食品安全法第 2 条的规定,在中华人民共和国境内从事下列活动,应当遵守本法:(1)食品生产和加工(以下称食品生产),食品销售和餐饮服务(以下称食品经营);(2)食品添加剂的生产经营;(3)用于食品的包装材料、容器、洗涤剂、消毒剂和用于食品生产经营的工具、设备(以下称食品相关产品)的生产经营;(4)食品生产经营者使用食品添加剂、食品相关产品;(5)食品的贮存和运输;(6)对食品、食品添加剂、食品相关产品的安全管理。

供食用的源于农业的初级产品(以下称食用农产品)的质量安全管理,遵守《中华人民共和国农产品质量安全法》的规定。但是,食用农产品的市场销售、有关质量安全标准的制定、有关安全信息的公布和本法对农业投入品作出规定的,应当遵守食品安全法的规定。

三、食品安全监管体制

国务院设立食品安全委员会,其职责由国务院规定。国务院食品安全监督管理部门依照本法和国务院规定的职责,对食品生产经营活动实施监督管理。国务院卫生行政部门依照本法和国务院规定的职责,组织开展食品安全风险监测和风险评估,会同国务院食品安全监督管理部门制定并公布食品安全国家标准。国务院其他有关部门依照本法和国务院规定的职责,承担有关食品安全工作。

县级以上地方人民政府对本行政区域的食品安全监督管理工作负责,统一领导、组织、协调本行政区域的食品安全监督管理工作以及食品安全突发事件应对工作,建立健全食品安全全程监督管理工作机制和信息共享机制。县级以上地方人民政府依照本法和国务院的规定,确定本级食品安全监督管理、卫生行政部门和其他有关部门的职责。有关部门在各自职责范围内负责本行政区域的食品安全监督管理工作。县级人民政府食品安全监督管理部门可以在乡镇或者特定区域设立派出机构。

县级以上地方人民政府实行食品安全监督管理责任制。上级人民政府负责对下一级人民政府的食品安全监督管理工作进行评议、考核。县级以上地方人民政府负责对本级食品安全监督管理部门和其他有关部门的食品安全监督管理工作进行评议、考核。

国家对食品生产经营实行许可制度。从事食品生产、食品销售、餐饮服务,应当依法取得许可。但是,销售食用农产品和仅销售预包装食品的,不需要取得许可。仅销售预包装食品的,应当报所在地县级以上地方人民政府食品安全监督管理部门备案。

县级以上人民政府食品安全监督管理部门应当对食品进行定期或者不定期的抽样检验,并依据有关规定公布检验结果,不得免检。进行抽样检验,应当购买抽取的样品,委托符合本法规定的食品检验机构进行检验,并支付相关费用;不得向食品生产经营者收取检验费和其他费用。

县级以上人民政府食品安全监督管理等部门应当加强对执法人员食品安全法律、法规、标准和专业知识与执法能力等的培训,并组织考核。不具备相应知识和能力的,不得从事食品安全执法工作。

以案释法

营养餐"不营养" 涉事企业负责人被刑拘

【案情回放】

2021 年 11 月 23 日,河南省封丘县某镇某中学 30 余名学生吃了学校提供的营养午餐之后,出现集体呕吐腹泻,引起社会强烈关注。11月26日,封丘县委、县政府第一时间召开专题会议,并迅速成立了联合调查组,要求县纪委、公安局、卫健委、教体局、市场监管局等多部门连夜开展调查工作;11月27日,封丘县官方通报,初步判定是一起食源性疾病事件,同时对相关4名负责人立案审查调查;11月30日上午,涉事送餐公司负责人吕某、李某因涉嫌生产、销售不符合安全标准食品罪被刑事拘留,羁押在新乡市看守所。

【案例评析】

凡是通过摄食进入人体的各种致病因子引起的、通常具有感染性的或中毒性的一类疾病,都称之为食源性疾患。本案中这些学生集体呕吐、腹泻的原因都是通过摄食有毒有害物质所引起。

校园食品安全问题严重影响教师学生身体健康,更直接关系到学校正常的工作、学习秩序,学校和社会的稳定。目前,保证校园食品安全,既有《中共中央 国务院关于深化改革加强食品安全工作的意见》的基本要求,也有食品安全法的明确规定,还有《学校食品安全与营养健康管理规定》等行政规章的专门规定。本案中提供营养午餐的公司就是没有严格执行学校食品安全与营养健康管理相关规定,导致了此次食品安全事件的发生,相关责任人受到了相应的法律处罚。

校园食品安全无小事,为校园提供餐饮服务的企业一定要制定严格的规章制度,保证所提供的食品安全、卫生、健康。同时,各地教育部门要督促学校校长、幼儿园园长强化责任担当,亲自部署、亲自协调、亲自督查,以高度的责任感做好学校食品卫生安全工作,保障广大师生的饮食安全。

【法条链接】

《中华人民共和国食品安全法》

第十条　各级人民政府应当加强食品安全的宣传教育,普及食品安全知识,鼓励社会组织、基层群众性自治组织、食品生产经营者开展食品安全法律、法规以及食品安全标准和知识的普及工作,倡导健康的饮食方式,增强消费者食品安全意识和自我保护能力。

新闻媒体应当开展食品安全法律、法规以及食品安全标准和知识的公益宣传,并对食品安全违法行为进行舆论监督。有关食品安全的宣传报道应当真实、公正。

《学校食品安全与营养健康管理规定》

第三十五条 学校食堂禁止采购、使用下列食品、食品添加剂、食品相关产品：

（一）超过保质期的食品、食品添加剂；

（二）腐败变质、油脂酸败、霉变生虫、污秽不洁、混有异物、掺假掺杂或者感官性状异常的食品、食品添加剂；

（三）未按规定进行检疫或者检疫不合格的肉类，或者未经检验或者检验不合格的肉类制品；

（四）不符合食品安全标准的食品原料、食品添加剂以及消毒剂、洗涤剂等食品相关产品；

（五）法律、法规、规章规定的其他禁止生产经营或者不符合食品安全标准的食品、食品添加剂、食品相关产品。

学校食堂在加工前应当检查待加工的食品及原料，发现有前款规定情形的，不得加工或者使用。

第三十六条 学校食堂提供蔬菜、水果以及按照国际惯例或者民族习惯需要提供的食品应当符合食品安全要求。

学校食堂不得采购、贮存、使用亚硝酸盐（包括亚硝酸钠、亚硝酸钾）。

中小学、幼儿园食堂不得制售冷荤类食品、生食类食品、裱花蛋糕，不得加工制作四季豆、鲜黄花菜、野生蘑菇、发芽土豆等高风险食品。省、自治区、直辖市食品安全监督管理部门可以结合实际制定本地区中小学、幼儿园集中用餐不得制售的高风险食品目录。

第三节　安全生产法

一、安全生产法概述

安全生产法是为了加强安全生产工作，防止和减少生产安全事故，保障人民群众生命和财产安全，促进经济社会持续健康发展而制定的法律。安全生产法于2002年公布施行，2009年和2014年分别进行了两次修正。根据新发展阶段、新发展理念、新发展格局对安全生产提出的更高要求，于2021年再次修正,自 2021 年 9 月 1 日起施行。

新修正的安全生产法进一步加大对生产经营单位及其负责人安全生产违法行为的处罚力度。具体而言,新修正的安全生产法在现行规定的基础上,提高了对违法行为的罚款数额;增加生产经营单位被责令改正且受到罚款处罚,拒不改正的,监管部门可以按日连续处罚等规定。针对安全生产领域"屡禁不止、屡罚不改"等问题,新修正的安全生产法加大对违法行为恶劣的生产经营单位关闭力度,依法吊销有关证照,对主要负责人实施职业禁入。同时还规定,负有安全生产监督管理职责的部门应当加强对生产经营单位行政处罚信息的及时归集、共享、应用和公开,对生产经营单位作出处罚决定后 7 个工作日内在监督管理部门公示系统予以公开曝光,强化对违法失信生产经营单位及其有关从业人员的社会监督,提高全社会安全生产诚信水平。

此外,针对平台经济等新兴行业、领域出现的安全生产新情况,以及一些当前安全生产工作中面临的突出问题,新修正的安全生产法也增加了相关规定。(1)发生一般事故的,处上一年年收入 40％的罚款;(2)发生较大事故的,处上一年年收入 60％的罚款;(3)发生重大事故的,处上一年年收入 80％的罚款;(4)发生特别重大事故的,处上一年年收入 100％的罚款。

二、安全生产工作的方针

根据安全生产法第 3 条的规定,安全生产工作坚持中国共产党的领导。安全生产工作应当以人为本,坚持人民至上、生命至上,把保护人民生命安全摆在首位,树牢安全发展理念,坚持安全第一、预防为主、综合治理的方针,从源头上防范化解重大安全风险。安全生产工作实行管行业必须管安全、管业务必须管安全、管生产经营必须管安全,强化和落实生产经营单位主体责任与政府监管责任,建立生产经营单位负责、职工参与、政府监管、行业自律和社会监督的机制。这里的最大亮点就是"三管三必须",这就是说在企业里除了主要负责人是第一责任人以外,其他的副职都要根据分管的业务对安全生产工作负一定的职责,负一定的责任。

三、关于生产经营单位确保安全生产的原则性规定

安全生产法第 4 条规定,生产经营单位必须遵守本法和其他有关安全生产的法律、法规,加强安全生产管理,建立健全全员安全生产责任制和安全生

产规章制度,加大对安全生产资金、物资、技术、人员的投入保障力度,改善安全生产条件,加强安全生产标准化、信息化建设,构建安全风险分级管控和隐患排查治理双重预防机制,健全风险防范化解机制,提高安全生产水平,确保安全生产。平台经济等新兴行业、领域的生产经营单位应当根据本行业、领域的特点,建立健全并落实全员安全生产责任制,加强从业人员安全生产教育和培训,履行本法和其他法律、法规规定的有关安全生产义务。

安全生产法第 5 条规定,生产经营单位的主要负责人是本单位安全生产第一责任人,对本单位的安全生产工作全面负责。其他负责人对职责范围内的安全生产工作负责。第 6 条规定,生产经营单位的从业人员有依法获得安全生产保障的权利,并应当依法履行安全生产方面的义务。

四、安全生产的监督管理

安全生产法第 9 条规定,国务院和县级以上地方各级人民政府应当加强对安全生产工作的领导,建立健全安全生产工作协调机制,支持、督促各有关部门依法履行安全生产监督管理职责,及时协调、解决安全生产监督管理中存在的重大问题。乡镇人民政府和街道办事处,以及开发区、工业园区、港区、风景区等应当明确负责安全生产监督管理的有关工作机构及其职责,加强安全生产监管力量建设,按照职责对本行政区域或者管理区域内生产经营单位安全生产状况进行监督检查,协助人民政府有关部门或者按照授权依法履行安全生产监督管理职责。

以案释法

未按规定投保安全生产责任保险被行政处罚

【案情回放】

2022 年 5 月 30 日,陕西省西安市西咸新区应急管理局执法人员在对某石油有限公司检查时,发现该单位存在未投保安全生产责任保险的违法行为。根据安全生产法第 51 条的规定,属于国家规定的高危行业、领域的生产经营单位,应当投保安全生产责任保险。而执法人员和专家对该公司进行检查时发现该单位未按照国家规定投保安全生产责任保险。

上述行为违反了安全生产法第 51 条第 2 款的规定。

处理结果：西咸新区应急管理局依据《中华人民共和国安全生产法》第109 条的规定，对该石油有限公司作出责令限期改正，并处人民币 5 万元罚款的行政处罚。

【案例评析】

安全是实现企业生产经营目标的基础，是人类生存和发展的基本要求。安全检查是安全管理工作的一个重要组成部分。加强安全检查，是减少人的不安全行为，消除物的不安全状态，督促车间、班组提高安全管理水平的有效手段之一。

安全生产责任保险，简称"安责险"，是指保险机构对投保的生产经营单位发生的生产安全事故造成的人员伤亡和有关经济损失等予以赔偿，并且为投保的生产经营单位提供事故预防服务的商业保险。建立和实施安全生产责任保险制度是党中央、国务院为加强安全生产社会治理提出的一项重要政策和法治措施，是发挥保险机构参与开展风险评估和事故预防功能、防范化解重大安全风险、提高企业安全生产能力的重要举措。安全生产法、《安全生产责任保险实施办法》、《安全生产责任保险事故预防技术服务规范》等都提出了明确要求，必须严格执行。各级应急管理部门必须要从维护人民群众生命财产安全的政治高度，提高对依法依规实施安全生产责任保险重要性的认识，严格规范操作，坚决防止和纠正以各种名目垄断安全生产责任保险市场等违法违规行为，确保安全生产责任保险健康有序发展，切实发挥其对安全生产工作的积极作用。

安全生产法第 51 条第 2 款规定，国家鼓励生产经营单位投保安全生产责任保险；属于国家规定的高危行业、领域的生产经营单位，应当投保安全生产责任保险。本案中的某石油有限公司属于国家规定的高危行业、领域的生产经营单位，应当投保安全生产责任保险，而该公司却没有投，必然要承担相应的法律责任。

【法条链接】

《中华人民共和国安全生产法》

第五十一条　生产经营单位必须依法参加工伤保险，为从业人员缴纳保险费。

国家鼓励生产经营单位投保安全生产责任保险；属于国家规定的高危行

业、领域的生产经营单位,应当投保安全生产责任保险。具体范围和实施办法由国务院应急管理部门会同国务院财政部门、国务院保险监督管理机构和相关行业主管部门制定。

第一百零九条 高危行业、领域的生产经营单位未按照国家规定投保安全生产责任保险的,责令限期改正,处五万元以上十万元以下的罚款;逾期未改正的,处十万元以上二十万元以下的罚款。

第四节 传染病防治法

一、传染病防治法概述

(一)传染病的概念和特点

传染病是由各种病原体引起的能在人与人、动物与动物或人与动物之间相互传播的一类疾病。有些传染病,防疫部门必须及时掌握其发病情况,及时采取对策,发现后应按规定时间及时向当地防疫部门报告,称为法定传染病。我国目前的法定报告传染病分为甲、乙、丙 3 类,共 40 种。此外,还包括国家卫生计生委决定列入乙类、丙类传染病管理的其他传染病和按照甲类管理开展应急监测报告的其他传染病。

传染病具有传染性、流行性、季节性等特点。

(二)立法目的和防治原则

传染病防治法的立法目的是:为了预防、控制和消除传染病的发生与流行,保障人体健康和公共卫生。

国家对传染病防治实行预防为主的方针,防治结合、分类管理、依靠科学、依靠群众。

二、传染病的预防

(一)倡导文明健康的生活方式

传染病防治法第 13 条第 1 款规定,各级人民政府应该积极组织开展群众性卫生活动,进行预防传染病的健康教育,倡导文明健康的生活方式,提高公众对传染病的防治意识和应对能力,要加强环境卫生建设,消除鼠害和蚊、蝇等病媒生物的危害。社会公众也应该增强绿色环保意识,积极践行垃圾分类,从身边点滴小事做起,养成健康文明的生活习惯。

此外,地方各级人民政府应当有计划地建设和改造公共卫生设施,改善饮用水卫生条件,对污水、污物、粪便进行无害化处置。

(二)预防接种制度和传染病监测制度

国家实行有计划的预防接种制度。国务院卫生行政部门和省、自治区、直辖市人民政府卫生行政部门,根据传染病预防、控制的需要,制定传染病预防接种规划并组织实施。用于预防接种的疫苗必须符合国家质量标准。

国家对儿童实行预防接种证制度。国家免疫规划项目的预防接种实行免费。医疗机构、疾病预防控制机构与儿童的监护人应当相互配合,保证儿童及时接受预防接种。具体办法由国务院制定。

国务院卫生行政部门制定国家传染病监测规划和方案。省、自治区、直辖市人民政府卫生行政部门根据国家传染病监测规划和方案,制定本行政区域的传染病监测计划和工作方案。

各级疾病预防控制机构对传染病的发生、流行以及影响其发生、流行的因素,进行监测;对国外发生、国内尚未发生的传染病或者国内新发生的传染病,进行监测。

(三)传染病预警制度

传染病防治法第19条规定,国家建立传染病预警制度。国务院卫生行政部门和省、自治区、直辖市人民政府根据传染病发生、流行趋势的预测,及时发出传染病预警,根据情况予以公布。

三、疫情报告、通报和公布

疾病预防控制机构、医疗机构和采供血机构及其执行职务的人员发现本法规定的传染病疫情或者发现其他传染病暴发、流行以及突发原因不明的传染病时,应当遵循疫情报告属地管理原则,按照国务院规定的或者国务院卫生行政部门规定的内容、程序、方式和时限报告。

任何单位和个人发现传染病病人或者疑似传染病病人时,应当及时向附近的疾病预防控制机构或者医疗机构报告。

港口、机场、铁路疾病预防控制机构以及国境卫生检疫机关发现甲类传染病病人、病原携带者、疑似传染病病人时,应当按照国家有关规定立即向国境口岸所在地的疾病预防控制机构或者所在地县级以上地方人民政府卫生行政部门报告并互相通报。

负有传染病疫情报告职责的人民政府有关部门、疾病预防控制机构、医疗机构、采供血机构及其工作人员,不得隐瞒、谎报、缓报传染病疫情。

国家建立传染病疫情信息公布制度。国务院卫生行政部门定期公布全国传染病疫情信息。省、自治区、直辖市人民政府卫生行政部门定期公布本行政区域的传染病疫情信息。传染病暴发、流行时,国务院卫生行政部门负责向社会公布传染病疫情信息,并可以授权省、自治区、直辖市人民政府卫生行政部门向社会公布本行政区域的传染病疫情信息。公布传染病疫情信息应当及时、准确。

四、疫情控制

(一)医疗机构采取的措施

医疗机构发现甲类传染病时,应当及时采取下列措施:(1)对病人、病原携带者,予以隔离治疗,隔离期限根据医学检查结果确定;(2)对疑似病人,确诊前在指定场所单独隔离治疗;(3)对医疗机构内的病人、病原携带者、疑似病人的密切接触者,在指定场所进行医学观察和采取其他必要的预防措施。

拒绝隔离治疗或者隔离期未满擅自脱离隔离治疗的,可以由公安机关协助医疗机构采取强制隔离治疗措施。医疗机构发现乙类或者丙类传染病病人,应当根据病情采取必要的治疗和控制传播措施。医疗机构对本单位内被传染病病原体污染的场所、物品以及医疗废物,必须依照法律、法规的规定实施消毒和无害化处置。

(二)疾病预防控制机构采取的措施

疾病预防控制机构发现传染病疫情或者接到传染病疫情报告时,应当及时采取下列措施:(1)对传染病疫情进行流行病学调查,根据调查情况提出划定疫点、疫区的建议,对被污染的场所进行卫生处理,对密切接触者,在指定场所进行医学观察和采取其他必要的预防措施,并向卫生行政部门提出疫情控制方案;(2)传染病暴发、流行时,对疫点、疫区进行卫生处理,向卫生行政部门提出疫情控制方案,并按照卫生行政部门的要求采取措施;(3)指导下级疾病预防控制机构实施传染病预防、控制措施,组织、指导有关单位对传染病疫情的处理。

(三)人民政府采取的措施

传染病防治法第42条规定,传染病暴发、流行时,县级以上地方人民政府应当立即组织力量,按照预防、控制预案进行防治,切断传染病的传播途径,必要时,报经上一级人民政府决定,可以采取下列紧急措施并予以公告:(1)限制或者停止集市、影剧院演出或者其他人群聚集的活动;(2)停工、停业、停课;(3)封闭或者封存被传染病病原体污染的公共饮用水源、食品以及相关物品;(4)控制或者扑杀染疫野生动物、家畜家禽;(5)封闭可能造成传染病扩散的场所。

上级人民政府接到下级人民政府关于采取前款所列紧急措施的报告时,应当即时作出决定。紧急措施的解除,由原决定机关决定并宣布。

甲类、乙类传染病暴发、流行时,县级以上地方人民政府报经上一级人民政府决定,可以宣布本行政区域部分或者全部为疫区;国务院可以决定并宣布跨省、自治区、直辖市的疫区。

省、自治区、直辖市人民政府可以决定对本行政区域内的甲类传染病疫区实施封锁;但是,封锁大、中城市的疫区或者封锁跨省、自治区、直辖市的疫区,以及封锁疫区导致中断干线交通或者封锁国境的,由国务院决定。

(四)社会其他生产和交通运输部门应采取的措施

传染病暴发、流行时,药品和医疗器械生产、供应单位应当及时生产、供应防治传染病的药品和医疗器械。

铁路、交通、民用航空经营单位必须优先运送处理传染病疫情的人员以及防治传染病的药品和医疗器械。县级以上人民政府有关部门应当作好组织协调工作。

思 考 题

1. 我国环境保护的基本原则有哪些?
2. 食品安全法的适用范围是什么?
3. 安全生产工作的方针是什么?
4. 传染病暴发、流行时,县级以上地方人民政府应该采取哪些措施进行防控疫情?

第十章 劳动关系法律知识

　　劳动关系是市场经济条件下最基本、最重要的社会关系。劳动关系的和谐是社会和谐的基础，是企业得以发展、社会能够稳定和全面建设社会主义现代化国家的保证。《"八五"普法规划》提出要围绕构建和谐劳动关系等人民群众关心关注的问题，开展经常性法治宣传教育，依法保障社会稳定和人民安宁。

　　社会主义和谐社会的一个基本特征是民主法治。构建和谐劳动关系同样也要以法律为准绳。这个准绳就是我国颁布的调节劳动关系的法律法规，具体包括劳动就业、工资福利、社会保险、社会救济、特殊保障等方面的法律。

　　党的二十大报告指出："就业是最基本的民生。强化就业优先政策，健全就业促进机制，促进高质量充分就业。健全就业公共服务体系，完善重点群体就业支持体系，加强困难群体就业兜底帮扶。统筹城乡就业政策体系，破除妨碍劳动力、人才流动的体制和政策弊端，消除影响平等就业的不合理限制和就业歧视，使人人都有通过勤奋劳动实现自身发展的机会。健全终身职业技能培训制度，推动解决结构性就业矛盾。完善促进创业带动就业的保障制度，支持和规范发展新就业形态。健全劳动法律法规，完善劳动关系协商协调机制，完善劳动者权益保障制度，加强灵活就业和新就业形态劳动者权益保障。"

第一节 劳动法和劳动合同法

一、劳动法

(一)劳动者的权利和义务

根据劳动法的规定,劳动者享有以下权利:平等就业和选择职业的权利;取得劳动报酬的权利;休息休假的权利;获得劳动安全卫生保护的权利;接受职业技能培训的权利;享受社会保险和福利的权利;提请劳动争议处理的权利;法律规定的其他劳动权利。

劳动者应当履行以下义务:完成劳动任务;提高职业技能;执行劳动安全卫生规程;遵守劳动纪律;讲究职业道德。

(二)工作时间和休息休假

我国劳动法规定,劳动者每日工作时间不超过 8 小时,平均每周工作时间不超过 44 小时;用人单位应当保证劳动者每周至少休息 1 日;用人单位由于生产经营需要,经与工会和劳动者协商后可以延长工作时间,一般每日不得超过 1 小时;因特殊原因需要延长工作时间的,在保障劳动者身体健康的条件下延长工作时间每日不得超过 3 小时,但是每月不得超过 36 小时。

在元旦、春节、国际劳动节、国庆节、法律法规规定的其他休假节日期间,用人单位应当依法安排劳动者休假。另外,国家实行带薪年休假制度,劳动者连续工作一年以上的,享受带薪年休假。

(三)工资

我国工资分配遵循按劳分配原则,实行同工同酬;国家实行最低工资保障制度,最低工资的具体标准由省、自治区、直辖市人民政府规定,报国务院备案。

用人单位支付劳动者的工资不得低于当地最低工资标准,不得克扣或者无故拖欠劳动者的工资。

劳动者在法定休假日和婚丧假期间以及依法参加社会活动期间,用人单位应当依法支付其工资。

二、劳动合同法

(一)劳动合同的订立

1.劳动合同订立的形式和原则

劳动合同法第 10 条第 1 款规定:"建立劳动关系,应当订立书面劳动合同。"同时要求劳动合同文本应当由用人单位和劳动者各执一份。

签订书面劳动合同是劳动合同法规定的用人单位应履行的强制性义务。如果不签订书面劳动合同,用人单位将承担相应的法律责任。用人单位自用工之日起即与劳动者建立劳动关系。劳动合同法第 82 条第 1 款规定,用人单位自用工之日起超过 1 个月不满 1 年未与劳动者订立书面劳动合同的,应当向劳动者每月支付 2 倍的工资。

根据劳动合同法的规定,订立劳动合同必须遵循下列原则:(1)合法原则;(2)公平原则;(3)平等自愿原则;(4)协商一致原则;(5)诚实信用原则。

2.订立劳动合同时双方的权利义务

用人单位招用劳动者时,应当如实告知劳动者工作内容、工作地点、工作时间和休息休假、劳动报酬、社会保险、劳动保护、职业危害,以及劳动者要求了解的其他情况。同时,用人单位有权了解劳动者与劳动合同直接相关的基本情况,劳动者应当如实说明。

用人单位招用劳动者,不得扣押劳动者的居民身份证和其他证件,不得要求劳动者提供担保或者以其他名义向劳动者收取财物。

3.劳动合同订立的必备条款、约定条款和试用期

必备条款包括:(1)用人单位的名称、住所和法定代表人或者主要负责人;(2)劳动者的姓名、住址和居民身份证或者其他有效身份证件号码;(3)劳动合同期限;(4)工作内容和工作地点;(5)工作时间和休息休假;(6)劳动报酬;(7)社会保险;(8)劳动保护、劳动条件和职业危害防护;(9)法律、法规规定应当纳入劳动合同的其他事项。

约定条款,是指除法定必备条款外劳动合同当事人可以协商约定、也可以不约定的条款。劳动合同的约定条款一般包括:试用期、培训、保守秘密、补充保险和福利待遇等其他事项的条款。

劳动合同法根据劳动合同的期限规定了不同时间长短的试用期。劳动合同期限 3 个月以上不满 1 年的,试用期不得超过 1 个月;劳动合同期限 1 年以

上不满 3 年的,试用期不得超过 2 个月;3 年以上固定期限和无固定期限的劳动合同,试用期不得超过 6 个月。

(二)劳动合同的解除

劳动合同的解除,是指劳动合同当事人在劳动合同期限届满之前依法提前终止劳动合同关系的法律行为。劳动合同的解除可分为协商解除、用人单位单方解除、劳动者单方解除等。

双方协商解除劳动合同,用人单位与劳动者协商一致,可以解除劳动合同。劳动合同法对双方协商解除劳动合同没有规定实体、程序上的限定条件,只要双方达成一致,内容、形式、程序没有违反法律禁止性、强制性规定,该解除行为有效。

用人单位单方解除劳动合同,即具备法律规定的条件时,用人单位享有单方解除权,无须双方协商达成一致意见。用人单位单方解除劳动合同,应当事先将理由通知工会。用人单位违反法律、行政法规规定或者劳动合同约定的,工会有权要求用人单位纠正。用人单位应当研究工会的意见,并将处理结果书面通知工会。

劳动者单方解除劳动合同。即具备法律规定的条件时,劳动者享有单方解除权,无须双方协商达成一致意见,也无须征得用人单位的同意。劳动者单方解除劳动合同有两种情况:(1)预告解除;(2)用人单位有违法、违约情形,劳动者有权单方解除劳动合同。

(三)劳动合同的终止

劳动合同的终止,是指符合法律规定情形时,双方当事人的权利义务不复存在,劳动合同的效力即行消灭。

1. 劳动合同终止的情形

劳动合同终止不存在约定终止,只有法定终止。有下列情形之一的,劳动合同终止:(1)劳动合同期满的;(2)劳动者开始依法享受基本养老保险待遇的;(3)劳动者死亡,或者被人民法院宣告死亡或者宣告失踪的;(4)用人单位被依法宣告破产的;(5)用人单位被吊销营业执照、责令关闭、撤销或者用人单位决定提前解散的;(6)法律、行政法规规定的其他情形。

2. 劳动合同不得终止的情形

劳动合同法对某些劳动者特殊保护,规定劳动者有下列情形之一的,劳动合同到期也不得终止,应当续延至相应的情形消失时终止:(1)从事接触职业病危害作业的劳动者未进行离岗前职业健康检查,或者疑似职业病病人在诊断或者医学观察期间的;(2)在本单位患职业病或者因工负伤并被确认丧失或者部分丧失劳动能力的;(3)患病或者非因工负伤,在规定的医疗期内的;(4)女职工在孕期、产期、哺乳期的;(5)在本单位连续工作满 15 年,且距法定退休年龄不足 5 年的;(6)法律、行政法规规定的其他情形。

第二节　就业促进法

一、就业促进法概述

2007 年 8 月 30 日,第十届全国人民代表大会常务委员会第二十九次会议通过了就业促进法,后经 2015 年 4 月 24 日修正。就业促进法是我国就业领域第一部基本法律,它的颁布施行,标志着我国在建设以宪法为依据,以劳动法为基础,以就业促进法、劳动合同法、社会保险法为主干,以相关法律法规为配套的劳动保障法律体系方面,又迈出了至关重要的一步。

(一)立法目的

就业促进法第 1 条明确了该法的立法目的是:为了促进就业,促进经济发展与扩大就业相协调,促进社会和谐稳定。

(二)我国的就业指导方针

就业促进法第 2 条规定,国家把扩大就业放在经济社会发展的突出位置,实施积极的就业政策,坚持劳动者自主择业、市场调节就业、政府促进就业的方针,多渠道扩大就业。

(三)用人单位和劳动者的权利

用人单位依法享有自主用人的权利,并应当依照就业促进法以及其他法律、法规的规定,保障劳动者的合法权益。

劳动者依法享有平等就业和自主择业的权利。劳动者就业,不因民族、种族、性别、宗教信仰等不同而受歧视。

此外,劳动者应当树立正确的择业观念,提高就业能力和创业能力。

二、国家和政府对促进就业的政策支持

国家实行有利于促进就业的财政政策,加大资金投入,改善就业环境,

建立健全失业保险制度,依法确保失业人员的基本生活,并促进其实现就业。

国家实行城乡统筹的就业政策,建立健全城乡劳动者平等就业的制度,引导农业富余劳动力有序转移就业。县级以上地方人民政府推进小城镇建设和加快县域经济发展,引导农业富余劳动力就地就近转移就业;在制定小城镇规划时,将本地区农业富余劳动力转移就业作为重要内容。县级以上地方人民政府引导农业富余劳动力有序向城市异地转移就业;劳动力输出地和输入地人民政府应当互相配合,改善农村劳动者进城就业的环境和条件。

县级以上人民政府应当把扩大就业作为重要职责,统筹协调产业政策与就业政策,在安排政府投资和确定重大建设项目时,应当发挥投资和重大建设项目带动就业的作用,增加就业岗位。

三、公平就业

就业促进法第 25 条规定,各级人民政府创造公平就业的环境,消除就业歧视,制定政策并采取措施对就业困难人员给予扶持和援助。第 26 条规定,用人单位招用人员、职业中介机构从事职业中介活动,应当向劳动者提供平等的就业机会和公平的就业条件,不得实施就业歧视。

国家保障妇女享有与男子平等的劳动权利。用人单位招用人员,除国家规定的不适合妇女的工种或者岗位外,不得以性别为由拒绝录用妇女或者提高对妇女的录用标准。用人单位录用女职工,不得在劳动合同中规定限制女职工结婚、生育的内容。

各民族劳动者享有平等的劳动权利。用人单位招用人员,应当依法对少数民族劳动者给予适当照顾。

国家保障残疾人的劳动权利。各级人民政府应当对残疾人就业统筹规划,为残疾人创造就业条件。用人单位招用人员,不得歧视残疾人。

农村劳动者与城镇劳动者享有平等的劳动权利。就业促进法第 31 条规定,农村劳动者进城就业享有与城镇劳动者平等的劳动权利,不得对农村劳动者进城就业设置歧视性限制。

 以案释法

河南女孩求职遭地域歧视案

【案情回放】

2019年7月3日,小闫(化名)通过某招聘APP软件就某公司发布的"法务专员""董事长助理"两个岗位分别投递了求职简历,其简历信息上显示的户口所在地位于"河南南阳",现居住城市填写为"浙江杭州"。该招聘客户端显示,小闫投递的两个岗位被查看后,给出的结论都是"不合适,原因:河南人"。小闫认为,该公司存在地域歧视行为,违反了相关法律规定,并以此为由将对方起诉到了法院。

【案例评析】

一审法院认为该公司在案涉招聘活动中提出与职业没有必然联系的地域事由对小闫进行区别对待,构成对小闫的就业歧视,损害了小闫的平等就业权。因此判决该公司赔偿小闫精神抚慰金及合理维权费用损失共计10000元,向其口头道歉并在《法制日报》公开登报赔礼道歉。2020年5月15日,二审法院维持了一审法院作出的判决。

我国劳动法、就业促进法等法律法规都规定,劳动者就业,不因民族、种族、性别、宗教信仰不同而受歧视。妇女权益保障法以及2019年2月人社部等九部门联合发布的《关于进一步规范招聘行为促进妇女就业的通知》也明确规定,要禁止对妇女的歧视行为,不得以性别为由限制妇女求职就业、拒绝录用妇女,不得询问妇女婚育情况,不得将妊娠测试作为入职体检项目,不得将限制生育作为录用条件,不得差别化地提高对妇女的录用标准。这就提醒用人单位,应当全面检视自身在招聘录用、用工管理、解除劳动合同等过程中的行为,要依法规范劳动用工,避免性别、地域、年龄、宗教信仰、健康状况等就业歧视。

【法条链接】

《中华人民共和国劳动法》

第十二条　劳动者就业,不因民族、种族、性别、宗教信仰不同而受歧视。

《中华人民共和国就业促进法》

第三条　劳动者依法享有平等就业和自主择业的权利。

劳动者就业,不因民族、种族、性别、宗教信仰等不同而受歧视。

第三节　社会保险法

一、社会保险概述

(一)我国社会保险制度的基本框架

社会保险法第 2 条规定,国家建立基本养老保险、基本医疗保险、工伤保险、失业保险、生育保险等社会保险制度,保障公民在年老、疾病、工伤、失业、生育等情况下依法从国家和社会获得物质帮助的权利。基本养老保险包括职工基本养老保险、新型农村社会养老保险和城镇居民社会养老保险;基本医疗保险包括职工基本医疗保险、新型农村合作医疗和城镇居民基本医疗保险。本法对工伤保险、失业保险和生育保险也分别单独成章,对其覆盖范围、资金来源、待遇项目和享受条件等作了具体规定。

(二)各项社会保险制度的覆盖范围

社会保险法将我国境内所有用人单位和个人都纳入了社会保险制度的覆盖范围,具体是:(1)基本养老保险制度和基本医疗保险制度覆盖了我国城乡全体居民;(2)工伤保险、失业保险和生育保险制度覆盖了所有用人单位及其职工;(3)进城务工的农村居民依照本法规定参加社会保险;(4)被征地农民按照国务院规定纳入相应的社会保险制度;(5)在中国境内就业的外国人,也应当参照社会保险法规定参加我国的社会保险。

二、基本养老保险

养老保险是社会保障制度的重要组成部分,是社会保险五大险种之一。所谓养老保险,是国家和社会根据一定的法律和法规,为解决劳动者在达到国家规定的解除劳动义务的劳动年龄界限,或因年老丧失劳动能力退出劳动岗位后的基本生活而建立的一种社会保险制度。根据社会保险法的规定,职工应当参加基本养老保险,由用人单位和职工共同缴纳基本养老保险费。无雇工的个体工商户、未在用人单位参加基本养老保险的非全日制从业人员以及其他灵活就业人员可以参加基本养老保险,由个人缴纳基本养老保险费。公务员和参照公务员法管理的工作人员养老保险的办法由国务院规定。

(一)基本养老金的组成和数额

基本养老金由统筹养老金和个人账户养老金组成。基本养老金根据个人累计缴费年限、缴费工资、当地职工平均工资、个人账户金额、城镇人口平均预期寿命等因素确定。

(二)基本养老金的领取额

参加基本养老保险的个人,达到法定退休年龄时累计缴费满 15 年的,按月领取基本养老金。参加基本养老保险的个人,达到法定退休年龄时累计缴费不足 15 年的,可以缴费至满 15 年,按月领取基本养老金;也可以转入新型农村社会养老保险或者城镇居民社会养老保险,按照国务院规定享受相应的养老保险待遇。

(三)基本养老保险关系的转移接续

个人跨统筹地区就业的,其基本养老保险关系随本人转移,缴费年限累计计算。个人达到法定退休年龄时,基本养老金分段计算、统一支付。具体办法由国务院规定。

(四)农村社会养老保险

新型农村社会养老保险实行个人缴费、集体补助和政府补贴相结合。新型农村社会养老保险待遇由基础养老金和个人账户养老金组成。参加新型农村社会养老保险的农村居民,符合国家规定条件的,按月领取新型农村社会养老保险待遇。

三、基本医疗保险

所谓医疗保险,是指职工因疾病、伤残等原因需要治疗时,由国家和社会提供必要的医疗服务和物质帮助的一种社会保险制度。我国的基本医疗保险包括职工基本医疗保险、新型农村合作医疗保险和城镇居民基本医疗保险。

(一)医疗保险费的缴纳

职工应当参加职工基本医疗保险,由用人单位和职工按照国家规定共同缴纳基本医疗保险费。无雇工的个体工商户、未在用人单位参加职工基本医疗保险的非全日制从业人员以及其他灵活就业人员可以参加职工基本医疗保险,由个人按照国家规定缴纳基本医疗保险费。城镇居民基本医疗保险实行个人缴费和政府补贴相结合。享受最低生活保障的人、丧失劳动能力的残疾人、低收入家庭 60 周岁以上的老年人和未成年人等所需个人缴费部分,由政府给予补贴。

(二)基本医疗保险待遇

参加职工基本医疗保险的个人,达到法定退休年龄时累计缴费达到国家规定年限的,退休后不再缴纳基本医疗保险费,按照国家规定享受基本医疗保险待遇;未达到国家规定年限的,可以缴费至国家规定年限。

符合基本医疗保险药品目录、诊疗项目、医疗服务设施标准以及急诊、抢救的医疗费用,按照国家规定从基本医疗保险基金中支付。

(三)不纳入基本医疗保险基金支付范围的费用

社会保险法第 30 条规定,下列医疗费用不纳入基本医疗保险基金支付范围:(1)应当从工伤保险基金中支付的;(2)应当由第三人负担的;(3)应当由公共卫生负担的;(4)在境外就医的。

医疗费用依法应当由第三人负担,第三人不支付或者无法确定第三人的,由基本医疗保险基金先行支付。基本医疗保险基金先行支付后,有权向第三人追偿。

(四)基本医疗保险关系的转移接续

个人跨统筹地区就业的,其基本医疗保险关系随本人转移,缴费年限累计计算。

四、工伤保险

所谓工伤保险,是指劳动者在工作中或在规定的特殊情况下,遭受意外伤害或患职业病导致暂时或永久丧失劳动能力以及死亡时,劳动者或其遗属从国家和社会获得物质帮助的一种社会保险制度。

(一)工伤保险费的缴纳

职工应当参加工伤保险,由用人单位缴纳工伤保险费,职工不缴纳工伤保险费。用人单位应当按照本单位职工工资总额,根据社会保险经办机构确定的费率缴纳工伤保险费。

(二)工伤的认定

职工因工作原因受到事故伤害或者患职业病,且经工伤认定的,享受工伤保险待遇;其中,经劳动能力鉴定丧失劳动能力的,享受伤残待遇。

职工因下列情形之一导致本人在工作中伤亡的,不认定为工伤:(1)故意犯罪；(2)醉酒或者吸毒；(3)自残或者自杀；(4)法律、行政法规规定的其他情形。

(三)未缴纳工伤保险费情况下发生工伤的处理

职工所在用人单位未依法缴纳工伤保险费，发生工伤事故的，由用人单位支付工伤保险待遇。用人单位不支付的，从工伤保险基金中先行支付。从工伤保险基金中先行支付的工伤保险待遇应当由用人单位偿还。用人单位不偿还的，社会保险经办机构可以依照社会保险法的规定追偿。

(四)停止享受工伤保险待遇的情形

工伤职工有下列情形之一的，停止享受工伤保险待遇：(1)丧失享受待遇条件的；(2)拒不接受劳动能力鉴定的；(3)拒绝治疗的。

五、失业保险

所谓失业保险，是指国家为了保障失业人员失业期间的基本生活，促进其再就业而建立的一种社会保险制度。

(一)失业保险费的缴纳

职工应当参加失业保险，由用人单位和职工按照国家规定共同缴纳失业保险费。

(二)领取失业保险金的条件

失业人员符合下列条件的，从失业保险基金中领取失业保险金：(1)失业前用人单位和本人已经缴纳失业保险费满一年的；(2)非因本人意愿中断就业的；(3)已经进行失业登记，并有求职要求的。

(三)领取失业保险金的期限

失业保险金领取期限自办理失业登记之日起计算。失业人员失业前用人单位和本人累计缴费满1年不足5年的，领取失业保险金的期限最长为12个月；累计缴费满5年不足10年的，领取失业保险金的期限最长为18个月；累计缴费10年以上的，领取失业保险金的期限最长为24个月。重新就业后，再次失业的，缴费时间重新计算，领取失业保险金的期限与前次失业应当领取而尚未领取的失业保险金的期限合并计算，最长不超过24个月。

六、生育保险

所谓生育保险，是国家通过立法，在职业妇女因生育子女而暂时中断劳动时由国家和社会及时给予生活保障和物质帮助的一项社会保险制度。

(一)生育保险费的缴纳

职工应当参加生育保险,由用人单位按照国家规定缴纳生育保险费,职工不缴纳生育保险费。用人单位已经缴纳生育保险费的,其职工享受生育保险待遇;职工未就业配偶按照国家规定享受生育医疗费用待遇。所需资金从生育保险基金中支付。

(二)生育保险待遇

生育保险待遇包括生育医疗费用和生育津贴。

生育医疗费用包括下列各项:(1)生育的医疗费用;(2)计划生育的医疗费用;(3)法律、法规规定的其他项目费用。

职工有下列情形之一的,可以按照国家规定享受生育津贴:(1)女职工生育享受产假;(2)享受计划生育手术休假;(3)法律、法规规定的其他情形。生育津贴按照职工所在用人单位上年度职工月平均工资计发。

以案释法

试用期未签订劳动合同受伤是否享受工伤待遇

【案情回放】

王某于 2020 年 10 月到某公司从事机器维修工作,双方未签订劳动合同。口头约定试用期为 1 个月。只工作了 3 天,王某就在维修机器时不慎被机器挤伤左手拇指。该公司在支付了王某住院医疗费用后就不再过问。王某要求公司支付工伤待遇。该公司称王某处于试用期,且还没有与公司签订正式劳动合同,不应该享受工伤待遇。

【案例评析】

依据《工伤保险条例》规定,本条例所称职工,是指与用人单位存在劳动关系(包括事实劳动关系)的各种用工形式、各种用工期限的劳动者。王某即属于与该公司存在事实劳动关系的情形。王某的受伤情况符合工伤情形,应认定为因工负伤。劳动合同法规定,用人单位自用工之日起即与劳动者建立劳动关系,试用期包含在劳动合同期限内。该公司与王某没有签订劳动合同,也属于违法行为。由此可见,职工的工伤待遇应从劳动关系形成之日起算,而不是从试用期满之日起计算。

【法条链接】

《中华人民共和国劳动合同法》

第七条 用人单位自用工之日起即与劳动者建立劳动关系。用人单位应当建立职工名册备查。

《工伤保险条例》

第十八条 提出工伤认定申请应当提交下列材料:

(一)工伤认定申请表;

(二)与用人单位存在劳动关系(包括事实劳动关系)的证明材料;

(三)医疗诊断证明或者职业病诊断证明书(或者职业病诊断鉴定书)。

工伤认定申请表应当包括事故发生的时间、地点、原因以及职工伤害程度等基本情况。

工伤认定申请人提供材料不完整的,社会保险行政部门应当一次性书面告知工伤认定申请人需要补正的全部材料。申请人按照书面告知要求补正材料后,社会保险行政部门应当受理。

思 考 题

1.订立和变更劳动合同必须遵循的原则有哪些?

2.现实中,都有哪些就业歧视现象? 劳动者受到就业歧视后应当如何维权?

3.我国社会保险制度包括哪些内容?

第四部分
干部应知应会党内法规知识

★★★★★★★★★★★★★★★★★★★★★★★★

第十一章 认真学习贯彻党章

　　党章是党的总章程，是党的总规范，是党的根本大法。它体现党的性质和宗旨，体现党的理论和重大方针政策，体现党的重大主张，规定党的重要制度和体制机制，所以党章是全党同志必须共同遵守的根本性规范。我们党非常重视党章的制定和完善。党的全国代表大会根据理论创新和实践创新的需要对党章进行修改，是我们党的一个惯例。我们党成立100多年来，总是与时俱进对党章进行修改和完善，把党领导革命、建设、改革的重大实践成果、理论成果和制度成果写入党章。2022年10月22日，中国共产党第二十次全国代表大会通过了《中国共产党章程（修正案）》。这个党章修正案共修改50处，其中总纲部分修改37处，条文部分修改13处。

　　《"八五"普法规划》对深入宣传党内法规提出要求，强调要"以党章、准则、条例等为重点""突出学习宣传党章，教育广大党员以党章为根本遵循，尊崇党章、遵守党章、贯彻党章、维护党章"。广大干部要深入学习二十大党章的具体内容，把握遵守党章和全面从严治党的内在联系，牢记党的纪律刚性约束，牢记党规党纪界限不可逾越，要经常对照党章规定和要求，深刻领悟"两个确立"的决定性意义，始终坚定理想信念、牢记初心使命，在思想上政治上行动上同以习近平同志为核心的党中央保持高度一致，更加积极地奋进新征程、建功新时代。

第一节　党的二十大对党章的修改

党的二十大对党章进行修改，是深入学习贯彻党的创新理论的需要，是推进党和国家事业发展的需要，是深入推进新时代党的建设新的伟大工程的需要，是贯彻落实党的二十大精神的需要。在党章中体现党的二十大报告的重要内容，使之成为全党的行为规范和根本遵循，有利于把学习党章与学习党的二十大精神有机结合起来，推动党的二十大精神贯彻落实。

一、党的二十大修改党章的必要性

党中央认为，综合考虑各方面因素，党的二十大对党章进行适当修改是必要的，也符合各级党组织和广大党员的意愿。

第一，修改党章是深入学习贯彻党的创新理论的需要。党的十九大以来，以习近平同志为核心的党中央集中全党智慧，推动习近平新时代中国特色社会主义思想取得新发展，开辟了马克思主义中国化时代化新境界。把党的十九大以来习近平新时代中国特色社会主义思想新发展写入党章，有利于全党增强学习贯彻党的创新理论的思想自觉、政治自觉、行动自觉，把习近平新时代中国特色社会主义思想贯彻落实到党和国家工作各方面全过程，让这一思想彰显出更加强大的真理力量和实践伟力。

第二，修改党章是推进党和国家事业发展的需要。党的十九大以来，以习近平同志为核心的党中央团结带领全党全军全国各族人民有效应对严峻复杂的国际形势和接踵而至的巨大风险挑战，攻克了许多长期没有解决的难题，办成了许多事关长远的大事要事，推动党和国家事业取得举世瞩目的重大成就，推动我国迈上全面建设社会主义现代化国家新征程。及时在党章中体现党中央治国理政新理念新思想新战略，有利于全党同志准确把握新时代新征程党和国家事业发展新要求，进一步坚定信心、锐意进取，不断夺取全面建设社会主义现代化国家新胜利。

第三，修改党章是深入推进新时代党的建设新的伟大工程的需要。党的十九大以来，以习近平同志为核心的党中央坚持党要管党、全面从严治党，贯彻新时代党的建设总要求，落实新时代党的组织路线，以党的政治建设统领党的建设各项工作,推动全面从严治党向纵深发展。通过不懈努力,党找到了自我革命这一跳出治乱兴衰历史周期率的第二个答案。把党的建设理论创新、实践创新、制度创新成果写入党章,有利于全党时刻保持解决大党独有难题的清醒和坚定,牢记全面从严治党永远在路上、党的自我革命永远在路上,健全全面从严治党体系,全面推进党的自我净化、自我完善、自我革新、自我提高,使我们党坚守初心使命,始终成为中国特色社会主义事业的坚强领导核心。

第四,修改党章是贯彻落实党的二十大精神的需要。党的二十大将全面总结新时代以来以习近平同志为核心的党中央团结带领全党全国各族人民坚持和发展中国特色社会主义取得的重大成就和宝贵经验,分析国际国内形势,全面把握新时代新征程党和国家事业发展新要求、全国各族人民新期待,制定行动纲领和大政方针。在党章中体现党的二十大报告的重要内容,有利于推动党的二十大精神贯彻落实。

二、党的二十大修改党章的主要内容

根据《中国共产党第二十次全国代表大会关于〈中国共产党章程(修正案)〉的决议》,党的二十大对党章所作的修改,概括起来主要包括以下方面内容。

第一,把党的十九大以来习近平新时代中国特色社会主义思想新发展写入党章。

第二,把党的初心使命、党的百年奋斗重大成就和历史经验的内容写入党章。

第三,把发扬斗争精神、增强斗争本领的内容写入党章。

第四,习近平同志在庆祝中国共产党成立一百周年大会上代表党和人民作出实现了第一个百年奋斗目标、全面建成了小康社会、正在向着全面建成社会主义现代化强国的第二个百年奋斗目标迈进的庄严宣告,党章据此作出相应修改。

第五,党的二十大提出以中国式现代化全面推进中华民族伟大复兴,并将此确定为新时代新征程中国共产党的中心任务。公有制为主体、多种分配方式并存,社会主义市场经济体制等社会主义基本经济制度,是中国特色社会主义制度的重要支柱。上述内容写入党章。

第六,把逐步实现全体人民共同富裕,把握新发展阶段,贯彻创新、协调、绿色、开放、共享的新发展理念,加快构建以国内大循环为主体、国内国际双循环相互促进的新发展格局,推动高质量发展,充分发挥人才作为第一资源的作用,促进国民经济更高质量、更有效率、更加公平、更可持续、更为安全发展等内容写入党章。

第七,全面建设社会主义现代化国家,是一项伟大而艰巨的事业,前途光明,任重道远。全面建成社会主义现代化强国,总的战略安排是分两步走:从2020年到2035年基本实现社会主义现代化;从2035年到本世纪中叶把我国建成富强民主文明和谐美丽的社会主义现代化强国。党章据此作出相应修改。

第八,把走中国特色社会主义法治道路,发展更加广泛、更加充分、更加健全的全过程人民民主,建立健全民主选举、民主协商、民主决策、民主管理、民主监督的制度和程序,统筹发展和安全等内容写入党章。

第九,把坚持政治建军、改革强军、科技强军、人才强军、依法治军,把人民军队建设成为世界一流军队;全面准确、坚定不移贯彻"一个国家、两种制度"的方针,坚决反对和遏制"台独";弘扬和平、发展、公平、正义、民主、自由的全人类共同价值,推动建设持久和平、普遍安全、共同繁荣、开放包容、清洁美丽的世界等内容写入党章。

第十,党的十九大以来,党坚持打铁必须自身硬,坚持以党的政治建设为统领,推动全面从严治党向纵深反展,党的建设取得许多新的重大成果和成功经验,应该及时体现到党章中,使之转化为全党共同意志和共同遵循。

第十一,把弘扬坚持真理、坚守理想,践行初心、担当使命,不怕牺牲、英勇斗争,对党忠诚、不负人民的伟大建党精神,以伟大自我革命引领伟大社会革命等要求写入党章;把必须提高政治判断力、政治领悟力、政治执行力,增强贯彻落实党的理论和路线方针政策的自觉性和坚定性,推动马克思主义中国化时代化,党的自我革命永远在路上,不断健全党内法规体系,强化全民从严治党主体责任和监督责任,一体推进不敢腐、不能腐、不想腐等内容写入党章;把坚持新时代党的组织路线作为党的建设的基本要求之一写入党章。

第十二,把党是最高政治领导力量,坚持和加强党的全面领导等内容写入党章。

第十三,总结吸收党的十九大以来党的工作和党的建设的成功经验,并同总纲部分修改相衔接,对党章部分条文适当修改。

第十四，对党员义务进行了完善，增写学习党的历史，增强"四个意识"、坚定"四个自信"、做到"两个维护"的内容。

第十五，在党的干部一章，充实了党的各级领导干部必须具备的基本条件，在第 36 条第 5 项中增写反对特权思想和特权现象的内容。

第十六，党的十九大以来，党的组织建设及相关制度建设取得一系列重要成果。党章修正案吸收这些成果，重点对党的基层组织、党组两章部分条文进行了充实完善。

第十七，党章修正案吸收近几年党的纪律建设和纪检体制改革的新成果，对党的纪律、党的纪律检查机关两章进行了必要充实。

第二节　深刻认识学习贯彻党章的重大意义

党章是立党、管党、治党的总章程。学习党章、遵守党章、贯彻党章、维护党章，关系到增强党的创造力、凝聚力、战斗力，关系到巩固党的执政地位、保持党的先进性和纯洁性，关系到党的事业兴衰成败和生死存亡。

一、党章是把握党的正确政治方向的根本准则

党章对党的性质和宗旨、党的路线和纲领、党的指导思想和奋斗目标都作了明确规定，集中表达了我们党的理论基础和政治主张，集中体现了我们党的整体意志和共同理想，为全党统一思想、统一行动提供了根本准则。只有认真学习和深入贯彻党章，才能确保我们党始终沿着党的基本理论、基本路线、基本方略指引的正确方向前进，始终成为中国特色社会主义事业的坚强领导核心，始终凝聚起全党的意志和力量，为实现党的理想和目标而共同奋斗。

二、党章是坚持从严治党方针的根本依据

党章对党内政治生活、组织生活的重大原则问题提出了明确要求，规定了党内的各项基本制度，是制定党内其他规章制度的根本依据。党的二十大报告指出："当前，世界百年未有之大变局加速演进，新一轮科技革命和产业变革深入发展，国际力量对比深刻调整，我国发展面临新的战略机遇。"我们党面临"四大考验""四种危险"，落实管党治党的任务比以往任何时候都更为繁重、更

为紧迫。只有认真学习和深入贯彻党章,才能准确把握全党必须遵循的行为准则,严格执行党的制度和纪律,不断保持和发展党的先进性和纯洁性,不断提高党的领导水平和执政水平、提高拒腐防变和抵御风险能力,为完成党的二十大部署的各项任务提供坚强保证。

三、党章是党员加强党性修养的根本标准

党章对党员需要掌握的党的基本知识作出了系统阐述,对党员的权利和义务、党员领导干部应该具备的基本条件、党的纪律等作出明确规范,为广大党员干部进行自我教育、自我提高提供了最好的教材。二十大党章修正案根据习近平总书记对党员提出的新要求,在党员一章,党章修正案对党员义务进行了完善,增写学习党的历史,增强"四个意识"、坚定"四个自信"、做到"两个维护"的内容。作这样的充实,对于引导广大党员经常对照党章规定和要求,深刻领悟"两个确立"的决定性意义,始终坚定理想信念、牢记初心使命,在思想上政治上行动上同以习近平同志为核心的党中央保持高度一致,更加积极地奋进新征程、建功新时代,具有重要意义。只有认真学习和深入贯彻党章,才能有效引导党员干部加强党性修养,严格遵守党员标准,牢记党的宗旨,严守党的纪律,时刻把党和人民放在心中最高位置,坚持和发扬共产党员政治本色,充分发挥先锋模范作用和骨干带头作用。

第三节　带头学习践行党章

认真学习践行党章是确保全党凝心聚力完成新时代历史使命的必然要求。当今世界正经历百年未有之大变局,我们党担负着团结和带领全国各族人民实现第二个百年奋斗目标、实现中华民族伟大复兴中国梦的历史使命,改革发展稳定任务之艰巨前所未有。广大干部必须以习近平新时代中国特色社会主义思想为指导,把学习贯彻党章作为第一位的要求,把党章作为加强党性修养的根本标准,作为指导党的工作、党内活动、党的建设的根本依据,带头尊崇党章、学习党章、遵守党章、贯彻党章、维护党章,切实把党章各项规定要求落实到行动上、体现在工作中,不断提高新时代党的建设水平,为实现中华民族伟大复兴提供坚强保障。

一、真正学懂弄通党章

全党学习贯彻党章的水平,决定着党员队伍党性修养的水平,决定着各级党组织凝聚力和战斗力的水平,决定着全面从严治党的水平。学懂弄通党章,要原原本本地学、逐字逐句地学。毛泽东同志曾说过,世界上就怕"认真"二字。通过逐字逐句学,才能掌握党纲部分关于党的性质、宗旨、指导思想、奋斗目标和行动方略等内容,才能明确党员义务和权利、党的制度和各级党组织的行为规范、党的各级领导干部的基本条件、党的纪律,才能进一步入脑入心。

一是要深刻理解党章是一部凝练的党史,体现了我们党发展壮大的光辉历程。党章的逐步完善与创新,体现了党发展壮大的历史过程,记录了党的思想、理论和路线与时俱进的发展轨迹。清楚党章的历次修订与完善的来龙去脉,才能更好地结合当前形势和任务把握党章。

二是要深刻理解党章是党的根本大法,彰显着我们党区别于其他政党的鲜明本色。党章总纲对党的宗旨、指导思想、奋斗纲领和基本路线作出了明确规定。党的宗旨是党的一切活动的根本出发点,是党全部政策的出发点和归宿。党的指导思想是党的行动指南,是指导党的全部活动的理论体系。党的纲领是党提出的奋斗目标和为实现奋斗目标而采取的行动路线。这些是我们党与其他政党不同的标志所在,是我们党始终坚持、毫不动摇的根本所在。

三是要深刻理解党员是党的基本细胞,共同构筑起我们党充满生机活力的肌体。党员是执行党的路线、方针、政策和措施的基本依靠力量,也是党章规范的主体。党章对党员的基本条件、党员必须履行的义务、享有的权利提出了明确要求,党章还专门明确界定了党的干部在建设中国特色社会主义事业中的重要地位和作用,提出了党的各级领导必备的基本条件。

四是要深刻理解党的基层组织是党的前沿阵地和战斗堡垒,关系到党的执政基础和执政地位。党的基层组织是整个党组织体系的基础,党章明确规定,党的基层组织是党在社会基层组织中的战斗堡垒,是党的全部工作和战斗力的基础,并提出了基层组织的基本任务及各类基层组织的具体职责。要了解党的基层组织的定位职责、发展现状问题,提高基层组织建设科学化水平。

五是要深刻理解民主集中制是党的根本组织制度,有力保证了党的创造力、凝聚力和战斗力。民主集中制既是党的根本组织原则,也是群众路线在党的生活中的运用,是党为了实现自己的纲领和任务而必须成为一个统一整体组织需要而产生的。坚持与完善民主集中制,既是一个重要的历史性课题,又具有现实针对性,对于增强党的活力,使党始终充满创造力、凝聚力、战斗力具有重要作用。

六是要深刻理解党的纪律是党的生命线,维护着党的团结和统一。党章中的纪律铭刻党的生命线,从一定程度上讲,一部党章发展史就是一部从严管党治党史。党章明确规定,党组织必须严格执行和维护党的纪律,党员必须自觉接受党的纪律的约束,并规定了党的纪律的内容、纪律处分的原则和种类。

二、认真学习践行党章,使之内化于心、外化于行

认真学习践行党章是我们党持续不断加强自身建设的重要经验。我们党的事业之所以能有今天巨大的成就,与之始终重视党章、重视要求党员学习践行党章密不可分。当前,我国已经开启全面建设社会主义现代化国家新征程,党正在团结带领人民进行具有许多新的历史特点的伟大斗争,更要把学习践行党章作为一项重大政治任务抓紧抓好。在学习党章方面,既要做到从党章文本出发,原原本本学、反反复复学,做到知其然,又要联系实际学、深入思考学,做到知其所以然。习近平总书记强调:"要联系党的历史和今天党所处的历史方位、承担的历史使命的实际,联系党的理论发展和今天坚定理想信念的实际,联系党的基本路线和今天做好各项工作的实际,联系党的性质宗旨和今天更好为人民服务的实际,联系党员义务权利和今天发挥好党员先锋模范作用的实际,联系党的纪律规矩和今天解决好党内存在的突出问题的实际,深入思考党章对党组织和党员、干部的要求是哪些、怎样身体力行,深入思考对照党章自己哪些没做到、应该如何提高,深入思考全面从严治党还有哪些环节需要加强、哪些制度需要完善。"因此,我们要融会贯通深入推进党章学习,做到学而懂、学而信、学而用。

第一,加强党性修养,始终坚定政治立场、做到对党绝对忠诚。要按照党章的要求,自觉用习近平新时代中国特色社会主义思想武装头脑,筑牢信仰之基,补足精神之钙,把稳思想之舵。要增强"四个意识"、坚定"四个自信"、做到"两个维护",自觉把维护习近平总书记党中央的核心、全党的核心地位,坚决维护党中央权威和集中统一领导作为最高政治原则和根本政治规矩,使之铸入思想深处、融进血脉灵魂。

第二,树牢群众观念,始终保持为民情怀、做到全心为民服务。党的二十大报告指出:"江山就是人民,人民就是江山。中国共产党领导人民打江山、守江山,守的是人民的心。治国有常,利民为本。为民造福是立党为公、执政为

民的本质要求。必须坚持在发展中保障和改善民生,鼓励共同奋斗创造美好生活,不断实现人民对美好生活的向往。"我们要实现好、维护好、发展好最广大人民根本利益,紧紧抓住人民最关心最直接最现实的利益问题,坚持尽力而为、量力而行,深入群众、深入基层,采取更多惠民生、暖民心举措,着力解决好人民群众急难愁盼问题,健全基本公共服务体系,提高公共服务水平,增强均衡性和可及性,扎实推进共同富裕。

第三,增强敬畏之心,始终坚守底线红线、做到严格遵规守纪。我们党是用革命理想和铁的纪律组织起来的马克思主义政党,组织严密、纪律严明是我们党的力量所在。党员干部遵守党章、贯彻党章,首先就要自觉从遵守党章的各项纪律规定做起。要严守党规党纪特别是政治纪律和政治规矩,严格执行民主集中制。要时刻牢记自己是组织的一员,增强组织观念、服从组织决定。要知敬畏、明底线,干净做人、清白为官,做到廉洁从政。

第四,涵养道德情操,始终坚持完善自我、做到德行引领风范。党章强调,干部选拔要坚持德才兼备、以德为先原则。党员干部贯彻落实党章,就要对标党章要求,完善提高自我,争做道德模范。要坚持不忘初心、牢记使命,进一步提高思想境界和道德情操。要坚持实事求是,自我批评。经常反省自己学习工作是否进步,为人处世是否忠信,对祖国、人民和党是否心存有愧,是否做到勤政、为民和廉洁。

第五,强化责任担当,始终积极履职尽责、做到争创一流业绩。知责任者,大丈夫之始也;行责任者,大丈夫之终也。党员干部贯彻落实党章,最终要看是否能够走在前列、干在实处,把肩上的责任担起来,把部署的任务落实好。广大党员干部要有担当之勇,还要有破解难题之智,要敢于突破传统,跳出条条框框限制,把创新精神贯穿工作始终,面对工作任务善于探索新规律、拿出新举措,不断增强工作的计划性、预见性。

以案释法

空泛表态、不作为的干部也是违纪违法

【案情回放】

贵州省三都县是该省 14 个深度贫困县之一。该县县委原书记梁某某在

接受媒体采访时,曾信誓旦旦表示:"不求做大官,但求做大事""带领全国63％的水族人民脱贫就是天大的事""作为深度贫困县,要和全国同步迈进小康,打赢这场脱贫攻坚战"。为此,他还在办公室墙上挂着"脱贫攻坚决战决胜作战图",将全县分为7大战区,自己担任指挥长。在实际操作中,他却换了一副面孔。2016年以来,三都县在建的千万元以上的项目有127个,但与脱贫攻坚有关的只有41个。他把精力和资金都集中到与脱贫攻坚工作无直接关系的"养生谷""千神广场"等"高大上"的综合开发项目上。对于其对口帮扶的乡镇,他不顾及贫困村危房、水电、路灯等基础设施未改善的事实,很少进村,就算来也只是带着商人看项目,在村委会开个会就走了。2017年8月,针对三都县委、县政府存在的不聚焦精准脱贫工作、目标发散、力量分散等问题,黔南州委、州政府对三都县提出批评并"约法三章",梁某某口头答应却不执行。2018年6月,梁某某因严重违纪违法被开除党籍、开除公职。

【案例评析】

开除党籍是最严重的一种党的纪律处分,也是党章规定的党内最高处分。全面从严治党,绝不仅仅是要求党员领导干部清正廉洁、不贪腐,与其同样重要的,是领导干部要在其位、谋其政,要真正为百姓做事,有一个共产党员的担当和作为。党章第36条规定,党的各级领导干部必须信念坚定、为民服务、勤政务实、敢于担当、清正廉洁,模范地履行本章程第三条所规定的党员的各项义务,并且必须具备以下的基本条件:"……(五)正确行使人民赋予的权力,坚持原则,依法办事,清正廉洁,勤政为民,以身作则,艰苦朴素,密切联系群众,坚持党的群众路线,自觉地接受党和群众的批评和监督,加强道德修养,讲党性、重品行、作表率,做到自重、自省、自警、自励,反对形式主义、官僚主义、享乐主义和奢靡之风,反对特权思想和特权现象,反对任何滥用职权、谋求私利的行为。……"

口号喊得震天响,但落到行动上却是"蜻蜓点水"。现实中,诸如此类"表态多调门高、行动少落实差"的问题不少。他们往往表面上搞堂而皇之的"政治排场",摆出一副"紧跟看齐"的样子,却使中央决策部署难以落地,使政令落空、政策走样,延误党的事业,啃食人民群众的获得感。喊破嗓子,不如甩开膀子。广大干部要引以为戒,在实际工作中要有担当敢作为,坚决贯彻上级精神,真抓实干,攻坚克难,奋力推动"十四五"时期经济社会高质量发展。

【法条链接】

《中国共产党章程》

第三十六条　党的各级领导干部必须信念坚定、为民服务、勤政务实、敢于担当、清正廉洁,模范地履行本章程第三条所规定的党员的各项义务,并且必须具备以下的基本条件:

(一)具有履行职责所需要的马克思列宁主义、毛泽东思想、邓小平理论、"三个代表"重要思想、科学发展观的水平,带头贯彻落实习近平新时代中国特色社会主义思想,努力用马克思主义的立场、观点、方法分析和解决实际问题,坚持讲学习、讲政治、讲正气,经得起各种风浪的考验。

(二)具有共产主义远大理想和中国特色社会主义坚定信念,坚决执行党的基本路线和各项方针、政策,立志改革开放,献身现代化事业,在社会主义建设中艰苦创业,树立正确政绩观,做出经得起实践、人民、历史检验的实绩。

(三)坚持解放思想,实事求是,与时俱进,开拓创新,认真调查研究,能够把党的方针、政策同本地区、本部门的实际相结合,卓有成效地开展工作,讲实话,办实事,求实效。

(四)有强烈的革命事业心和政治责任感,有实践经验,有胜任领导工作的组织能力、文化水平和专业知识。

(五)正确行使人民赋予的权力,坚持原则,依法办事,清正廉洁,勤政为民,以身作则,艰苦朴素,密切联系群众,坚持党的群众路线,自觉地接受党和群众的批评和监督,加强道德修养,讲党性、重品行、作表率,做到自重、自省、自警、自励,反对形式主义、官僚主义、享乐主义和奢靡之风,反对特权思想和特权现象,反对任何滥用职权、谋求私利的行为。

(六)坚持和维护党的民主集中制,有民主作风,有全局观念,善于团结同志,包括团结同自己有不同意见的同志一道工作。

◆ 思 ◆ 考 ◆ 题

1.为什么说党章是全党必须遵循的总规矩?

2.如何理解"党的干部是党的事业的骨干,是人民的公仆"这句话?

3.广大干部应如何努力践行党章,做遵守党章的模范?

第十二章　认真学习两个准则

《"八五"普法规划》指出："以党章、准则、条例等为重点,深入学习宣传党内法规,注重党内法规宣传同国家法律宣传的衔接协调。"党内法规中的准则,主要是对全党政治生活、组织生活和全体党员行为作出基本的规定。党的二十大报告指出："加强党的政治建设,严明政治纪律和政治规矩,落实各级党委(党组)主体责任,提高各级党组织和党员干部政治判断力、政治领悟力、政治执行力。坚持科学执政、民主执政、依法执政,贯彻民主集中制,创新和改进领导方式,提高党把方向、谋大局、定政策、促改革能力,调动各方面积极性。增强党内政治生活政治性、时代性、原则性、战斗性,用好批评和自我批评武器,持续净化党内政治生态。"

我们党现行的准则有两个:一是《关于新形势下党内政治生活的若干准则》;二是《中国共产党廉洁自律准则》。广大干部要认真学习贯彻这两个准则,不断增强"四个意识",坚定"四个自信",做到"两个维护",对党中央决策部署,必须坚定坚决、不折不扣、落实落细,为全面建设社会主义现代化国家、实现中华民族伟大复兴作出应有的贡献。

第一节 关于新形势下党内政治生活的若干准则

开展严肃认真的党内政治生活,是我们党作为马克思主义政党区别于其他政党的重要特征,是我们党的光荣传统。长期实践证明,严肃认真的党内政治生活,是我们党坚持党的性质和宗旨、保持先进性和纯洁性的重要法宝,是解决党内矛盾和问题的"金钥匙",是广大党员干部锤炼党性的"大熔炉"。《关于新形势下党内政治生活的若干准则》(以下简称准则)既是党章规定和要求的具体化,也是近年来全面从严治党实践形成的一系列规定和举措的系统化。准则针对党内存在的突出矛盾和问题,从 12 个方面作出规定:(1)坚定理想信念;(2)坚持党的基本路线;(3)坚决维护党中央权威;(4)严明党的政治纪律;(5)保持党同人民群众的血肉联系;(6)坚持民主集中制原则;(7)发扬党内民主和保障党员权利;(8)坚持正确选人用人导向;(9)严格党的组织生活制度;(10)开展批评和自我批评;(11)加强对权力运行的制约和监督;(12)保持清正廉洁的政治本色。广大党员干部对于准则中所提出的这 12 条具体要求,要在实际工作中认真地去理解、具体地去把握。只有把各个方面工作都扎扎实实地做好,才能从整体上提高党内政治生活的科学化水平,发挥它应有的作用,也才能达到严肃党内政治生活、提高党内生活质量的目标。

一、抓好思想教育这个根本

坚定理想信念是严肃党内政治生活的首要任务。党内政治生活开展的质量如何,是否严肃认真,与思想政治建设推进的成效有直接关系。"欲事立,须是心立。"加强思想教育和理论武装,是党内政治生活的首要任务,是保证全党步调一致的前提。毛泽东同志曾经指出:"掌握思想教育,是团结全党进行伟大政治斗争的中心环节。"党内政治生活出现这样那样的问题,根子还是一些党员、干部理想信念这个"压舱石"发生了动摇,世界观、人生观、价值观这个"总开关"出现了松动。理想信念,源自坚守,成于磨砺。党的二十大报告指出:"坚持不懈用新时代中国特色社会主义思想凝心铸魂。用党的创新理论武装全党是党的思想建设的根本任务。全面加强党的思想建设,坚持用新时代中国特色社会主义思想统一思想、统一意志、统一行动,组织实施党的创新理论学习教育计划,建设马克思主义学习型政党。加强理想信念教育,引导全党牢记党的宗旨,解决好世界观、人生观、价值观这个总开关问题,自觉做共产主义远大理想和中国特色社会主义共同理想的坚定信仰者和忠实实践者。坚持学思用贯通、知信行统一,把新时代中国特色社会主义思想转化为坚定理想、锤炼党性和指导实践、推动工作的强大力量。坚持理论武装同常态化长效化开展党史学习教育相结合,引导党员、干部不断学史明理、学史增信、学史崇德、学史力行,传承红色基因,赓续红色血脉。以县处级以上领导干部为重点在全党深入开展主题教育。"

二、抓好严明纪律这个关键

"欲知平直,则必准绳;欲知方圆,则必规矩。"纪律严明是加强和规范党内政治生活的内在要求和重要保证。要强化党内制度约束,扎紧制度的笼子。政治纪律和政治规矩是党最根本、最重要的纪律,遵守政治纪律和政治规矩是遵守党的全部纪律的基础。各级党组织和广大党员要自觉遵守政治纪律和政治规矩,不断增强政治意识、大局意识、核心意识、看齐意识,做到坚守政治信仰、站稳政治立场、把准政治方向。

党的二十大报告指出:"完善党的自我革命制度规范体系。坚持制度治党、依规治党,以党章为根本,以民主集中制为核心,完善党内法规制度体系,增强党内法规权威性和执行力,形成坚持真理、修正错误,发现问题、纠正偏差的机制。健全党统一领导、全面覆盖、权威高效的监督体系,完善权力监督制约机制,以党内监督为主导,促进各类监督贯通协调,让权力在阳光下运行。推进政治监督具体化、精准化、常态化,增强对'一把手'和领导班子监督实效。发挥政治巡视利剑作用,加强巡视整改和成果运用。落实全面从严治党政治责任,用好问责利器。"

三、抓好选人用人这个导向

选人用人是党内政治生活的风向标,用人上的不正之风和腐败现象对政治生活危害最烈,端正用人导向是严肃党内政治生活的治本之策。党的二十大报告指出:"建设堪当民族复兴重任的高素质干部队伍。全面建设社会主义现代化国家,必须有一支政治过硬、适应新时代要求、具备领导现代化建设能力的干部队伍。坚持党管干部原则,坚持德才兼备、以德为先、五湖四海、任人唯贤,把新时代好干部标准落到实处。树立选人用人正确导向,选拔忠诚干净担当的高素质专业化干部,选优配强各级领导班子。坚持把政治标准放在首位,做深做实干部政治素质考察,突出把好政治关、廉洁关。加强实践锻炼、专业训练,注重在重大斗争中磨砺干部,增强干部推动高质量发展本领、服务群众本领、防范化解风险本领。加强干部斗争精神和斗争本领养成,着力增强防风险、迎挑战、抗打压能力,带头担当作为,做到平常时候看得出来、关键时刻站得出来、危难关头豁得出来。完善干部考核评价体系,引导干部树立和践行正确政绩观,推动干部能上能下、能进能出,形成能者上、优者奖、庸者下、劣者汰的良好局面。抓好后继有人这个根本大计,健全培养选拔优秀年轻干部常态化工作机制,把到基层和艰苦地区锻炼成长作为年轻干部培养的重要途径。重视女干部培养选拔工作,发挥女干部重要作用。重视培养和用好少数民族干部,统筹做好党外干部工作。做好离退休干部工作。加强和改进公务员工作,优化机构编制资源配置。坚持严管和厚爱相结合,加强对干部全方位管理和经常性监督,落实'三个区分开来',激励干部敢于担当、积极作为。关心关爱基层干部特别是条件艰苦地区干部。"

四、严格把好组织生活规范关

党的二十大报告指出:"严密的组织体系是党的优势所在、力量所在。各级党组织要履行党章赋予的各项职责,把党的路线方针政策和党中央决策部署贯彻落实好,把各领域广大群众组织凝聚好。"党的组织生活是党内政治生活的重要内容和载体,是党组织对党员进行教育管理监督的重要形式。一个班子强不强、有没有战斗力,同有没有严肃认真的组织生活密切相关。从目前党内开展组织生活的情况看,有些党组织开展组织生活不规范,存在随意化、形式化、庸俗化等问题。因此,进一步严肃党内政治生活,必须从组织生活严起,具体地说就是必须从组织生活的规范严起。要认真落实"三会一课"、民主生活会、领导干部双重组织生活、民主评议党员、谈心谈话等制度,加强经常性教育、管理、监督。要创新方式方法,增强吸引力和感染力,提高组织生活质量和效果。

批评和自我批评是我们党强身治病、保持肌体健康的锐利武器,也是加强和规范党内政治生活的重要手段。要将这一锐器运用到组织生活会中,民主评议必须真刀真枪,必须有力度、有辣味,开展自我评议必须揭短亮丑,动真碰硬、触及灵魂，摒弃"老好人"思想，通过批评和自我批评，解开思想疙瘩、化解现实矛盾、解决具体问题。要将这一武器运用到民主生活会中，点准穴位、红脸出汗，放下架子、抛开面子，打消思想顾虑，敞开心扉、坦诚相见，勇于接受批评，使思想受到洗礼，灵魂受到触动，让红红脸、出出汗成为常态。领导干部要带头，班子要作表率，在党内营造批评和自我批评的良好风气。领导干部要坚决反对事不关己、高高挂起，明知不对、少说为佳的庸俗哲学，坚决克服文过饰非、知错不改等错误倾向。

五、严格把好履行全面从严治党主体责任关

党的二十大报告指出："加强党的政治建设，严明政治纪律和政治规矩，落实各级党委（党组）主体责任，提高各级党组织和党员干部政治判断力、政治领悟力、政治执行力。"从目前履行全面从严治党主体责任情况看，一些领导干部对党内政治生活思想上不重视、认识上有偏差，出现忽视全面从严治党主体责任的现象。习近平总书记强调："从严治党，必须增强管党治党意识、落实管党治党责任。历史和现实特别是这次活动都告诉我们，不明确责任，不落实责任，不追究责任，从严治党是做不到的。"因此，要把进一步严肃党内政治生活作为全面从严治党的基础性工作，紧紧抓住全面从严治党主体责任这个"牛鼻子"，严格把好履行全面从严治党主体责任关。

一要认清并高度重视全面从严治党主体责任。全面从严治党主体责任就其性质来说是一种政治责任。政治责任是领导干部制定、推动政策实施的职责和未尽职责时应承担的责任。

二要进一步厘清主体责任清单，形成完整工作链条。全面从严治党主体责任不是挂在嘴上讲的，是要在落实中见成效。要形成各级党委（党组）主体责任、各级纪委（纪检组）监督责任、各级党组织书记第一责任、班子成员"一岗双责"合力运行的完整工作链。特别是党组织书记要负好主责、首责、全责，坚持把抓全面从严治党与抓经济社会发展同步；抓党建与抓业务同步，并坚定做到亲力亲为，严抓严管，为各级党组织履行主体责任作出表率、作好示范。

三要实施精准问责，开展全方位监督。要进一步强化《中国共产党问责条例》等制度的落实，做到抓早抓小、防微杜渐，要紧盯住不落实的事和不落实事的人，实施精准问责，做到责任追究有规范、责任追究有标准、责任追究有依据，对有问题的党组织和领导干部要及时问责，唤醒他们的责任意识，激发他

们的担当精神。要开展全方位监督,不仅要做到自我监督,还要做到自我监督、上级监督、群众监督相结合,定期督导和突击检查相结合,日常监督和专项监督相结合,发挥监督的合力作用,切实增强监督实效,形成常态化。

我们党在长期实践中形成的党内政治生活的光荣传统,不论过去、现在还是将来,都是党的宝贵财富。光荣传统不能丢,丢了就丢了魂;红色基因不能变,变了就变了质。同时,我们要立足新的实际,不断从内容、形式、载体、方法、手段等方面进行改进和创新,善于以新的经验指导新的实践,更好发挥党内政治生活的作用,努力在全党造成一个又有集中又有民主、又有纪律又有自由、又有统一意志又有个人心情舒畅的生动活泼的政治局面。

以案释法

破坏环境监测数据被判刑

【案情回放】

2018 年 3 月,生态环境部组织检查发现,山西省临汾市 6 个国控空气自动监测站部分监测数据异常,采样系统受到人为干扰。经调查,临汾市环保局原局长张某某在监测数据上动手脚、打歪主意,授意局办公室主任、监测站聘用人员等两人故意实施破坏环境空气自动监测数据行为。2017 年 4 月至 2018 年 3 月,经授意后,这些人通过堵塞采样头、向监测设备洒水等方式,对全市 6 个国控自动监测站点实施干扰近百次,导致监测数据严重失真达 53 次。2018 年 5 月,张某某受到开除党籍、开除公职处分。人民法院对涉案主犯张某某判处有期徒刑 2 年,对其他两人分别判处有期徒刑 1 年。

【案例评析】

案例中张某某等人在环境空气自动监测数据上弄虚作假,瞒报、谎报的行为,无论是作假企图隐藏、遮掩问题,还是编造假经验、假典型,都是对党不忠诚、投机取巧的表现。投机取巧只会弄巧成拙,弄虚作假最终会露出马脚,自欺欺人只能是"搬起石头砸自己的脚"。对党员干部来说,与其煞费苦心"造盆景""刷数据""捂盖子",不如老实干工作、诚实看问题、踏实抓整改。只有拿出守土有责、守土负责、守土尽责的责任担当,拿出实实在在的成绩,才能经得起历史、人民、实践的检验。

【法条链接】

《关于新形势下党内政治生活的若干准则》

五、保持党同人民群众的血肉联系

……

全党必须坚决反对形式主义、官僚主义、享乐主义和奢靡之风,领导干部特别是高级干部要以身作则。反对形式主义,重在解决作风飘浮、工作不实、文山会海、表面文章,贪图虚名、弄虚作假等问题。反对官僚主义,重在解决脱离实际、脱离群众,消极应付、推诿扯皮,作风霸道、迷恋特权等问题。反对享乐主义,重在解决追名逐利、贪图享受,讲究排场、玩物丧志等问题。反对奢靡之风,重在解决铺张浪费、挥霍无度,骄奢淫逸、腐化堕落等问题。坚持抓常、抓细、抓长,特别是要防范和查处各种隐性、变异的"四风"问题,把落实中央八项规定精神常态化、长效化。

……

第二节 中国共产党廉洁自律准则

全面从严治党,必然要求依规治党和以德治党相结合。廉洁自律准则重申党的理想信念宗旨、优良传统作风,紧扣廉洁自律、坚持正面倡导、面向全体党员、突出关键少数,强调自律,重在立德,为党员和党员领导干部树立了一个看得见、够得着的高标准。广大党员干部要发挥表率作用,对标八条自律标准,带头践行廉洁自律规范,永葆清正廉洁的政治本色。

一、廉洁自律准则出台的背景及特点

2015 年 10 月,中共中央印发了《中国共产党廉洁自律准则》,这是《中国共产党党员领导干部廉洁从政若干准则》经修订后的名称。从"中国共产党党员领导干部"到"中国共产党",从"廉洁从政"到"廉洁自律",都体现了"全面"二字。新准则将适用范围扩大到全体党员;其中,对党员领导干部的自律规范,不再限于"廉洁从政",而是扩展到"廉洁用权、廉洁修身、廉洁齐家"等方面。准则修订过程中,突出重点、删繁就简,坚持正面倡导、重在立德向善,将"8 个禁止""52 个不准"等负面清单内容移入同步修订的纪律处分条例,使当

时现行的 18 条、3600 余字的准则,浓缩成 8 条、309 字的自律标准。修订后的准则既向全体党员发出道德宣示,体现全面从严治党要求,又突出领导干部这个"关键少数",提出比普通党员更高的要求。

二、廉洁自律准则的主要内容

(一)"四个必须"的原则

廉洁自律准则开篇即向全体党员和各级党员领导干部提出"四个必须"的原则要求:(1)必须坚定共产主义理想和中国特色社会主义信念;(2)必须坚持全心全意为人民服务根本宗旨;(3)必须继承发扬党的优良传统和作风;(4)必须自觉培养高尚道德情操,努力弘扬中华民族传统美德,廉洁自律,接受监督,永葆党的先进性和纯洁性。

(二)党员廉洁自律规范

针对全体党员,廉洁自律准则围绕如何正确对待和处理"公与私""廉与腐""俭与奢""苦与乐"的关系,提出了"四个坚持":(1)坚持公私分明,先公后私,克己奉公;(2)坚持崇廉拒腐,清白做人,干净做事;(3)坚持尚俭戒奢,艰苦朴素,勤俭节约;(4)坚持吃苦在前,享受在后,甘于奉献。

(三)党员领导干部廉洁自律规范

针对党员领导干部,廉洁自律准则围绕"廉洁"二字,从公仆本色、行使权力、品行操守、良好家风等四个方面,提出了"四个自觉":(1)廉洁从政,自觉保持人民公仆本色;(2)廉洁用权,自觉维护人民根本利益;(3)廉洁修身,自觉提升思想道德境界;(4)廉洁齐家,自觉带头树立良好家风。

廉洁自律准则"四个必须"的原则要求,向全党、全社会和全体人民彰显了我们党坚持清正廉洁政治本色和建设廉洁政治的鲜明立场,是共产党人矢志不渝的高尚道德追求。"八条规范"提供了具体清晰的法规依据和执行标准,便于全体党员和各级党员领导干部进行对照,提高自律意识,防微杜渐,筑牢思想道德防线。各级党员领导干部要发挥表率作用,带头践行廉洁自律规范,使廉洁自律规范内化于心、外化于行,永葆共产党人清正廉洁的政治本色。

以案释法

儿子依仗父亲大肆敛财被全球通缉

【案情回放】

张某,海南省委原常委、海口市委原书记。中央纪委国家监委通报称,张某家风败坏,伙同家人大肆收钱敛财、大搞权钱交易。张某在国外参加其儿子大学毕业典礼时,让儿子第一次收下了老板送的"生活费"。儿子回国后想做生意,张某就介绍老板给他认识,本钱由老板提供。儿子倚仗父亲不劳而获,主动向老板索要金钱,往返于中国、加拿大之间过着奢侈享乐的生活。由于儿子涉案金额巨大,中国向全球发布红色通缉令。

张某还存在其他严重违纪违法问题,被开除党籍、开除公职;终止其党的十九大代表、海南省第七次党代会代表、海口市第十三次党代会代表资格;被判处无期徒刑。

【案例评析】

党的十八大以来,以习近平同志为核心的党中央高度重视领导干部的家风问题,将党员领导干部家风建设以党内法规形式予以制度化。《关于新形势下党内政治生活的若干准则》《中国共产党党内监督条例》《中国共产党廉洁自律准则》等都对领导干部的家风问题提出了要求,将廉洁齐家列为党员领导干部廉洁自律规范的一项重要内容。《中国共产党纪律处分条例》规定:"党员领导干部不重视家风建设,对配偶、子女及其配偶失管失教,造成不良影响或者严重后果的,给予警告或者严重警告处分;情节严重的,给予撤销党内职务处分。"这是以党内法规形式对领导干部家风建设提出明确要求。2021年7月,中宣部、中央文明办、中央纪委机关、中组部、国家监委、教育部、全国妇联印发《关于进一步加强家庭家教家风建设的实施意见》,明确要求把家风建设作为党员和领导干部作风建设重要内容,引导筑牢反腐倡廉的家庭防线,以纯正家风涵养清朗党风政风社风。

"积善之家必有余庆,积不善之家必有余殃",能不能过好亲情关,特别是家属子女关,对每个党员干部来说都是很现实的考验。健康的家庭生活,可以滋养身心,反过来,领导干部的思想境界和一言一行,又直接影响着家庭其他成员,很大程度上决定着家风家貌。每一名领导干部都要把家风建设摆在重要位置,廉洁修身、廉洁齐家,在管好自己的同时,严格要求配偶、子女和身边工作人员。

【法条链接】

《关于新形势下党内政治生活的若干准则》

十二、保持清正廉洁的政治本色

……

领导干部特别是高级干部必须注重家庭、家教、家风,教育管理好亲属和身边工作人员。严格执行领导干部个人有关事项报告制度,进一步规范领导干部配偶子女从业行为。禁止利用职权或影响力为家属亲友谋求特殊照顾,禁止领导干部家属亲友插手领导干部职权范围内的工作、插手人事安排。各级领导班子和领导干部对来自领导干部家属亲友的违规干预行为要坚决抵制,并将有关情况报告党组织。

……

《中国共产党廉洁自律准则》

第八条　廉洁齐家,自觉带头树立良好家风。

思 考 题

1.《关于新形势下党内政治生活的若干准则》规定的12项准则是什么?

2.为什么说坚定理想信念是严肃党内政治生活的首要任务?

3.《中国共产党廉洁自律准则》中"四个必须"的原则具体指什么?

4.党员廉洁自律规范是什么?党员领导干部廉洁自律规范是什么?

第十三章　重点学习纪律处分条例和问责条例

　　《"八五"普法规划》指出："以党章、准则、条例等为重点,深入学习宣传党内法规,注重党内法规宣传同国家法律宣传的衔接协调。"党内法规中的条例,是对党的某一领域重要关系或者某一方面重要工作作出全面规定。条例由党的中央组织制定,以中共中央名义发布。目前,党内法规中比较重要的条例有近30部,包括《中国共产党党和国家机关基层组织工作条例》《中国共产党党员教育管理工作条例》《党政领导干部选拔任用工作条例》《中国共产党纪律处分条例》《中国共产党问责条例》《中国共产党党内监督条例》《中国共产党巡视工作条例》等。

　　本章重点学习关于严明党的纪律方面的两个重要条例——《中国共产党纪律处分条例》和《中国共产党问责条例》。党的纪律是党的各级组织和全体党员必须遵守的行为规则,是维护党的团结统一、完成党的任务的保证。有纪可依是严明纪律的前提。习近平总书记指出:"党要管党、从严治党首先要严明纪律,纪律不能成为'稻草人',不能成为聋子的耳朵——摆设。我们把严明政治纪律、组织纪律作为重要任务,严肃查处有令不行、有禁不止的行为,在查办违纪案件中重点审查违反政治纪律、组织纪律的问题,坚决维护党的团结统一。"因此,各级党组织必须严格执行和维护党的纪律,全体共产党员尤其是党员领导干部必须自觉接受党的纪律的约束。

第一节　中国共产党纪律处分条例

纪律处分条例是规范党组织和党员行为的基础性法规。2018年8月,中共中央印发了修订后的纪律处分条例。这次修订是以习近平同志为核心的党中央站在党和国家全局的高度、推动全面从严治党向纵深发展的战略举措。新修订的纪律处分条例打造了党纪党规的"升级版",吹响了纪律建设再出发的"集结号",发出了全面从严治党半步不退的"行军令",必将有利于推动全党统一意志、统一行动、步调一致前进,把党建设得更加坚强有力。我们要充分认识修订纪律处分条例的重大意义,深刻把握纪律处分条例的精神实质和核心要义,尤其要深刻认识纪律处分条例把政治建设摆在首位的显著特点,准确把握纪律建设的政治性,使党的纪律成为管党治党的尺子和全体党员的行为底线,使铁的纪律真正转化为党员干部的日常习惯和自觉遵循。

一、充分认识纪律处分条例修订的重大意义,切实增强学习贯彻的自觉性和坚定性

党的十九大把纪律建设纳入新时代党的建设总体布局,在党章中充实完善了纪律建设相关内容,充分体现了以习近平同志为核心的党中央用严明的纪律管党治党的坚定决心。2018年修订的纪律处分条例与2015年修订的纪律处分条例一脉相承,是党中央站在新的历史起点上,全面贯彻习近平新时代中国特色社会主义思想和党的二十大精神,落实新时代党的建设总要求和全面从严治党战略部署,对坚持和加强党的全面领导、全面加强党的纪律建设作出的再部署、再动员;是进一步总结提炼党的建设新实践新经验,对党章和《关于新形势下党内政治生活的若干准则》等党内法规要求的细化具体化;是针对管党治党存在的突出问题扎紧笼子,实现制度与时俱进,推动全面从严治党向纵深发展的治本之举。各级党组织和党员干部要深刻领会"四个意识"是具体的,"两个维护"是"四个意识"的集中体现,把学习贯彻纪律处分条例与学习贯彻习近平总书记关于全面从严治党、加强纪律建设的重要论述结合起来,与学习党的十八大以来管党治党理论、实践和制度创新成果结合起来,与学习党章党规、宪法和监察法结合起来,提高思想认识,掌握核心要义,增强行动自觉,

把学习贯彻纪律处分条例工作抓紧抓好。

二、了解纪律处分条例的九大亮点，掌握其核心要义

(一)把习近平新时代中国特色社会主义思想写入指导思想

纪律处分条例第2条中规定，党的纪律建设必须坚持以马克思列宁主义、毛泽东思想、邓小平理论、"三个代表"重要思想、科学发展观、习近平新时代中国特色社会主义思想为指导。把习近平新时代中国特色社会主义思想写入指导思想，体现了修订工作本身的与时俱进。纪律处分条例的修订并非一劳永逸，必须根据时代发展和实践进程不断完善其内容。

(二)"两个坚决维护"确保党中央权威和集中统一领导

纪律处分条例第2条增写"坚决维护习近平总书记党中央的核心、全党的核心地位，坚决维护党中央权威和集中统一领导"。党的六大纪律中，政治纪律是打头的、管总的，把"两个坚决维护"写进纪律处分条例，使其上升为党的政治纪律，体现了全党的共同意志，是加强党的建设、巩固党的领导的必然要求和具体体现。

(三)"四个意识"筑牢思想防线

纪律处分条例第3条增写"党组织和党员必须牢固树立政治意识、大局意识、核心意识、看齐意识"。纪律建设是全面从严治党的治本之策。增强"四个意识"，是筑牢思想防线的重要基础，具有强基固本的重要作用。"四个意识"为纪律审查提供了新的工作思路，要求纪律审查必须始终聚焦"四个意识"，深入监督检查同"四个意识"不相符的违纪违规行为，为确保党员、干部牢固树立"四个意识"提供指引。

(四)突出监督执纪的"靶心"

纪律处分条例第7条第2款强调，将党的十八大以来不收敛、不收手，问题线索反映集中、群众反映强烈，政治问题和经济问题交织的腐败案件，违反中央八项规定精神的问题作为执纪审查的重点。纪律处分条例将"三类人"作为执纪审查的重点充实进来，让党的纪律检查工作具有"靶心"，有利于精准审查重点对象、解决重点问题，提升监督执纪的有效性和权威性，也为全体党员、干部划定了不可逾越的行为底线。与此同时，这一规定对全体党员发出了强烈的信号，中央反腐败是动真格、硬碰硬的，要坚持无禁区、全覆盖、零容忍，坚持重遏制、强高压、长震慑，坚持受贿行贿一起查，防止党内形成利益集团，将

纪律"笼子"越扎越紧。

（五）"四种形态"体现惩前毖后、治病救人

纪律处分条例第 5 条增写运用监督执纪"四种形态"内容，要求经常开展批评和自我批评、约谈函询，让"红红脸、出出汗"成为常态；党纪轻处分、组织调整成为违纪处理的大多数；党纪重处分、重大职务调整的成为少数；严重违纪涉嫌违法立案审查的成为极少数。"四种形态"坚持用纪律的尺子从严管党、从严治党，真正做到全方位、全覆盖，使每一个党组织、每一名党员都在其中。

（六）推动党纪国法"无缝衔接"

纪律处分条例对党纪与国法的衔接方面作出了详细规定，如第 27 条对党员违反法律涉嫌犯罪的行为作出处分规定，将原先该条款的"贪污贿赂、失职渎职"改为"贪污贿赂、滥用职权、玩忽职守、权力寻租、利益输送、徇私舞弊、浪费国家资财"。第 28 条对党员违法但不构成犯罪的行为作出处分规定，将原条例中第 28 条、第 29 条进行合并，规定"党组织在纪律审查中发现党员有刑法规定的行为，虽不构成犯罪但须追究党纪责任的，或者有其他违法行为，损害党、国家和人民利益的，应当视具体情节给予警告直至开除党籍处分"，体现了纪严于法、纪在法前的原则。第 29 条在原纪律处分条例第 30 条的基础上进行了修改，规定党组织在纪律审查中发现党员严重违纪涉嫌违法犯罪的，"原则上先作出党纪处分决定，并按照规定给予政务处分后"，再移送有关国家机关依法处理。第 33 条则对党员依法受到刑事责任追究、政务处分、行政处罚等情形作出处分规定，旨在避免"带着党籍蹲监狱"的情形出现。第 30 条规定，党员被依法留置、逮捕的，党组织应当按照管理权限中止其表决权、选举权和被选举权等党员权利，比修订前增加了"留置"的情形。这些修订进一步打通了党纪党规与监察法的联系，不但"放大"了党纪之严，也彰显了国法之威。修订内容充分吸收监察法的新精神和新提法，适应了当前国家监察体制改革的迫切需求，推动党内纪律建设与监察法的衔接，有利于纪检监察机关强化内部的监督执纪与监察执法，避免出现工作空白或规则冲突，让纪律处分、政务处分、法律惩治有效衔接，形成一个有机整体，更加体现了纪严于法、纪在法前的原则。

（七）从严处分凸显"越往后越严"的震慑作用

纪律处分条例对一些违纪行为作出了从重或者加重处分的规定。如第 61 条第 1 款规定，组织、利用宗教活动反对党的路线、方针、政策和决议，破坏

民族团结的,对策划者、组织者和骨干分子,给予开除党籍处分。而修订前对此款的处分规定为"留党察看或者开除党籍处分"。第64条第1款规定,组织、利用宗教势力对抗党和政府,妨碍党和国家的方针政策以及决策部署的实施,或者破坏党的基层组织建设的,对策划者、组织者和骨干分子,给予开除党籍处分。而修订前对此款的处分规定为"留党察看或者开除党籍处分"。第75条增写"搞有组织的拉票贿选,或者用公款拉票贿选的,从重或者加重处分"。第112条规定,在扶贫领域有侵害群众利益行为的,从重或者加重处分。第114条规定,在社会保障、政策扶持、扶贫脱贫、救灾救济款物分配等事项中优亲厚友、明显有失公平的,给予警告或者严重警告处分;情节较重的,给予撤销党内职务或者留党察看处分;情节严重的,给予开除党籍处分。而修订前对此款的处分规定为"给予警告或者严重警告处分;情节严重的,给予撤销党内职务或者留党察看处分"。第121条增写"贯彻创新、协调、绿色、开放、共享的发展理念不力,对职责范围内的问题失察失责,造成较大损失或者重大损失的,从重或者加重处分"。可见,越往后执纪越严,是全面从严治党向纵深推进的重要标志,也是纪律处分条例修订的重要特点。具体来看,"六个从重加重"的修订,一是重点提高了违反政治纪律的代价,对遵守政治纪律、落实"两个维护"、树立"四个意识"提出了更高的要求,进一步强化了政治纪律的极端重要性;二是重点突出群众纪律的重要性,在关乎人民群众切身利益的工作领域中,比如社会保障、政策扶持、扶贫脱贫、救灾救济等,发生侵害人民群众利益行为的,将受到更为严厉的处分;三是重点强调工作纪律的重要性,把纪律审查延伸进"四个全面"战略布局。

(八)严惩"七个有之",净化政治生态

纪律处分条例进一步落实了对习近平总书记反复强调的"七个有之"问题的处分规定。第76条对在干部选拔任用工作中,有任人唯亲、排斥异己等违反干部选拔任用规定的行为作出处分规定;第49条对在党内搞团团伙伙、拉帮结派等非组织活动的行为作出处分规定;第52条对匿名诬告、制造谣言的行为作出处分规定;第75条对收买人心、拉动选票的行为作出处分规定;第76条对封官许愿、弹冠相庆等违反干部选拔任用规定的行为作出处分规定;第50条、第51条对自行其是、阳奉阴违等行为作出处分规定;第46条、第50条对尾大不掉、妄议中央等行为作出处分规定。这些条款丰富了政治纪律和组织纪律内容,进一步增强了纪律建设的实践针对性,对于严肃党内政治生

活、净化党内政治生态具有重要的导向意义。每一名党员都应该对照这些基本要求,经常自查自省,严格按照党章党规办事,自觉接受党的纪律和规矩约束。

(九)严查新型违纪行为,让违纪者无空可钻

纪律处分条例针对管党治党的突出问题和监督执纪中发现的新型违纪行为,增加了处分规定。如第55条对干扰巡视巡察工作或者不落实巡视巡察整改要求的作出处分规定;第62条对党员信仰宗教的作出处分规定;第90条第1款对借用管理和服务对象的钱款、住房、车辆等,影响公正执行公务的行为作出处分规定;第90条第2款对通过民间借贷获取大额回报,影响公正执行公务的行为作出处分规定;第95条第2款对利用职权或者职务上的影响,为配偶、子女及其配偶等亲属和其他特定关系人吸收存款、推销金融产品等提供帮助谋取利益的行为作出处分规定;第115条对利用宗族、黑恶势力欺压群众,或者纵容涉黑涉恶活动、为黑恶势力充当"保护伞"的作出处分规定;第122条对形式主义、官僚主义突出表现作出处分规定;第136条对党员领导干部不重视家风建设,对家属失管失教作出处分规定。纪律处分条例对一些新发现的典型行为作出处分规定,细化了监督执纪依据,丰富了纪律审查的内容,让纪律建设更加完善,为整治形式主义、官僚主义问题提供了纪律依据,突破了反"四风"问题所遇到的制度瓶颈;为党员领导干部家风建设提供纪律保证,拓展了纪律执行的范围;体现了以人民为中心的要求,有助于解决群众身边的不正之风和腐败问题,推动全面从严治党向纵深发展。

以案释法

退休领导干部被开除党籍

【案情回放】

2020年6月下旬,经安徽省委批准,安徽省纪委监委对安徽某某某大学原党委副书记、校长王某严重违纪违法问题进行了立案审查调查。决定给予王某开除党籍处分,取消其享受待遇,收缴违纪违法所得,将其涉嫌犯罪问题移送检察机关审查起诉。

王某,1956年11月出生,长期在安徽某某某大学及其前身安徽某某学院担任领导职务。从2006年起担任安徽某某学院党委副书记、院长,2013年任安徽某某某大学党委副书记、校长,2018年底退休。

经查,王某违反政治纪律,对抗组织审查;违反中央八项规定精神,接受私营企业主宴请和旅游安排;违反组织纪律,不按规定报告个人有关事项,利用职务便利为他人谋取人事利益;违反廉洁纪律,违规收受礼品礼金;违反群众纪律,违规向企业筹资、摊派费用;违反工作纪律,未正确履行职责;违反生活纪律;亲清不分,以权谋私,纵容亲属利用其职务影响插手学校工程建设,并伙同亲属非法收受他人财物,涉嫌贿赂犯罪。

【案例评析】

王某身为高校党员领导干部,背离党性原则、初心使命,不修政德、不重师德,纪法意识淡漠,严重违反党的纪律,构成职务违法并涉嫌贿赂犯罪,且在党的十八大后不收敛、不收手,性质严重,应予严肃处理。依据《中国共产党纪律处分条例》《中华人民共和国监察法》等有关规定,经省纪委常委会会议研究并报省委批准,决定给予王某开除党籍处分;按规定取消其享受的待遇;收缴其违纪违法所得;将其涉嫌犯罪问题移送检察机关依法审查起诉,所涉财物随案移送。

【法条链接】

《中国共产党纪律处分条例》

第二十七条 党组织在纪律审查中发现党员有贪污贿赂、滥用职权、玩忽职守、权力寻租、利益输送、徇私舞弊、浪费国家资财等违反法律涉嫌犯罪行为的,应当给予撤销党内职务、留党察看或者开除党籍处分。

第八十五条 党员干部必须正确行使人民赋予的权力,清正廉洁,反对任何滥用职权、谋求私利的行为。

利用职权或者职务上的影响为他人谋取利益,本人的配偶、子女及其配偶等亲属和其他特定关系人收受对方财物,情节较重的,给予警告或者严重警告处分;情节严重的,给予撤销党内职务、留党察看或者开除党籍处分。

第九十二条 接受、提供可能影响公正执行公务的宴请或者旅游、健身、娱乐等活动安排,情节较重的,给予警告或者严重警告处分;情节严重的,给予撤销党内职务或者留党察看处分。

第二节 中国共产党问责条例

2019年9月,中共中央印发了修订后的问责条例。修订后的问责条例共27条,与原条例的13条相比,进一步健全完善问责的原则、程序和方式,进一步强化规范问责、精准问责,进一步展示了党中央狠抓落实管党治党责任、全面从严治党的坚强决心。问责条例要求各级党组织、党的领导干部负责守责尽责,践行忠诚干净担当。

一、突出政治性:把"两个维护"作为根本原则和首要任务

修订后的问责条例开宗明义强调立规目的是"为了坚持党的领导,加强党的建设,全面从严治党,保证党的路线方针政策和党中央重大决策部署贯彻落实",明确了习近平新时代中国特色社会主义思想的指导地位,并将"坚决维护习近平总书记党中央的核心、全党的核心地位,坚决维护党中央权威和集中统一领导"作为根本原则和首要任务,体现问责工作的政治性。

在"谁来问责",即问责主体方面,修订后的问责条例对开展问责工作的3类主体的职责规定得更加明确具体:(1)党委(党组)应当履行全面从严治党主体责任,加强对本地区本部门本单位问责工作的领导;(2)纪委应当履行监督专责,协助同级党委开展问责工作;(3)党的工作机关应当依据职能履行监督职责,实施本机关本系统本领域的问责工作。

为强化上级党组织对问责工作的领导和监督,修订后的问责条例明确了纪委、党的工作机关启动问责调查、作出问责决定等有关事项应当报经同级党委或者其主要负责人批准的情形。并明确规定:"应当启动问责调查未及时启动的,上级党组织应当责令有管理权限的党组织启动。根据问题性质或者工作需要,上级党组织可以直接启动问责调查,也可以指定其他党组织启动。"

这些规定旨在进一步压实管党治党政治责任,把制度的刚性立起来,督促各级党组织和党的领导干部强化政治担当、积极主动作为。

二、强化精准性:将原有的6大类问责情形修改为11大类

在"问责什么"方面,新修订的问责条例落实党中央新要求,吸收实践新经

验,进一步丰富细化问责情形,提出更高更严的标准,将原有的6大类问责情形修改为11大类。

首先,在原有基础上,明确将以下方面列为问责情形:(1)党的政治建设抓得不实,在重大原则问题上未能同党中央保持一致,贯彻落实党的路线方针政策和执行党中央重大决策部署不力;(2)党的思想建设缺失,党性教育特别是理想信念宗旨教育流于形式,意识形态工作责任制落实不到位;(3)党的组织建设薄弱,党建工作责任制不落实,严重违反民主集中制原则,党的组织生活制度不执行,党组织软弱涣散;(4)党的作风建设松懈,落实中央八项规定及其实施细则精神不力,"四风"问题得不到有效整治,形式主义、官僚主义问题突出;(5)履行管理、监督职责不力,职责范围内发生重特大生产安全事故、群体性事件、公共安全事件;(6)在教育医疗、生态环境保护、食品药品安全、扶贫脱贫、社会保障等涉及人民群众最关心最直接最现实的利益问题上不作为、乱作为、慢作为、假作为等。

其次,对于党的领导弱化、党的纪律建设抓得不严、推进党风廉政建设和反腐败斗争不坚决不扎实、全面从严治党主体责任监督责任落实不到位等问责情形,也根据形势任务和实践发展进行了修改完善。

三、提高规范化:把问责权力关进制度笼子

针对实践中问责不力、问责泛化简单化、程序不规范等问题,修订后的问责条例坚持对症下药,完善问责机制,查堵偏差漏洞。

着眼分清责任、严肃问责,修订后的问责条例增加"权责一致、错责相当""集体决定、分清责任"等作为问责原则,明确提出"党组织和党的领导干部应当坚持把自己摆进去、把职责摆进去、把工作摆进去,注重从自身找问题、查原因,勇于担当、敢于负责,不得向下级党组织和干部推卸责任"。

着眼规范问责、精准问责,修订后的问责条例增加问责程序,从启动、调查、报告、审批、实施等各个环节对问责工作予以全面规范:(1)启动问责调查和作出问责决定应当履行严格的审批程序;(2)启动问责调查后,应当组成调查组,依规依纪依法开展调查;(3)查明调查对象失职失责问题后,调查组应当撰写事实材料,与调查对象见面,听取其陈述和申辩;(4)调查工作结束后,调查组应当集体讨论,形成调查报告,应综合考虑主客观因素,正确区分不同情况,精准提出处理意见;(5)问责对象对问责决定不服的,可以自收到问责决定

之日起 1 个月内,向作出问责决定的党组织提出书面申诉,对滥用问责或者在问责工作中严重不负责任的严肃追究责任。

四、力求实效性:激发干部担当作为

"严管和厚爱结合、激励和约束并重"——在问责工作的原则中,修订后的问责条例明确增加了这么一条,既强化了责任担当,又注意保护了干部干事创业的积极性。一方面,明确坚持"失责必问、问责必严",并将"该问责不问责,造成严重后果的"也列入要问责的情形,重申对失职失责性质恶劣、后果严重的,实行终身问责。另一方面,落实党中央提出的"三个区分开来"的要求,精准把握政策,区分不同情况,作出恰当处理。

对于在推进改革中因缺乏经验、先行先试出现的失误,尚无明确限制的探索性试验中的失误,为推动发展的无意过失等情形可以不予问责或者免予问责;对于及时采取补救措施,有效挽回损失或者消除不良影响等情形可以从轻或者减轻问责;对党中央、上级党组织三令五申的指示要求不执行或者执行不力等情形,则规定应当从重或者加重问责。

为树立鲜明的干事导向,修订后的问责条例还规定,要正确对待被问责干部:"对影响期满、表现好的干部,符合条件的,按照干部选拔任用有关规定正常使用。"实施问责的最终目的,是要督促党组织和领导干部强化责任意识,激发担当精神,而不是束缚干部手脚。

以案释法

管党治党不严致好人主义盛行被问责

【案情回放】

葛某在担任某市农机局原党组书记、局长期间,曾多次收到关于该局有 1 名副局长和 1 名业务科科长违纪问题的反映。葛某认为,上述二人业务能力较强、有点小违纪不算什么大问题,平时跟二人关系不错,所以将此事"捂"了下来。由于葛某的这种思想和风格,造成该局党员干部存在好人主义思想,见到问题大而化之。后该市纪委在接到问题反映后向该局核实情况,各位党员均称没有听到关于二人问题的反映。最终,葛某因落实主体责任和监督责任

不力,对班子成员及干部疏于教育、管理和监督,受到党内严重警告处分。

【案例评析】

本案是一起因在所辖部门管党治党不严致好人主义盛行而被问责的典型案例。现实中,少数领导干部奉行好人主义,对班子成员的错误,碍于面子不批评;对下级的问题,怕丢选票不纠正,结果就会让这种错误和问题延续下去,等到铸成大错时,再想防微杜渐就晚了。从更大范围上讲,一些地方出现的党的领导弱化、党的观念淡薄、组织涣散、纪律松弛、"为官不为"、"为官乱为"、"微腐败"等问题,就在一定程度上与少数领导干部责任意识淡薄、甘做"老好人"有关。可见,好人主义危害甚大。

严管就是厚爱,问责就是警醒。领导干部务必摒弃好人主义,做到既自身干净,又纯洁队伍;既管人管事,又管思想管作风。好人主义不会自行消退,克服好人主义,要求各级党组织用好问责"利剑",发挥出制度的威力。各级党组织要坚决贯彻落实《中国共产党问责条例》,用问责把压力传下去、把责任压下去,决不能搞下不为例、网开一面,坚决破除好人主义、一团和气,扎紧全面从严治党的制度"笼子"。

【法条链接】

《中国共产党问责条例》

第七条 党组织、党的领导干部违反党章和其他党内法规,不履行或者不正确履行职责,有下列情形之一,应当予以问责:

......

(八)全面从严治党主体责任、监督责任落实不到位,对公权力的监督制约不力,好人主义盛行,不负责不担当,党内监督乏力,该发现的问题没有发现,发现问题不报告不处置,领导巡视巡察工作不力,落实巡视巡察整改要求走过场、不到位,该问责不问责,造成严重后果的;

......

思 考 题

1.纪律处分条例对严惩"七个有之",净化政治生态是如何规定的?

2.纪律处分条例分则对违反六大纪律开列了哪些"负面清单"?

3.问责条例是如何体现"严管和厚爱结合、激励和约束并重"这一问责工作原则的?

附　录

中共中央、国务院转发
《中央宣传部、司法部关于开展法治宣传教育的
第八个五年规划(2021—2025 年)》

新华社北京 6 月 15 日电　近日,中共中央、国务院转发了《中央宣传部、司法部关于开展法治宣传教育的第八个五年规划(2021—2025 年)》,并发出通知,要求各地区各部门结合实际认真贯彻落实。

《中央宣传部、司法部关于开展法治宣传教育的第八个五年规划(2021—2025年)》全文如下。

全民普法是全面依法治国的长期基础性工作。在习近平新时代中国特色社会主义思想特别是习近平法治思想的科学指引下,在党中央、国务院正确领导下,全国第七个五年法治宣传教育规划(2016—2020 年)顺利实施完成,取得重要成果。以宪法为核心的中国特色社会主义法律体系学习宣传深入开展,"谁执法谁普法"等普法责任制广泛实行,法治文化蓬勃发展,全社会法治观念明显增强,社会治理法治化水平明显提高。

我国开启全面建设社会主义现代化国家新征程,进入新发展阶段,迫切要求进一步提升公民法治素养,推动全社会尊法学法守法用法。为深入学习宣传贯彻习近平法治思想,做好第八个五年法治宣传教育工作,进一步加大全民普法力度,制定本规划。

一、以习近平法治思想引领全民普法工作

习近平法治思想是顺应实现中华民族伟大复兴时代要求应运而生的重大理论创新成果,是马克思主义法治理论中国化最新成果,是习近平新时代中国特色社会主义思想的重要组成部分,是全面依法治国的根本遵循和行动指南。必须用习近平法治思想武装头脑、指导实践,推动普法工作守正创新、提质增效、全面发展。

(一)指导思想

坚持以马克思列宁主义、毛泽东思想、邓小平理论、"三个代表"重要思想、科学发展观、习近平新时代中国特色社会主义思想为指导,全面贯彻党的十九大和十九届二中、三中、四中、五中全会精神,深入贯彻习近平法治思想,增强"四个意识"、坚

定"四个自信"、做到"两个维护",坚定不移走中国特色社会主义法治道路,紧紧围绕服务"十四五"时期经济社会发展,以使法治成为社会共识和基本准则为目标,以持续提升公民法治素养为重点,以提高普法针对性和实效性为工作着力点,完善和落实"谁执法谁普法"等普法责任制,促进提高社会文明程度,为全面建设社会主义现代化国家营造良好法治环境。

（二）主要目标

到2025年,公民法治素养和社会治理法治化水平显著提升,全民普法工作体系更加健全。公民对法律法规的知晓度、法治精神的认同度、法治实践的参与度显著提高,全社会尊法学法守法用法的自觉性和主动性显著增强。多层次多领域依法治理深入推进,全社会办事依法、遇事找法、解决问题用法、化解矛盾靠法的法治环境显著改善。全民普法制度完备、实施精准、评价科学、责任落实的工作体系基本形成。

（三）工作原则

——坚持党的全面领导。把党的领导贯彻到全民普法全过程各方面,始终坚持正确政治方向。

——坚持以人民为中心。树立以人民为中心的普法理念和工作导向,做到普法为了人民、依靠人民、服务人民,依法保障人民权益,促进人民高品质生活,夯实全面依法治国的社会基础。

——坚持服务大局。紧紧围绕党和国家中心工作,有针对性地组织开展普法,促进依法维护社会公平正义,促进在法治轨道上推进国家治理体系和治理能力现代化。

——坚持与法治实践深度融合。坚持全民普法与科学立法、严格执法、公正司法一体推进,坚持依法治国与以德治国相结合,弘扬社会主义核心价值观,把普法融入法治实践、融入基层治理、融入日常生活,融入全面依法治国全过程。

二、明确普法重点内容

（一）突出学习宣传习近平法治思想

深入学习宣传习近平法治思想的重大意义、丰富内涵、精神实质和实践要求,引导全社会坚定不移走中国特色社会主义法治道路。把习近平法治思想作为党委（党组）理论学习中心组学习重点内容,列入党校（行政学院）和干部学院重点课程,推动领导干部带头学习、模范践行。把习近平法治思想融入学校教育,纳入高校法治理论教学体系,做好进教材、进课堂、进头脑工作。通过多种形式,运用各类媒体和平台,发挥好各类基层普法阵地作用,推动习近平法治思想入脑入心、走深走实。

（二）突出宣传宪法

在全社会深入持久开展宪法宣传教育活动,阐释好"中国之治"的制度基础,阐释好新时代依宪治国、依宪执政的内涵和意义,阐释好宪法精神。加强国旗法、国歌法等宪法相关法的学习宣传,强化国家认同。全面落实宪法宣誓制度。加强宪法实施案例宣传。结合"12·4"国家宪法日,开展"宪法宣传周"集中宣传活动。加强宪法理论研究,推动宪法类教材和图书的编写、修订、出版。在新市民仪式、青少年成人仪式、学生毕业仪式等活动中设置礼敬宪法环节,大力弘扬宪法精神。在"五四宪法"历史资料陈列馆基础上建设国家宪法宣传教育馆。

(三)突出宣传民法典

广泛开展民法典普法工作,阐释好民法典中国特色社会主义的特质,阐释好民法典关于民事活动平等、自愿、公平、诚信等基本原则,阐释好民法典关于坚持主体平等、保护财产权利、便利交易流转、维护人格尊严、促进家庭和谐、追究侵权责任等基本要求,阐释好民法典一系列新规定新概念新精神。推动各级党和国家机关带头学习宣传民法典,推动领导干部做学习、遵守、维护民法典的表率,提高运用民法典维护人民权益、化解矛盾纠纷、促进社会和谐稳定的能力和水平。把民法典纳入国民教育体系,加强对青少年民法典教育。以"美好生活·民法典相伴"为主题,组织开展民法典主题宣传,让民法典走到群众身边、走进群众心里。

专栏1　"美好生活·民法典相伴"主题宣传
1.组织编写民法典通俗读物,创作民法典公益广告、短视频等优质普法产品。 2.成立民法典宣讲团,面向基层开展宣讲。 3.充分利用全媒体、运用案例宣传民法典,开展民法典知识竞赛。 4.鼓励有条件的地方建设民法典公园。

(四)深入宣传与推动高质量发展密切相关的法律法规

继续把宣传中国特色社会主义法律体系作为基本任务,大力宣传国家基本法律,强化"十四五"期间制定和修改的法律法规宣传教育。适应立足新发展阶段、贯彻新发展理念、构建新发展格局需要,大力宣传有关平等保护、公平竞争、激发市场主体活力、防范风险的法律法规,推动建设市场化法治化国际化营商环境。适应实施创新驱动发展战略需要,大力宣传知识产权保护、科技成果转化等方面法律法规,促进科技强国建设。适应统筹推进国内法治和涉外法治需要,大力宣传我国涉外法律法规,促进依法维护国家主权、安全、发展利益。围绕国家发展战略和区域重大战略,组织开展专项法治宣传教育,加强区域性普法与依法治理合作。

(五)深入宣传与社会治理现代化密切相关的法律法规

适应统筹发展和安全的需要,大力宣传总体国家安全观和国家安全法、反分裂国家法、国防法、反恐怖主义法、生物安全法、网络安全法等,组织开展"4·15"全民国家安全教育日普法宣传活动,推动全社会增强国家安全意识和风险防控能力。适应更高水平的平安中国建设需要,继续加强刑法、刑事诉讼法、治安管理处罚法等宣传教育,促进依法惩治和预防犯罪。围绕生态文明建设、食品药品安全、扫黑除恶、毒品预防、社区管理服务、构建和谐劳动关系、防治家庭暴力、个人信息保护等人民群众关心关注的问题,开展经常性法治宣传教育,依法保障社会稳定和人民安宁。

（六）深入宣传党内法规

以党章、准则、条例等为重点,深入学习宣传党内法规,注重党内法规宣传同国家法律宣传的衔接协调。突出学习宣传党章,教育广大党员以党章为根本遵循,尊崇党章、遵守党章、贯彻党章、维护党章。把学习掌握党内法规作为合格党员的基本要求,列入党组织"三会一课"内容,在考核党员、干部时注意了解相关情况,促进党内法规学习宣传常态化、制度化。

三、持续提升公民法治素养

（一）加强教育引导

实行公民终身法治教育制度,把法治教育纳入干部教育体系、国民教育体系、社会教育体系。

加强国家工作人员法治教育。落实国家工作人员学法用法制度,引导国家工作人员牢固树立宪法法律至上、法律面前人人平等、权由法定、权依法使等基本法治观念。重点抓好"关键少数",提高各级领导干部运用法治思维和法治方式深化改革、推动发展、化解矛盾、维护稳定、应对风险能力。建立领导干部应知应会法律法规清单制度,分级分类明确领导干部履职应当学习掌握的法律法规和党内法规,完善配套制度,促使知行合一。把法治素养和依法履职情况纳入考核评价干部的重要内容,让尊法学法守法用法成为领导干部自觉行为和必备素质。

加强青少年法治教育。全面落实《青少年法治教育大纲》,教育引导青少年从小养成尊法守法习惯。充实完善法治教育教材相关内容,增加法治知识在中考、高考中的内容占比。推进教师网络法治教育培训,5年内对所有道德与法治课教师进行1次轮训。探索设立"法学＋教育学"双学士学位人才培养等项目,加强法治教育师资培养。持续举办全国学生"学宪法讲宪法"、国家宪法日"宪法晨读"、全国青少年网上学法用法等活动。推进青少年法治教育实践基地建设,推广法治实践教学和案例教学。深入开展未成年人保护法、预防未成年人犯罪法等学习宣传。进一步完善政府、司法机关、学校、社会、家庭共同参与的青少年法治教育新格局。

分层分类开展法治教育。加强基层组织负责人学法用法工作,开展村（社区）"两委"干部法治培训,提高基层干部依法办事意识和依法治理能力。加强基层行政执法人员法治培训,提升依法行政能力。加强对非公有制经济组织、社会组织管理和从业人员法治教育,促进依法诚信经营管理。加强对媒体从业人员法治教育,将法治素养作为从业资格考评的重要内容,提高其运用法治思维和法治方式解读社会问题、引导社会舆论的能力。根据妇女、残疾人、老年人、农民工等群体特点,开展有针对性的法治宣传教育活动,提高其依法维护权益的意识和能力。

（二）推动实践养成

把提升公民法治素养与推进依法治理等实践活动有机结合,把公民法治素养基本要求融入市民公约、乡规民约、学生守则、行业规章、团体章程等社会规范,融入文明创建、法治示范创建和平安建设活动。从遵守交通规则、培养垃圾分类习惯、制止餐饮浪费等日常生活行为抓起,提高规则意识,让人民群众在实践中养成守法习惯。通过严格执法、公正司法,让人民群众感受到正义可期待、权利有保障、义务须履行,引导全社会树立权利与义务、个人自由与社会责任相统一的观念,纠正法不责众、滥用权利、讲"蛮"不讲法、遇事找关系等思想和行为。

（三）完善制度保障

建立健全对守法行为的正向激励和对违法行为的惩戒制度,把公民法治素养与诚信建设相衔接,健全信用奖惩和信用修复机制。大力宣传崇法向善、坚守法治的模范人物,选树群众身边先进典型。完善激励制约机制,形成好人好报、德者有得的正向效应,形成守法光荣、违法可耻的社会风尚。

实施公民法治素养提升行动,分步骤、有重点地持续推进,不断提升全体公民法治意识和法治素养,推进全民守法。

四、加强社会主义法治文化建设

（一）推进法治文化阵地建设

扩大法治文化阵地覆盖面,提高使用率。把法治文化阵地建设纳入城乡规划,在公共设施建设和公共空间利用时体现法治元素,推动法治文化与传统文化、红色文化、地方文化、行业文化、企业文化融合发展。把法治元素融入长城、大运河、长征、黄河等国家文化公园建设,形成一批深受人民群众喜爱的区域性法治文化集群。利用好新时代文明实践中心(所、站)等场所,因地制宜建设法治文化阵地。加强边疆地区法治文化阵地建设,支持边疆法治文化长廊建设和普法教育实践基地建设。着力提升市县法治文化阵地建设质量,推动从有形覆盖向有效覆盖转变。基本实现每个村(社区)至少有一个法治文化阵地。法治文化阵地内容上要准确传播社会主义法治精神,功能上要便于群众学习理解法律、便于开展法治实践活动。加强全国法治宣传教育基地的命名、管理,发挥其在法治文化阵地建设中的引领和示范作用。

（二）繁荣发展社会主义法治文艺

把社会效益放在首位，组织创作一批法治文化精品，创建一批法治文化传播品牌栏目、节目和工作室。继续组织开展全国法治动漫微视频征集展播活动，扩大影响力。建设网上法治文化产品资料库。加大法治文化惠民力度，广泛开展群众性法治文化活动，组织青年普法志愿者、法治义艺团体开展法治文化基层行活动，推动社会主义法治精神深入人心。

（三）推动中华优秀传统法律文化创造性转化、创新性发展

传承中华法系的优秀思想和理念，挖掘民为邦本、礼法并用、以和为贵、明德慎罚、执法如山等中华传统法律文化精华，根据时代精神加以转化，使中华优秀传统法律文化焕发出新的生命力。加强对我国法律文化历史遗迹和文物的保护，宣传代表性人物的事迹和精神。弘扬善良风俗、家规家训等优秀传统文化中的法治内涵，把不违反法律、不违背公序良俗作为家风家教的重要内容，让社会主义法治精神在家庭中生根。

（四）加强红色法治文化保护、宣传、传承

注重发掘、总结党在革命时期领导人民进行法治建设的光荣历史和成功实践，大力弘扬红色法治文化。探索建立红色法治文化遗存目录，明确保护责任，修缮相关设施，完善展陈内容。组织开展红色法治文化研究阐发、展示利用、宣传普及、传播交流等活动。建设一批以红色法治文化为主题的法治宣传教育基地。讲好红色法治故事，传承红色法治基因，教育引导全社会增强走中国特色社会主义法治道路的自信和自觉。

（五）加强法治文化国际传播和国际交流

以讲好中国法治故事为着力点，突出对外宣传中国特色社会主义法治优越性、新时代法治建设实践成果和中华优秀传统法律文化。讲好中国遵循国际法故事，对外宣示我国积极维护国际法治、捍卫国际公平与正义的立场主张。注重在共建"一带一路"中发挥法治作用。编写涉外案例资料，对我境外企业、机构和人员加强当地法律宣传。建立涉外工作法务制度，加强对我国法域外适用研究，推动海外法律服务高质量发展。举办法治国际论坛，宣介好习近平法治思想，开展与世界各国法治文化对话。坚持贴近中国实际、贴近国际关切、贴近国外受众，加强法治文化国际传播能力建设。积极对来华、在华外国人开展法治宣传，引导其遵守我国法律，保障其合法权益。

五、推进普法与依法治理有机融合

（一）加强基层依法治理

深化法治乡村（社区）建设。加大乡村（社区）普法力度，实施乡村（社区）"法律

明白人"培养工程。完善和落实"一村(社区)一法律顾问"制度。开展面向家庭的普法主题实践活动,培育农村学法用法示范户,建设尊老爱幼、男女平等、夫妻和睦的模范守法家庭,注重发挥家庭家教家风在基层社会治理中的重要作用。健全党组织领导的自治、法治、德治相结合的城乡基层治理体系,加强乡村(社区)依法治理,探索实行积分制,因地制宜推广村民评理说事点、社区"法律之家"等做法,打造基层普法和依法治理有效阵地。坚持和发展新时代"枫桥经验",完善社会矛盾纠纷多元预防调处化解综合机制,做到"小事不出村、大事不出乡、矛盾不上交"。深入开展"民主法治示范村(社区)"创建,加强动态管理,提高创建质量,促进乡村社会既充满活力又和谐有序,推动全面依法治国各项措施在城乡基层落地生根。

专栏 2　乡村(社区)"法律明白人"培养工程

1. 以村干部、村妇联执委、人民调解员、网格员、村民小组长、退役军人等为重点,加快培育"法律明白人"。

2. 制定乡村(社区)"法律明白人"培养工作规范。

3. 加强培训、考核和动态管理。

4. 建立健全激励制约机制。

深化依法治校。深化"法律进学校",推动各级各类学校健全依法治理制度体系,加强学校法治文化建设,切实提升依法办学、依法执教的意识和能力。落实"法治副校长"、法治辅导员制度,有针对性地开展防范校园欺凌、性侵害等方面法治教育,深化学校及周边环境依法治理。

深化依法治企。深化"法律进企业",落实经营管理人员学法用法制度。加强企业法治文化建设,提高经营管理人员依法经营、依法管理能力。推动企业合规建设,防范法律风险,提升企业管理法治化水平。

专栏 3　企业合规建设

1. 将法治作为企业学习重要内容,组织开展对企业主要负责人的法治培训,增强依法诚信经营意识与合规理念。

2. 完善合规管理体系,推动企业将合规管理融入业务工作全流程各环节。

3. 引导企业加强境外经营合规管理,提高法律风险防范意识。

4. 加强企业合规人才队伍建设。

(二)深化行业依法治理

引导和支持各行业依法制定规约、章程,发挥行业自律和专业服务功能,实现行业自我约束、自我管理,依法维护成员合法权益。推进业务标准程序完善、合法合规审查到位、防范化解风险及时、法律监督有效的法治化行业治理。

深化"法律进网络",加强对网络企业管理和从业人员法治教育,推动网络企业自觉履行责任,做到依法依规经营。完善网络管理制度规范,培育符合互联网发展规律、体现公序良俗的网络伦理、网络规则。加强网络安全教育,提高网民法治意识,引导广大网民崇德守法、文明互动、理性表达。

(三)开展专项依法治理

加强社会应急状态下专项依法治理,开展公共卫生安全、传染病防治、防灾减灾救灾、突发事件应急管理等方面法治宣传教育,促进全社会在应急状态下依法行动、依法办事,依法维护社会秩序。

坚持依法治理与系统治理、综合治理、源头治理有机结合,深入开展多层次多形式法治创建活动,加强对县(市、区、旗)、乡镇(街道)、村(社区)等区域治理中法治状况的研究评估工作,大力提高社会治理法治化水平。

六、着力提高普法针对性实效性

(一)在立法、执法、司法过程中开展实时普法

把普法融入立法过程。在法律法规制定、修改过程中,通过公开征求意见、听证会、论证会、基层立法联系点等形式扩大社会参与。通过立法机关新闻发言人等机制解读法律问题,回应社会关切。在司法解释制定过程中,加强相关普法工作。法律法规正式公布时,一般应当同步进行解读。

把普法融入执法、司法过程。制定执法、司法办案中开展普法的工作指引,加强行政许可、行政处罚、行政强制、行政复议、行政诉讼等相关法律规范的普法宣传,把向行政相对人、案件当事人和社会公众的普法融入执法、司法办案程序中,实现执法办案的全员普法、全程普法。在落实行政执法公示、执法全过程记录、重大执法决定法制审核制度中,加强普法宣传。在行政复议工作中,利用受理、审理、决定等各环节实时普法,引导教育申请人依法维权、表达诉求。充分运用公开开庭、巡回审判、庭审现场直播、生效法律文书统一上网和公开查询等生动直观的形式宣讲法律,释法说理。

把普法融入法律服务过程。法律服务工作者在为当事人提供法律服务、调处矛盾纠纷、参与涉法涉诉信访案件处理时,加强释法析理,引导当事人和社会公众依法办事。加快公共法律服务体系建设,在人民群众需要法律的时候,能够及时得到法治宣传和法律服务,让人民群众感受到法律的温暖和力量。

加大以案普法力度。落实法官、检察官、行政复议人员、行政执法人员、律师等以案释法制度和典型案例发布制度,健全以案普法长效机制,使广大法治工作者成为弘扬社会主义法治精神、传播社会主义法治理念的普法者。培育以案普法品牌,

针对人民群众日常生活遇到的具体法律问题及时开展普法。充分利用典型案事件向公众进行法律解读,使典型案事件依法解决的过程成为全民普法的公开课。

（二）充分运用社会力量开展公益普法

壮大社会普法力量。发挥群团组织和社会组织在普法中的作用,畅通和规范市场主体、新社会阶层、社会工作者和志愿者等参与普法的途径,发展和规范公益性普法组织。加强普法讲师团建设,充分发挥法律实务工作者、法学教师的作用。加强普法志愿队伍建设,组织、支持退休法官检察官、老党员、老干部、老教师等开展普法志愿服务。

健全社会普法教育机制。加强对社会力量开展普法的管理服务、组织引导和政策、资金、项目扶持,完善政府购买、社会投入、公益赞助等相结合的社会普法机制。健全嘉许制度,推动普法志愿服务常态化、制度化。

（三）充分运用新技术新媒体开展精准普法

创新普法内容。适应人民群众对法治的需求从"有没有"向"好不好"的转变,提高普法质量,形成法治需求与普法供给之间更高水平的动态平衡。注重运用新技术分析各类人群不同的法治需求,提高普法产品供给的精准性和有效性。走好全媒体时代群众路线,鼓励公众创作个性化普法产品,加强对优秀自媒体制作普法作品的引导。加大音视频普法内容供给,注重短视频在普法中的运用。

拓展普法网络平台。以互联网思维和全媒体视角深耕智慧普法。强化全国智慧普法平台功能,推动与中国庭审公开网、中国裁判文书网等网络平台的信息共享。建立全国新媒体普法集群和矩阵,发挥"学习强国"等平台优势,形成多级互动传播。建设全国统一的法律、法规、规章、行政规范性文件、司法解释和党内法规信息平台,及时更新数据,免费向公众开放。

创新普法方法手段。坚持效果导向,在充分利用传统有效的普法方式基础上,促进单向式传播向互动式、服务式、场景式传播转变,增强受众参与感、体验感、获得感,使普法更接地气,更为群众喜闻乐见。建设融"报、网、端、微、屏"于一体的全媒体法治传播体系,使互联网变成普法创新发展的最大增量。

专栏4　全国智慧普法平台建设

1.建设全国智慧普法统一平台,积极与中央政法机关法治宣传网络平台、县以上地方新媒体普法平台对接,实现互联互通。

2.强化法律法规和党内法规查询、法律问题咨询、典型案例解读等服务功能,实时满足用户法治需求。

3.加强全国智慧普法平台推广应用,使之成为普法工作的好帮手,成为公民学法重要渠道。

七、加强组织实施

（一）加强组织领导

各级党委和政府要更加注重系统观念、法治思维，把推进全民普法和守法摆上重要工作日程，推动更多法治力量向引导和疏导端用力，科学制定本地区本系统五年规划，认真组织实施。把普法工作纳入本地区本系统法治建设总体部署，纳入综合绩效考核、平安建设、文明创建等考核评价内容，定期听取汇报，研究解决普法工作中的难题。各级党政主要负责人要严格按照推进法治建设第一责任人职责的要求，认真履行普法领导责任，建立健全党政机关法律顾问制度。

（二）加强制度建设

健全党委领导、政府主导、人大监督、政协支持、部门各负其责、社会广泛参与、人民群众为主体的法治宣传教育领导体制和工作机制，形成大普法工作格局。全面依法治国（省、市、县）委员会守法普法协调小组和各级法治宣传教育工作领导小组要加强对本规划实施的组织领导和统筹协调。各级普法办事机构要充分发挥职能作用，组织推动、督促指导各项任务落到实处。推动制定法治宣传教育法，推动及时制定、修改地方法治宣传教育条例，为全民普法工作提供法律依据和制度支撑。

（三）全面落实普法责任制

强化"谁执法谁普法"普法责任制。完善国家机关普法责任清单制度，细化普法内容、措施标准和责任。全面推行"谁执法谁普法"责任单位年度履职报告评议制度，提高评议质量。进一步发挥落实普法责任制联席会议的作用。逐步形成清单管理、跟踪提示、督促指导、评估反馈的管理模式，压实各责任单位普法责任。推行"谁管理谁普法"、"谁服务谁普法"，促进各社会团体、企事业单位以及其他组织加强本系统本行业本单位人员学法用法，加大对管理服务对象普法力度，落实普法责任。

落实媒体公益普法责任。广播电视、报纸期刊、互联网等大众传媒承担公益普法责任，积极利用国家宪法日、全民国家安全教育日、国家网络安全宣传周、消费者权益保护日、知识产权宣传周等重要时间节点，在重要版面、重要频道、重要时段设置普法专栏专题，针对社会热点和典型案事件及时开展权威准确的法律解读。把法治类公益广告纳入媒体公益广告内容，促进媒体公益普法常态化、制度化。

（四）强化基层基础工作

推进重心下移。突出抓基层、强基础、固基本的工作导向，为基层开展普法和依法治理创造更好条件。加强基层建设，激发基层活力，强化政策、制度、机制保障，从人员配备数量、待遇、经费、装备等方面，切实向普法基层一线倾斜，推动各类资源向基层下沉。

加强能力建设。强化对各级普法主管部门工作人员的系统培训,5 年内省级普法主管部门对县级以上普法办人员轮训 1 次。加大对基层司法所开展普法工作的指导和支持力度,提升司法所普法工作水平,将具有法律职业资格的人员充实到普法工作一线。

加强理论研究。加强法治传播规律和全民守法规律的基础理论研究,加强新时代全民普法工作的应用性、对策性研究。完善法治宣传教育专家咨询制度。加强法治传播、法治文化等学科建设和人才培养。

落实经费保障。强化各级财政对规划实施的保障作用,把普法工作经费列入本级预算。按规定把普法列入政府购买服务指导性目录,加大对欠发达地区普法经费的支持力度。鼓励引导社会资金参与支持普法工作,加强规范和管理。

(五)加强评估检查

健全普法工作评估指标体系。对普法工作开展情况、工作成效以及公民法治素养提升效果开展综合评估,从实际出发设定评估参数,健全评估指标体系,提升评估的科学性和准确性。

开展中期评估和总结验收。加强规划实施中的动态监测,开展规划实施情况中期评估,重在发现问题,推动解决问题,并对工作突出的进行通报表扬。开展终期总结验收,加强评估结果运用。按规定表彰和奖励全国普法工作先进单位、先进个人和依法治理创建活动先进单位。

加强日常指导和监督。尊重群众首创精神,鼓励地方和基层聚焦问题开展差异化探索,及时发现、总结、推广经验,推动全民普法实践创新、制度创新、理论创新。注重清单化管理、项目化推进、责任化落实,防止形式主义、官僚主义,确保普法工作有声有色、有力有效开展。对重视不够、措施不力、落实普法责任制不到位的,普法主管部门应当发出普法提示函或建议书,必要时进行约谈,提出整改要求;对造成严重后果的,进行通报批评,依规依法处理。支持各级人大加强对全民普法工作的监督和专项检查。

军队的第八个五年法治宣传教育工作,参照本规划进行安排部署。